湖州共同富裕
蓝皮书
2024

Blue Book on
Common Prosperity of Huzhou 2024

何文炯　史新杰　詹　鹏　等　编著

ZHEJIANG UNIVERSITY PRESS
浙江大学出版社
·杭州·

图书在版编目（CIP）数据

湖州共同富裕蓝皮书. 2024 / 何文炯等编著.
杭州：浙江大学出版社，2025.5. -- ISBN 978-7-308
-26146-3

Ⅰ. F127.553

中国国家版本馆 CIP 数据核字第 2025K2B574 号

湖州共同富裕蓝皮书 2024

何文炯　史新杰　詹　鹏　等　编著

责任编辑	陈佩钰（yukin_chen@zju.edu.cn）	
责任校对	许艺涛	
封面设计	雷建军	
出版发行	浙江大学出版社	
	（杭州市天目山路 148 号　邮政编码 310007）	
	（网址：http://www.zjupress.com）	
排　　版	大千时代（杭州）文化传媒有限公司	
印　　刷	杭州宏雅印刷有限公司	
开　　本	787mm×1092mm　1/16	
印　　张	17	
字　　数	314 千	
版 印 次	2025 年 5 月第 1 版　2025 年 5 月第 1 次印刷	
书　　号	ISBN 978-7-308-26146-3	
定　　价	128.00 元	

前　言

　　共同富裕是我国社会主义本质的集中体现,是全体人民的共同期盼,也是中国共产党始终如一的价值追求。党的十八大以来,以习近平同志为核心的党中央不忘初心、牢记使命,团结带领全党全国各族人民,始终朝着实现共同富裕的目标不懈努力,全面建成小康社会取得伟大历史性成就,决战脱贫攻坚取得全面胜利,困扰中华民族几千年的绝对贫困问题得到历史性解决。随着我国全面建成小康社会并开启全面建设社会主义现代化国家的新征程,实现共同富裕被摆在更加重要的位置,成为更加迫切的历史性任务。2022 年 10 月,"逐步实现全体人民共同富裕"在党的二十大被写入党章,成为中国式现代化五大特征之一和本质要求之一。

　　理解共同富裕要抓住两个关键词,即"富裕"和"共享",前者意味着要持续"做大蛋糕",后者强调要"分好蛋糕",两者需有机统一、相互促进。因此,要在"做大蛋糕"的过程中"分好蛋糕"。这里需要注意两点:一是对目前富裕程度的判断。经过 40 多年的改革开放,我国实现了经济快速增长,成就举世瞩目,同时我们应当清醒地认识到,经济发展的水平还不高,"蛋糕"还要继续做大,也就是说,富裕的程度还需持续不断提高。二是对共享的理解。共享是指社会财富的合理分配,是底线公平基础上的机会公平,要缩小"三大差距",但不是搞绝对平均主义,建立共享机制不是劫富济贫。所以,共同富裕是普遍富裕基础上的差别富裕。

　　扎实推进共同富裕,需要缩小"三大差距",应该关注三个维度:收入、财产和公共服务。这三个方面既关乎家庭和个人的福祉,同时也反映了整个社会的富裕程度,而它们的差距则反映了相应的共享程度。这种差距可能体现在城乡间、区域间以及人群间。从收入角度看,要特别关注农村低收入群体的长效增收。要实现共同富裕,重点和难点都在农村。现有农村低收入人口具有收入来源单一、政策性收入比重大、抗风险能力不强、生计较为脆弱等特点。构建农村低收入人口的常态化帮扶机制,实现巩固拓展脱贫攻坚成果同乡村振兴有效衔接成为重中之重。从财产角度看,要通过制度改革控制和缩小财产差距。虽然 2008 年以来,我国收入基尼系数持续下降,但是进一步考虑财产等存量因素,则需要对贫富差距问题重新审视和高度重视。从公共服务来看,要持续推进基本公共服务均等化。"十二五"以来,我国注重健全基本公共服务项目体系和制度规则,取得了积极进展。但总体上看,基本公共服务在城乡之间、区域之间和人群之间的差距依然不小,因而需要持续深化改革,改进制度设计,创新运行机制和服务供给机制。

随着 2020 年我国取得脱贫攻坚全面胜利,党的十九届五中全会进一步强调要"扎实推动共同富裕",并将"全体人民共同富裕取得更为明显的实质性进展"作为 2035 年基本实现社会主义现代化的重要目标之一。2021 年 6 月 10 日,《中共中央 国务院关于支持浙江高质量发展建设共同富裕示范区的意见》发布,支持鼓励浙江先行探索高质量发展建设共同富裕示范区,对浙江提出了建设"城乡区域协调发展引领区"的战略定位,并把"缩小城乡区域发展差距,实现公共服务优质共享"作为六大任务之一。过去几年间,浙江担当高质量发展建设共同富裕示范区的重大使命,计划到 2025 年推动示范区建设取得明显实质性进展;到 2035 年,高质量发展取得更大成就,基本实现共同富裕,率先探索建设共同富裕美好社会。

作为"绿水青山就是金山银山"理念的诞生地和美丽乡村的发源地,湖州全市上下坚持以习近平新时代中国特色社会主义思想为指导,认真贯彻落实党的二十大精神和习近平总书记考察浙江重要讲话精神,深入实施"八八战略",持续深化"在湖州看见美丽中国"实干争先主题实践。2021 年 7 月 23 日,湖州市入选浙江省"缩小城乡差距领域"试点名单,成为该领域全省唯一的全市域改革试点。多年来,湖州持续擦亮"绿色"这一发展底色,在收入、财产和公共服务等领域持续奋进,为探索共同富裕之路打下了良好基础。2023 年,湖州全年全体居民人均可支配收入达到 63972 元,比上年名义增长 5.6%;农村居民人均可支配收入达到 47455 元,较上年增长 7.6%;人均生活消费支出 33330 元,较上年增长 13.5%。

本书以湖州为蓝本,深入探讨共同富裕的理论体系的延展与创新,在"深化改革推动高质量发展"的核心要义下,基于翔实的调研数据和统计数据,全面分析湖州共同富裕进展与典型经验,研判实现共同富裕的主要问题和挑战,提出加快推进共同富裕的应对策略与建议。本书主要分为三个部分。第一部分为湖州市建设共同富裕示范区发展报告,主要基于"富裕"和"共享"框架对湖州主要方面的发展进展进行系统介绍，并将主要结果与嘉兴和绍兴进行对比分析，以期为湖州共同富裕工作进展提供全面、精确的刻画与解读。第二部分为理论与实践篇，主要从收入和财产（"提低""扩中"）、公共服务（医疗教育）、"三农"发展（农业社会化服务和农民增收）以及城乡融合（缩小城乡差距）等方面入手，深入分析湖州扎实推动共同富裕的相关实践。第三部分为案例与模式篇，搜集整理了湖州在高质量发展中推动共同富裕先行示范的典型案例，以期为全省、全国层面提供可借鉴、可参考的机制和模式。

本书涉及大量统计和调查数据，由于统计口径和抽样对象等不尽相同，可能存在前后数据不尽一致的情况，特此说明。

2024 年 7 月

目　录

理论与实践篇

案例与模式篇

湖州市建设共同富裕示范区发展报告

詹　鹏　吕盛琦　李鸣明　沈凌晨　周欣怡

（浙江大学—湖州市共同富裕研究中心课题组）

湖州是"绿水青山就是金山银山"理念诞生地。习近平总书记对湖州的发展十分关心，多次作出重要指示，要求湖州沿着"绿水青山就是金山银山"这条路走下去，"一定要把南太湖建设好"①，再接再厉、顺势而为、乘胜前进。湖州市广大党员干部群众牢记总书记殷殷嘱托，全面落实省委、省政府决策部署，砥砺前行、接续奋斗，加快推进高质量、高水平全面建设小康社会，在生态文明、城乡融合、区域协调、文化创建、社会治理等方面形成了显著优势，为在共同富裕新征程中示范先行奠定了坚实基础。

为扎实推进湖州市的共同富裕工作，进一步满足人民群众对美好生活的期待，加快建设共同富裕绿色样本，根据《中共中央 国务院关于支持浙江高质量发展建设共同富裕示范区的意见》与《浙江高质量发展建设共同富裕示范区实施方案(2021—2025年)》，结合湖州市实际，湖州市制定了《湖州争创高质量发展建设共同富裕示范区的先行市实施方案(2021—2025年)》与《湖州市加快建设共同富裕绿色样本2022年度工作方案》。为了打造"重要窗口"，坚定不移践行"绿水青山就是金山银山"理念，湖州市以"绿色发展、共建共富"为主线，以经济富裕、收入富足、精神富有、服务优质、全域优美、制度优越"三富三优"为主要特征，以解决地区差距、城乡差距和收入差距为主攻方向，以农村、基层、相对薄弱地区和困难群众为帮扶重点，在高质量发展中扎实推动共同富裕。为了加快突破发展不平衡、不充分问题，湖州市率先打造"无差别城乡"，落实找跑道、定目标、建体系、抓改革等工作要求，以重点指标、重点工作、重大改革和重大标志性成果为

---

① 人民日报社政治文化部. 与党员干部谈谈心：新时代弘扬好传统好作风[M]. 北京：人民出版社，2022：75.

主要抓手,以民为本、实事求是、创新实干,为奋力建设绿色低碳共富社会主义现代化新湖州提供支撑,率先探索建设共同富裕美好社会的路径,打造高质量的共同富裕示范区绿色样本。

在湖州市委、市政府的坚强领导,全市广大党员干部群众艰苦奋斗,着力于六个"聚焦":聚焦经济富裕,谋求以绿色发展为引领的高质量发展;聚焦模式发展平衡,形成城乡地域统筹的协调模式与中等收入群体为主体的橄榄型社会结构;聚焦精神富有,率先打造全国文明典范城市;聚焦全域优美,率先打造美丽中国的市域样板;聚焦服务优质,率先建成品质生活美好家园;聚焦制度优越,率先建立健全推动共同富裕的体制机制和政策体系。与六个"聚焦"相对应,湖州市从"经济质效并增""发展协调平衡""精神生活丰富""全域美丽建设""社会和谐和睦""公共服务优享"六大方向有效持续推进湖州市共同富裕示范区建设。

目前,湖州市共同富裕示范区建设运行情况总体呈现"进展平稳,稳中向好,好中趋优"的积极态势。本报告首先阐释课题组对于共同富裕方向的理解,提出一个共同富裕评价框架。然后从六个方向出发,报告湖州市建设共同富裕示范区的基本情况。最后基于共同富裕评价框架,阐释未来迈向共同富裕的主要方向。

一、以"美好生活"为出发点和落脚点的共同富裕方向

党的二十大报告指出,"中国式现代化是全体人民共同富裕的现代化……我们坚持把实现人民对美好生活的向往作为现代化建设的出发点和落脚点,着力维护和促进社会公平正义,着力促进全体人民共同富裕,坚决防止两极分化"。推动共同富裕是让全体人民逐步过上"所向往的美好生活"的过程。因此,共同富裕的主要对象是全体人民,主要内容是"美好生活"。具体而言,共同富裕理论研究和政策实践的核心目标是实现全体人民生活水平的提升。以此为基础,可以形成对共同富裕实践科学评价的总体框架。在这个框架下认识现有政策和推进政策改革更有助于实现共同富裕目标。

以提升民生福祉为核心的共同富裕评价框架包含两个方面:一是共同富裕的结果是什么状态?二是实现共同富裕需要什么过程?以"美好生活"为目标的共同富裕状态应该包括有充足稳定的收入来源、可观的财产积累,同时在养老、健康、教育、居住、育儿等方面有机会享受高质量公共服务。这是"美好生活"在

物质层面的主要表现,归纳下来应该包含三个基本维度:收入、财富和公共服务。[1] 在物质富裕的基础上还要实现精神上的富裕。精神富裕包含两个方面:一是自身在个人生活方面的主观幸福水平(或总体幸福感),具体而言表现为更高的生活满意度和更少的负面情绪;二是对可能影响个人生活质量的外在因素的总体感受,具体包括关于环境因素的生态和谐程度,以及关于社会因素的社会和谐程度。

对共同富裕政策实践的评价应该关注:该政策或实践可以让多少人实现物质富裕和精神富裕。其中包含两个重要方面:一是受益人群的规模;二是人们在每个维度上获益多少。相比"美好生活"的理想状态,不同人群在收入、财富或享受的公共服务上存在一定的差距。按照经济学的效用边际递减理论,当差距较大时,相同程度的福祉提升带来的效用不同。当政策实践更有助于提升困难人群的生活福祉时,推动共同富裕的效果会更好。因此,在物质富裕和精神富裕上"提低""扩中"是实现共同富裕的重要路径。

按照上述框架,实现共同富裕的过程应该致力于让更多居民获得更多福祉。为了达到这个目标,实现共同富裕的过程应该首先关注发展问题,同时在发展中促进共享。高质量发展是实现共同富裕目标的前提,可以为更多劳动力带来更高收入,为更多居民创造更多财富积累渠道,为政府带来更多财政收入,从而增加提升公共服务水平的机会。在实现增长的同时,高质量发展还强调包容性,包括对弱势劳动力的包容和对生态环境的包容。高质量发展的主要动力在于以新质生产力为基础的产业发展。在共同富裕目标下看待高质量发展,主要关注三个方面:一是产业发展带来的平均增速,由此提升居民部门获得的劳动回报和资本回报总体水平;二是产业发展带来的工作岗位,让更多劳动力参与共建共富过程,尤其是让更多弱势劳动力有机会从产业高质量发展中获得增收和财富积累;三是产业发展的外部性,降低在生态环境方面的负外部性,增强在促进社会和谐方面的正外部性。

在发展中促进共享包含两层含义:一是在发展中让更多相对弱势劳动力获得更多增收机会(更多就业岗位、更多财产性收入渠道),获得更高水平的收入增长(提升劳动报酬份额、提升产业工人工资水平等);二是基于发展在提升政府财政收入上作用的结果,进一步提升基本公共服务水平,优化再分配机制,缩小基本公共服务的城乡差距、区域差距和群体差距。

在推进共同富裕的过程中,中央政府和地方政府有不一样的分工。湖州市

---

① 李实.共同富裕的目标和实现路径选择[J].经济研究,2021,56(11):4-13.

作为地级市,不能决定所有政策层面的改革内容,但是可以在已有政策框架下做好两方面的事情:一是让已有政策在区域范围内获得更好的执行效果;二是在特定政策实践上探索可推广、可复制的一般性经验,完善已有政策体系。下面将简述湖州在多个方面的工作进展,最后就几个重要方面提出政策建议。

二、经济质效并增

(一)效率提升

湖州市近年经济发展质量效益明显提高,向着人均生产总值达到中等发达经济体水平的目标稳步前进。通过共同奋斗、协同发展,湖州市积极探索实现高质量发展的有效路径,为人民群众的生活改善打下更加雄厚的物质基础。同时,弘扬勤劳致富精神,鼓励劳动者通过诚实劳动实现增收致富。按照湖州市统计局的核算,2022 年全市实现地区生产总值(GDP)3850.0 亿元,按可比价计算,比上年增长 3.3%。其中,第一产业增加值 161.1 亿元,增长 4.6%;第二产业增加值 1966.2 亿元,增长 2.7%;第三产业增加值 1722.7 亿元,增长 3.8%。按常住人口计算,人均 GDP 为 112902 元,增长 2.7%。其中吴兴区和长兴县是湖州市两个生产总值占比较大的区(县),是湖州市经济发展中的排头兵(图 1)。

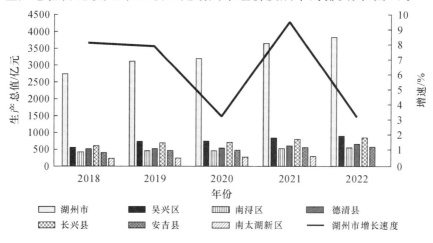

图 1　湖州市及区县地区生产总值变化

湖州市亩均效益稳定增长,质效水平总体向好。2021 年四季度以来,全省持续贯彻落实中小微企业税收缓缴等优惠政策,区域、行业、企业税收增速不同程度上缓于应税销售收入增速。在此背景下,2021 年湖州市规上工业亩均税收效益为 31.1 万元①，2022 年湖州市规上工业亩均税收效益为 32.4 万元，已然超额完成《湖州争创高质量发展建设共同富裕示范区的先行市实施方案（2021—2025 年）》的两年内目标（2021 年规上工业亩均税收为 27 万元，2022 年规上工业亩均税收为 30 万元）。单从工业企业角度来看，湖州市全市的规上工业发展表现出总量持续扩大、企业数量不断增加的特点。其中大型企业、中型企业、小微型企业数量都逐年增加。小微型企业的数量最多，同时在规上工业增加值中发挥出最大的增长动力（图 2）。从当前看，小微企业是就业巨大的容纳器，事关中国经济的活力与繁荣；而从长远看，通过支持小微企业发展，鼓励大众创业、万众创新，对推动中国经济转型升级具有重要意义，因此湖州市的小微企业的发展对湖州进一步深化共同富裕布局具有重要作用。值得注意的是，市内的大型企业近两年明显发力，它们的工业增加值增长迅速，其绝对值总额已经接近中型企业创造的增加值数额，因此，我们也必须在重点关注小微企业发展的基础上注重另一部分中大型企业的发展，及时解决其困难，使其发挥出最大潜力。

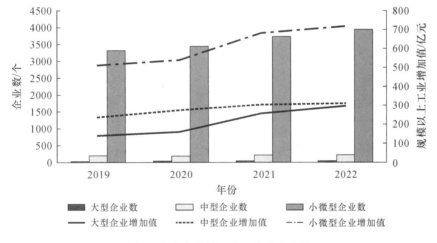

图 2　湖州市规模以上工业生产情况

从消费端来说，湖州市居民的可支配收入表现出稳健递增的趋势，居民收入的高低既反映市场主体的运行情况，又反映社会消费潜力的基本情况。我国居民收入稳定增长，有力激发了内需潜力，促进经济持续稳定发展。同时，湖州市的城镇居民和农村居民的人均可支配收入都有所增长，其中，城镇居民人均可支配收入在 2019—2022 年增速为 6.40%，农村居民人均可支配收入增速为8.24%，农村与城镇居民之间的收入差距有所缩小（图 3）。

① 浙江省经济和信息化厅. 2021 年度全省及设区市"亩均效益"有关情况（快报数）［EB/OL］. (2022-02-10)［2023-12-31］. https://jxt.zj.gov.cn/art/2022/2/10/art_1657959_58928185.html.

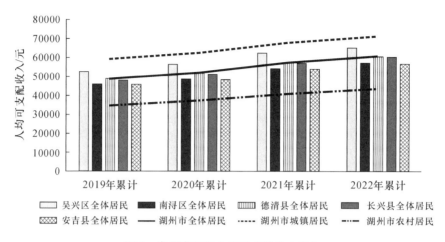

图 3　湖州市居民人均可支配收入变化

除此之外,湖州市积极通过各种方式促进消费提质扩容,提振消费信心,释放消费潜力。通过加强社区商业、农村消费基础设施建设,持续推进农贸市场改造提升。同时,加快培育消费新模式、新业态,发展新零售,拓展消费新场景。利用夜间经济增加高品质商品和服务供给,争创新型消费示范城市。通过加强消费者权益保护,稳定价格成本,提升服务质量,努力提升城市生活竞争力。2021年与 2020 年,湖州市居民消费贡献率始终保持在 40% 以上,分别达到 42.97%与 44.49%,市场规模持续扩大,综合实力显著增强,消费市场呈现明显恢复态势。[①]

在保持较高居民消费贡献率的同时,湖州市积极促进消费结构优化。近年来,居民的食品烟酒和居住类消费支出占比下降,教育文化娱乐、衣着、其他用品及服务三类支出大幅增长,生活用品及服务、医疗保健、交通通信消费占比保持稳定上涨。湖州市恩格尔系数一直较低,2021 年与 2020 年分别为 27.66%与27.80%,其中吴兴区和长兴县稳定在较低数值,在 2021 年与 2020 年分别为26.62%与 26.18%、27.89%与 26.29%,均低于《湖州争创高质量发展建设共同富裕示范区的先行市实施方案(2021—2025 年)》中 28.6%的目标。2021 年与2020 年同期相比,城乡恩格尔系数分别下降 0.14、0.03 个百分点;城乡居住消费

---

① 湖州市统计局. 2021 湖州统计年鉴:九、职工工资、居民生活、物价[EB/OL]. (2021-11-23)[2023-12-31]. https://jxt.zj.gov.cn/art/2022/2/10/art_1657959_58928185.html;湖州市统计局. 2022 湖州统计年鉴:九、职工工资、居民生活、物价[EB/OL]. (2023-01-04)[2023-12-31]. https://custom.huzhou.gov.cn/DFS/file/2023/01/04/202301041348535098ksgy3.pdf.

占比分别下降 0.64、0.21 个百分点,消费结构更加优化,居民生活逐步改善。①

专栏一:德清县创新三大模式 走出"国企带村"合作共富新路径②

德清县创新国企带头、多元参与的"乡村运营"计划,迭代探索由点到村再到区域的委托运营新模式,破解乡村缺规划、缺运营、缺资金、缺人才等发展难题。一是"点状托管运营 1.0",针对乡村部分闲置区块,推行"国企投资建平台、民企承包租赁运营"模式,带动强村富民。如农高新公司收储幸福村 1000 亩废弃矿基地,引入庆渔堂公司,打造共富"数字鱼舱"特色产业基地,带动周边农户实现集约化养鱼增收;德清县自然资源经营公司收储宝塔山村 400 余亩闲置农田,委托农业大户从事"虾稻轮作",50% 收益用作该村管理费用,助力村集体增收。二是"整村托管运营 2.0",实行国企控股的整村开发模式,如文旅集团引进社会资本,以 51:49 的股份比例成立五四文化旅游公司,共同合作开发五四村,优化村庄整体旅游空间布局,培育"五四漂流秘境"等一批新业态,新增就业岗位 140 余个,村集体年增收 200 万元。三是"区域托管运营 3.0",打破村域行政分割限制,开展跨村统筹规划、整体运营,如文旅集团牵头收储并评估仙潭村、南路村、四合村相关资产,三村以实物出资与文旅集团共同成立仙之潭旅游公司,开发项目八个,实现景观串珠成链、品质体验提升,村集体资产壮大 2200 万元,打造了集投、融、管、运于一体的强村富民公司新典范。

(二)创新驱动

湖州市全面提升创新能力,积极培育国家创新型县,建设高水平国家创新型城市。通过聚焦全省"互联网+"、生命健康、新材料三大科创高地建设,高标准地建设湖州科技城,支持联合国全球地理信息知识与创新中心建设。同时,积极引导企业加大研发投入,培育科技大市场和技术转移机构,鼓励企业建好科技发展集团,加快科技成果转移转化和产业化。湖州 R&D(研究与试验发展)经费支

---

① 湖州市统计局. 2021 湖州统计年鉴:九、职工工资、居民生活、物价[EB/OL]. (2021-11-23)[2023-12-31]. https://custom.huzhou.gov.cn/DFS/file/2021/11/23/2021112313584999651j4nlp.pdf;湖州市统计局. 2022 湖州统计年鉴:九、职工工资、居民生活、物价[EB/OL]. (2023-01-04)[2023-12-31]. https://custom.huzhou.gov.cn/DFS/file/2023/01/04/202301041348535098ksgy3.pdf.

② 浙江大学－湖州市共同富裕研究中心课题组. 湖州市共同富裕案例集(2023)[R].

出占 GDP 比重从 2020 年的 3.09％提升到 2021 年的 3.12％,相较绍兴 R&D 经费支出占 GDP 比重从 2020 年的 2.87％提升到 2021 年的 2.90％,更显优势,表明湖州市积极响应实施创新驱动发展战略,加大研发投入,努力提升科技创新能力。其中,南浔区一直保持在较高水平,2020 年与 2021 年 R&D 经费支出占 GDP 比重分别为 3.54％与 3.30％。湖州市 R&D 经费支出占 GDP 比重显著提高,离不开其持续开展规上企业研发支出攻坚行动,扎实提升企业研发"两化"工作,建立规上企业"创新指数"评价机制,严格落实企业研发费用加计扣除政策,完善与研发支出强度挂钩的创新资源配置机制,优化研发奖励政策,引导全社会加大创新投入。湖州市 2021 年 R&D 经费具有两个重要特点:一是研发投入突破百亿大关。全市 R&D 经费投入达到 113.6 亿元,同比增长 15％,其中企业投入 110.6 亿元,同比增长 14.4％。全市与企业投入总量均首次超过百亿元。二是研发强度稳居全省第三。全市 R&D 经费投入占 GDP 的比重继续提高,达到 3.12％,比上年提升 0.03 个百分点,研发强度继续保持全省第三位,高于全省水平 0.18 个百分点,湖州为全省研发强度超过 3％的三个地市之一。① 同时,湖州进一步完善科技创新体系,拥有更多人才支撑,高新技术产业增加值明显增加。2020 年,湖州市全员劳动生产率为每人每年 17.5 万元,其中德清县达每人每年 17.7 万元;2021 年,湖州市全员劳动生产率为每人每年 18.27 万元,超过《湖州争创高质量发展建设共同富裕示范区的先行市实施方案(2021—2025 年)》中 2021 年全员劳动生产率达每人每年 17.5 万元的目标。②

　　湖州市通过优化专利结构,开展海外知识产权布局,鼓励高价值专利创造,并且协助产业、企业建立专利导航机制和知识产权预警机制。同时,严厉打击各类侵权假冒违法行为,健全多元化知识产权纠纷解决机制。2021 年,湖州市获得国家专利授权 2039 项,专利数量增长率为 51％,2015—2021 年的平均增长率达到了 5％。2021 年,湖州每万人专利拥有数为 43.3 件,相对于 2020 年的

① 绍兴市统计局.2022 绍兴统计年鉴:十、文化、教育、科技和卫生事业[EB/OL]. (2023-01-17) [2023-12-31]. https://zjjcmspublic. oss-cn-hangzhou-zwynet-d01-a. internet. cloud. zj. gov. cn/jcms _ files/jcms1/web3012/site/attach/0/b807fb5c28274a1486341dbbf4930070.pdf;十年接续奋斗绿海蝶变跃升——党的十八大以来浙江经济社会发展成就系列分析之湖州篇[EB/OL]. (2022-10-20)[2023-06-01]. https://lib. zjsru. edu. cn/info/1331/25409. htm.

② 陈立新,等.2021 年湖州市国家发明专利统计分析报告[EB/OL]. (2022-03-19)[2023-12-31]. https://wap. sciencenet. cn/blog-681765-1330160.html;湖州:争创高质量发展建设共同富裕示范区的先行市 [EB/OL]. (2022-02-28)[2023-12-31]. http://zdpx. zju. edu. cn/news1_9402_304. html;湖州市统计局. 2021 湖州统计年鉴:一、综合[EB/OL]. (2021-12-01)[2023-12-31]. https://custom. huzhou. gov. cn/DFS//file/2021/12/01/20211201154346189 6xv5cx. pdf;湖州市统计局. 2022 湖州统计年鉴:一、综合[EB/OL]. (2023-06-05)[2023-12-31]. https://custom. huzhou. gov. cn/DFS/file/2023/06/05/202306051512177221w2qhm. pdf.

40.38 件显著提高。其中,德清县与安吉县在专利优化和专利布局上具有明显优势。另外,湖州市每亿元 GDP 伴随的专利产出数量达到了 0.56 项,文化相关财政支出逐年递增(图 4),表明湖州市经济模式为技术创新驱动型经济发展模式,经济发展的技术含量较高。此外,湖州市的技术创新能力较强,为长三角的经济发展贡献了巨大的力量。在 2021 年度浙江省委、省政府高质量考核中,湖州市专利质量考核位列全省第一,天能和超威等高科技实力企业共同推动了湖州市的经济发展。[①]

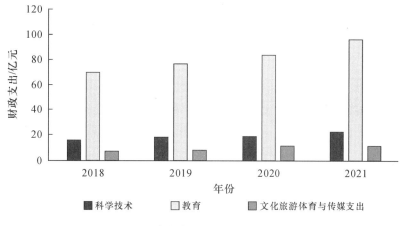

图 4　湖州市文化相关财政支出

1. 数字经济为共同富裕提供技术支持

时至今日,数字经济已成为最具创新性和成长性的新经济形态。党的二十大报告指出,促进数字经济和实体经济深度融合,加快建设制造强国、数字中国。浙江省委部署实施的数字经济创新提质“一号发展工程”要求,加快构建以数字经济为核心的现代化经济体系,加快建设数字经济高质量发展强省。可以说,加快推动数字经济和制造业高质量发展,既是国之大者、省之大计,更是发展所需、市之大事。

回望过去,湖州围绕打造万物智联强市和绿色智造名城,加快数字经济和实体经济融合步伐,取得了显著成效。“十三五”期间,湖州深入实施数字经济“一号工程”,出台《湖州市加快数字经济发展实施方案》《加快“万物智联”推动湖州数字经济发展三年行动计划(2020—2022 年)》等系列政策文件,数字经济发展成效显著。湖州市推进数字经济综合应用建设,实施数字经济“一号工程”2.0,推动数字产业化和产业数字化,建立健全新智造体系。通过培育建设,细分行业

①　湖州市统计局. 2021 湖州统计年鉴:十、科技、教育、文艺、体育、卫生、广电[EB/OL]. (2021-11-23)[2023-12-31]. https://custom. huzhou. gov. cn/DFS//file/2021/11/23/20211123135858447w24jqf. pdf;湖州市统计局. 2022 湖州统计年鉴:十、科技、教育、文艺、体育、卫生、广电[EB/OL]. (2023-01-04)[2023-12-31]. https://custom. huzhou. gov. cn/DFS/file/2023/01/04/202301041349183448petfi. pdf.

产业大脑和一批未来工厂、智能工厂、数字化车间。以"产业大脑＋未来工厂"为核心业务场景,推进新智造体系、新商贸平台、新智联底座、新应用支撑工程,加快技术创新和产业创新,推动资源要素有效配置和产业发展高效协同,打造"万物智联"强市。

截至 2020 年,湖州市全市实现数字经济核心产业增加值 164.3 亿元,近三年年均增长 12.1％,数字经济核心产业增加值占 GDP 的 4.90％;获批全省首个"企业码"综合应用试点。长兴县在数字赋能和数字经济推动上最为积极,2020年数字经济核心产业增加值占该县 GDP 的 5.6％,数字经济发展取得一定成效。德清县成为联合国地理信息大会会址并获批建设国家新一代人工智能创新发展试验区;德清县、长兴县成为首批省级数字经济创新发展试验区;吴兴区获 2020年省政府数字经济发展督查激励。① 2021 年全市数字经济核心产业增加值达200.0 亿元,同比增长 18.1％,增速居全省第三位;占 GDP 比重为 5.5％,比2020 年提高 0.5 个百分点。全市数字经济总规模达 1724.9 亿元,核心产业增加值突破 210 亿元,同比增长 10.9％,居全省第四位;制造业占 GDP 比重为42.7％,居全省第二位。②

除了在工业上应用数字经济,湖州市还紧紧发挥信息产业集聚优势,创新推进乡村生产方式、生活方式、治理方式数字化变革,引领产业发展智能化、乡村治理精细化、要素供给便捷化,加快构建共同富裕大场景下数字乡村新图景,探索数字赋能乡村振兴特色路径,在全国率先实现县域数字农业农村发展水平先进县全覆盖。湖州市大力实施科技强农、机械强农"双强"行动,培育发展"数字化＋"产业发展新模式、新主体、新业态,构建数字乡村产业体系,促进产业增效,助力农民增收。聚焦茶叶、渔业、湖羊产业等特色优势产业,连通生产流通消费分配各环节,构建产能预测、风险预警、市场对接、要素服务等智能模块,提升产业发展综合管理能力。如安吉白茶产业大脑构建"1 个数据中心＋N 个应用"的数字化体系,覆盖全县 20 万亩茶园,服务 1 万多户茶企(农),运用区块链技术进行全产业链闭环管理,实现一屏全域监管、一码全程溯源,有效保护了"安吉白茶"品牌价值,2021 年白茶产值同比增长 13％,带动农民平均增收 8600 元。湖州培育智能装备未来农场,引导和支持家庭农场、农民合作社、农业企业等主体对农场基础设施、机械装备等进行数字化改造,推动物联网平台开发应用,累计

---

① 湖州市人民政府办公室. 关于印发湖州市数字经济发展"十四五"规划的通知[EB/OL]. (2021-12-20)[2023-12-31]. http://www.huzhou.gov.cn/art/2021/12/20/art_1229566545_3846630.html.

② 为"湖州制造"插上"数字翅膀"[EB/OL]. 湖州日报. (2023-04-25)[2023-12-31]. https://finance.sina.com.cn/roll/2023-04-25/doc-imyrpwqv4482883.shtml.

建成 30 家数字农业工厂、33 家未来农场,带动改造 191 家种养基地,推进生产经营过程自动化智能化。如吴兴恒鑫太湖蟹未来农场,面积 1088 亩,年产太湖蟹 32 万斤,通过机械化改造和数字化提升,主要环节劳动力成本降低 50%,生产效率提升 38% 以上。湖州积极发展智慧商贸数字经济。深入推进"互联网+"农产品出村进城工程,加快物流体系改造升级,累计建成 189 个农产品仓储保鲜冷链物流设施,主要品牌快递服务实现行政村全覆盖。创新"两山"区域公用品牌与电商融合发展模式,推广线上产销对接平台,培育直播带货、农村电商等新型经营主体 1055 家,年网络销售额达 83 亿元。如长兴县打造城乡一体化物流配送服务体系和数字平台,市民在线上小程序订购,农民在线下站点供货,平台通过大数据算法最优派单,快递员下乡时顺便带农产品回城,县域内平均 6 小时完成配送。[①]

专栏二:"数字产业集群"提升县域竞争力[②]

在湖州莫干山高新区城北高新园砂村万亩大平台,占地 172 亩的德清智能网联汽车测试场是浙江省唯一同时满足单车智能和智能网联测试的公共测试场。测试场自建成以来,向 20 家企业颁发了 28 张自动驾驶测试牌照。此外,德清还完成了 181.6 公里的多路况场景智能化改造,全域 949.3 公里道路开放测试。作为全国首个以县域为主体创建的国家级车联网先导区,德清县依托地理信息产业集聚优势,不断突破产业边界,推动地理信息与车联网产业跨界融合发展。车联网先导区创建只是一个缩影,当前,德清县正抢占数字经济新赛道,积极实施"1463"计划,结合先进集群培育成果,全力打造全国县域数字经济高质量发展标杆、地理信息产业聚集区、车联网融合创新区、智能制造先行区和数字农业先行区。

《湖州市数字经济创新提质"一号发展工程"实施方案》和《湖州市推动制造业高质量发展实施意见(2023—2025 年)》为未来湖州市的数字经济发展提供方向指导。实施方案明确湖州市将实施数字关键核心技术攻坚、数据要素价值释放、数字产业竞争优势提升、"产业大脑+未来工厂"赋能、数字消费创新引领、新型基础设施强基、平台经济高质量发展等"八大攻坚行动",力争到 2027 年,全市

① 农业农村部发展规划司. 浙江省湖州市:数字赋能乡村振兴 推进农民农村共同富裕[EB/OL]. (2022-10-25)[2023-12-31]. http://www.ghs.moa.gov.cn/xczx/202210/t20221025_6413902.htm.

② 德清县人民政府. 数字经济提质向"高"攀升[EB/OL]. (2023-08-14)[2023-12-31]. http://www.deqing.gov.cn/art/2023/8/14/art_1229212604_59064536.html.

数字经济增加值占 GDP 比重超 50％,核心产业增加值达到 500 亿元,努力建成以数字经济为引领的制造强市。实施意见则明确湖州市将围绕推动产业创强赶超、大力发展数字经济、推动绿色低碳引领、完善创新制胜体系、支持企业做大做强、优化企业服务环境六个方面,出台支持新兴产业投资扩量、加大技术改造力度、加快布局数字经济未来产业、鼓励企业节能降碳等二十条举措,高质量建设长三角先进制造业基地,打造全国绿色智造名城。

专栏三:如何创新打造"未来农场" 助力缩小城乡差距[①]

一是机械化助力。实施宜机化改造,推进"机器换人",稳步提高农业综合机械化水平,主要作业环节劳动力使用减少 30％以上,从业人员人均劳动生产率增长 30％以上。

二是科技化助力。推动"未来农场"和科研院所创新资源共建共享,推动每家未来农场落地 1～2 个高新技术成果,实现"1＋1＋N"农推联盟和科技特派员创建培育对象全覆盖。

三是数字化赋能。全面应用数字化改革成果,探索"产业大脑＋未来农场"发展模式,成功打造"智慧渔管家""安吉白茶产业大脑""湖羊产业大脑"等场景应用,推动每个农场同步打造 3 个以上涵盖生产、管理、销售等环节的数字应用场景。

---

2. 金融改革为共同富裕注入新鲜血液

湖州市从 2022 年 2 月起正式推出"金融惠农"班车,通过变革"农户家庭资产负债表""整村授信"等融资模式,创新"共富金融服务站点＋金融专员进乡村"等服务方式,实现金融资源精准配置,缩小金融服务城乡差距,助推农村居民增收致富和村级集体经济发展。截至 2022 年 10 月末,全市涉农贷款余额 4759.07 亿元,较年初新增 893.15 亿元,同比增长 24.24％,高出全部贷款增速 1.9 个百分点。依托"金融惠农"班车,湖州在全市范围内推广"农户家庭资产负债表"融资模式,利用数字化手段多渠道采集农户信息,实现农户无形资产有形化,提升农户信用贷款覆盖面和额度。[②]

[①] 浙江大学—湖州市共同富裕研究中心课题组.湖州市共同富裕案例集(2023)[R].

[②] 截至 2022 年 10 月末,湖州已为 32.64 万户农户家庭建立了"农户家庭资产负债表",覆盖率达到 53.61％,居全省前列。参见:浙江湖州:普惠金融小切口探索"金融帮富"有效路径[EB/OL].(2022-11-18)[2023-12-31].http://zj.news.cn/2022-11/18/c_1129140458.htm.

同时,湖州利用"数智绿金"应用体系打造了金融数据专题库,实现政银数据共享,大幅提高融资对接效率。值得一提的是,"数智绿金"成为浙江省金融系统中唯一入选浙江"一地创新、全省共享"一本账的应用体系。在此基础上,湖州还注重推动整村授信,为满足农户生产经营资金需求,湖州通过"白名单"预授信、批量授信、"无感"授信等方式,使"农户申贷"转变为"银行送贷",扩大农户授信覆盖面。此外,湖州打好产品创新组合拳,引导全市金融机构推出多款"共富"系列专项信贷产品,其中,就有全国首创的"竹林碳汇贷"。湖州市将普惠金融和绿色金融结合在一起,在普惠金融的基础上深入推进绿色金融改革创新,为共同富裕注入"金融活水"。

近年来,湖州大力推动绿色金融改革,服务经济高质量发展,实现了"做大蛋糕";与此同时,始终践行金融为民理念,聚焦小微、"三农"、居民消费等重点领域,推动普惠与绿色融合发展,提升金融服务质效,帮助"分好蛋糕"。截至2021年末,湖州全市各项贷款余额为7204亿元,同比增长21.3%。其中,按照中国人民银行总行口径统计的绿色贷款余额达1615亿元,同比增长49.46%,增速高于全国平均值16.5个百分点。同时,湖州绿色贷款在全部贷款中的比重达到了22.4%,较上年末提升4.2个百分点,高于全国平均14.4个百分点。依靠大力支持绿色低碳农业企业和项目,湖州的绿色贷款占全部贷款余额比重在全国遥遥领先。2021年,湖州市金融机构存贷款总量、各项贷款、各项存款三项增速均位居浙江省第一。[①]

专栏四:让竹林里的新鲜空气换来真金白银[②]

安吉素有"中国竹乡"之称,现有87万亩毛竹林资源。早在2012年,该县就与国家林业局竹林碳汇工程技术研究中心、浙江农林大学森林碳汇省级重点实验室合作进行竹林碳汇研究,通过建设毛竹林碳汇通量观测塔,全自动、全天候采集竹林不同冠层的二氧化碳浓度等数据,形成相关研究成果。2021年12月,依托安吉"两山银行",湖州上线了全国首个县级竹林碳汇收储交易平台,建立起"林地流转—碳汇收储—基地经营—

---

① 来自"两山"理念诞生地的绿色金融改革创新[EB/OL]. 每日经济新闻. (2022-03-16)[2023-12-31]. https://baijiahao.baidu.com/s? id=1727456767064228623&wfr=spider&for=pc.

② 绿色金融改革打开"绿色银行"致富密码 安吉落地全国首个县级竹林碳汇收储交易平台[EB/OL]. 中国日报. (2021-12-28)[2023-12-31]. https://ex.chinadaily.com.cn/exchange/partners/82/rss/channel/cn/columns/j3u3t6/stories/WS61cad563a3107be4979ff75c.html.

平台交易—收益反哺"的全链条体系,实现竹林碳汇资源计量、存储、增值、变现功能。依托毛竹林碳汇通量观测系统及国家公布的《竹林经营碳汇项目方法学》,按照 43.4 元/吨计算,首批完成收储交易的山川乡大里村等 5 家单位共有 2.14 万亩竹林拿到 3 年竹林碳汇交易金 108.62 万元。

安吉竹林碳汇收储交易的率先实践,推动力来自当地靶向精准的绿色金融改革创新。据介绍,全链条碳汇收储交易过程以竹林碳汇交易平台为依托,从村集体(农户)收购竹林碳汇,再交易给购碳企业,从而实现碳汇交易。

据悉,该县首期竹林碳汇收储(含预收储)规模 14.24 万亩,30 年合同总金额 7230.79 万元。此外,两山竹林碳汇收储交易中心母公司安吉县城投集团获得"碳汇收储贷"意向授信 40 亿元;永裕家居、乐捷股份、大成纸业 3 家企业获得碳汇惠企贷 1.19 亿元,并与安吉相关银行签订碳汇认购协议,合计缴纳购碳资金 41.6 万元。至此,安吉两山竹林碳汇收储交易中心收储已增碳汇和"销售"碳汇形成闭环。安吉竹林碳汇收储交易模式具有推广意义,不仅有利于推动竹产业发展,同时有效助力全国"双碳"目标的实现。

3. 电子商务助力共富

2023 年 8 月 9 日,湖州市人民政府办公室印发了《湖州市支持电子商务高质量发展若干政策》。湖州市网络零售额自 2015 年的 223.6 亿元上升至 2022 年的 1064.1 亿元,规模总量突破千亿大关;2020 年中国(湖州)跨境电子商务综合试验区(简称跨境电商综试区)获批后,湖州市跨境电商发展势头强劲,2022 年全市跨境电商综试区的业务量为 2021 年的 1.7 倍。在连续高增长的情况下,要保持良好发展态势,需要从之前的补总量向补增量转变,优化对电商主体的扶持和服务,进一步支持全市电商主体做大做强。

近年来,湖州市深入推进电子商务进农村,全面助力乡村振兴。继安吉县、长兴县获评国家级电子商务进农村综合示范县后,德清县成功获评 2021 年电子商务进农村综合示范县,实现全覆盖(全省共 2 个地市)。一是狠抓示范引领。持续推进农村电商向纵深发展,大力开展电商专业村、电商镇建设。全市 112 个村、24 个镇入围 2020 年省电商专业村和电商镇名单,较上年度分别新增 28 个和 6 个。二是狠抓平台建设。聚焦打通农村电商发展"最后一公里",大力拓展市、区(县)、乡镇(街道)、村(社区)四级公共服务平台体系,推进新型农业经营主体电商化改造。开设网络旗舰店或自建电商平台 109 个,完成电商改造的新型农业经营主体有 722 个。三是狠抓模式创新。探索直播带货,助力"村播"经济。搭建省农播示范(湖州)基地,创新推出农事节庆"月月农"品牌,组织开展"湖羊节""鱼文化节"等直播带货活动,拓宽销售渠道。同时,在全省首推商农邮合作模式,推进"快递进村"服务,建成全国首个数字乡村快递地图,快递进村率达 85% 以上。四是狠抓人才培养。发挥"湖州数字贸易学院""农民学院"等的作用,实施电子商务培训"万千"计划,加大农村地区电子商务人才培养力度。2021年上半年,开展电商专题培训 124 场,覆盖 5000 余人次。

> **专栏五:电商直播式"共富工坊"——聚焦场景创新、培育线上消费**[①]
>
> 　　2023 年 5 月 10—11 日,浙江省电商直播式"共富工坊"现场交流会在湖州市南浔区顺利召开。会上,由省电子商务促进中心联合全省电商直播式"共富工坊"、电商公共服务中心等行业主体成立浙江省直播电商共富荟。共富荟旨在强化交流合作,凝聚发展力量,持续打造电商助农新模式,培育农村消费新场景,完善电商共富新服务,为"共同富裕先行和省域现代化先行"贡献电商力量。
>
> 　　全市范围内已有 90 个重点电商直播式"共富工坊"。截至 2023 年 4月底,全市 10 个获省级专项激励的电商直播式"共富工坊"累计实现网络零售额 2539.7 万元,举办直播相关活动 247 场次。全市电商直播式"共富工坊"共吸纳低收入农户就业 382 人,带动村集体增收 1950.7 万元。在浙江省 2022 年首届电商直播式"共富工坊"短视频大赛中,湖州市南浔区作品获金奖,吴兴区、德清县、长兴县、安吉县作品获铜奖,获奖区县实现全覆盖。南浔区善琏湖笔小镇电商直播"共富工坊"的金奖作品《一支湖笔的乡村振兴之路》视频还有幸在省级宣传平台"之江先锋"展播。杨桂珍"钳力股""共富工坊"等 10 个项目入选省级 2023 年度电商直播式"共富工坊"专项激励项目。10 个案例入选浙江省首批百家电商直播式"共富工坊"典型案例。
>
> 　　2023 年,湖州市累计支持打造 120 个美丽湖播"共富工坊",其中市级示范类工坊 28 个;2024 年底,全市累计打造 160 个美丽湖播"共富工坊",其中市级示范类工坊 40 个;实现"共富工坊"全市乡镇覆盖率 80% 以上。湖州市以电商赋能乡村振兴、直播助力共同富裕,切实促进农民增收、提升群众幸福感。

---

　　① 湖州市商务局. 全省电商直播式"共富工坊"现场交流会在我市召开[EB/OL]. (2023-05-16)[2023-12-31]. http://swj. huzhou. gov. cn/art/2023/5/16/art_1229705608_58940646. html.

湖州市主要通过以下几个方面增强电子商务水平。

第一，培育壮大电商主体队伍。主要包括鼓励企业拓展国内电商业务、跨境电商业务等方面并提供补助。其中，对于国内电商，以及跨境电商从原有的补总量改为按当年度增量部分给予补助；新增对自建独立站推广费用的补助，更注重电商主体队伍高质量发展。

第二，加快推动电商园区建设。主要包括支持电子商务产业园区建设，对已入驻并正常经营的电子商务企业首次达到 50 家的电子商务产业园区（基地、楼宇）、承接跨境电商综试区业务的园区基地进行补助。

第三，支持示范创建和模式创新。主要包括对推动电子商务示范创建、加大品牌建设等进行补助。其中，推动电子商务示范创建补助中增加了直播电商式"共富工坊"相关补助，以及对省级试点激励等建设项目的补助；加大品牌建设补助中增大了对 RCEP 其他成员国的补助力度，增加了对企业通过跨境电商展会开展品牌推广的相关补助。

第四，完善电商公共服务体系。主要包括鼓励企业布局海外仓和集货仓、加大电商专业人才培育、支持跨境电商海外风险防范、引进优质服务商、创新优化电子商务公共服务等方面的补助。其中，鼓励企业布局海外仓和集货仓补助中，增大了对 RCEP 其他成员国建设跨境电商海外仓并被省级认定的建设主体以及租用 RCEP 其他成员国设立的跨境电商公共海外仓开展电子商务企业的补助力度，增加了集货仓补助条款。创新优化电子商务公共服务补助中，根据新的形势要求，增加了对口支援合作补助条款。

（三）结构优化

湖州撤地建市以来，经济飞速发展，产业结构逐步优化，高质量赶超发展特征明显；坚持不懈走好新型工业化道路，大力发展现代服务业。湖州三次产业比例由 1983 年的 41.0 : 37.7 : 21.3 调整至 2022 年的 4.2 : 51.1 : 44.7，一产比重下降 36.8 个百分点，二、三产比重分别提高 13.4 个和 23.4 个百分点，实现了从"一二三"到"二三一"的华丽蜕变，形成工业和服务业协同推进的产业发展新格局。[①] 2022 年，湖州市在上年高增速、高基数的基础上实现稳定增长，出口值首次突破 1500 亿元关口，为经济稳健发展做出了积极贡献，2022 年前三季度全市出口依存度达到 42.5%，尤其净出口占 GDP 比重达到 38.9%，远高于全省平

---

① 湖州市统计局. 四十不惑 风华正茂——湖州建市 40 周年经济社会发展分析[EB/OL]. (2023-08-07) [2023-12-31]. https://tjj.huzhou.gov.cn/art/2023/8/7/art_1229208252_58871284.html.

均水平。其中,出口商品结构持续优化,机电高新产品和自主品牌产品出口比重稳步提升。①

1. 现代产业体系为共同富裕搭建坚实基础

近年来,湖州立足产业基础和比较优势,着眼战略需求和前沿先机,积极构建"4210"现代产业体系②,瞄准"数字智慧、绿色低碳、集约高价值"的新业态、新模式,着力打造新能源汽车、物流装备、光电通信及半导体、生物医药等八大新兴产业链,湖州市各区县高新技术产业企业数均呈增长趋势,其中吴兴区是高新技术产业的重要孕育基地(图 5)。2021 年,湖州高新技术制造业增加值占规上工业比重为 62.0%,较往年增长 2.3%,大大超过《湖州争创高质量发展建设共同富裕示范区的先行市实施方案(2021—2025 年)》中 10%的年度目标。③

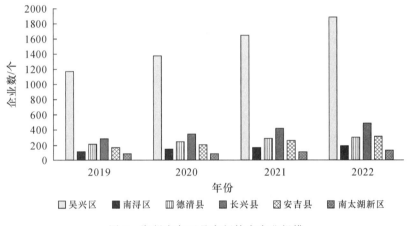

图 5 湖州市各区县高新技术产业规模

如图 6 所示,湖州市三类规模以上产业中高新技术产业的增加值绝对值近些年一直处于最高值,同时,战略性新兴产业和装备制造业增加值的增长速度更为显著。《湖州市制造业高质量赶超发展"十四五"规划》提出,力争到 2025 年基本形成有利于制造业高质量赶超发展的产业生态,自主创新、质量效益、融合发展和绿色发展的水平进一步提升,制造业结构更趋合理,六大标志性产业链和十

① 湖州海关. 湖州海关召开 2022 年湖州市外贸进出口情况新闻发布会[EB/OL]. (2023-03-27)[2023-12-31]. http://gdfs. customs. gov. cn/hangzhou_customs/575662/575664/4921090/index. html.
② "4"即四大战略性新兴产业:数字产业、高端装备、新材料、生命健康;"2"即两大传统优势产业:绿色家居、现代纺织;"10"即十大引领性、标志性产业集群:新型电子元器件、北斗和地理信息、新能源汽车及关键零部件、智能物流装备、高端金属结构材料、生物医药、现代美妆、绿色木业、健康椅业、时尚童装.
③ 湖州:争创高质量发展建设共同富裕示范区的先行市[EB/OL]. (2022-02-28)[2023-12-31]. http://zdpx. zju. edu. cn/news1_9402_304. html.

大产业集群培育取得阶段性进展,基本建成长三角先进制造业基地,打造成全国战略性新兴产业集聚区、传统制造业改造提升示范区、绿色发展引领区、数字经济特色区、工信领域改革先行区,全力争创国家制造业高质量发展试验区。

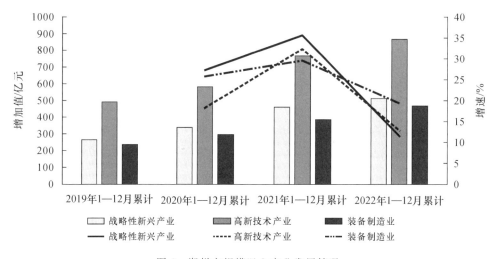

图 6　湖州市规模以上产业发展情况

　　除此之外,实现乡村振兴,产业是基础。加快推进乡村产业振兴,助力建设共同富裕绿色样本,湖州市近年来聚焦乡村八大产业高质量发展、高效益富民,以保障粮食安全和农产品有效供给为基础,以农业供给侧结构性改革为主线,以农村一、二、三产业融合发展为路径,加快构建现代乡村新产业体系,争当全省产业兴旺领头雁,为率先基本实现农业农村现代化、助力建设共同富裕绿色样本提供坚实的产业支撑。其中,对于乡村八大产业,湖州市提出了自己的目标——"八业千亿"乡村产业体系,包括现代种养产业、乡土特色产业、农产品加工业、乡村商贸流通业、乡村休闲旅游业、乡村数字产业、乡村新型服务业、农资农机产业等八个产业,计划五年打造新增千亿规模乡村产业体系。促进农村一、二、三产业融合发展是加快推进农业农村现代化、推动乡村产业振兴的重要路径,但农业配套建设用地成为制约发展的瓶颈。湖州市立足问题导向、效果导向,紧盯农业配套建设用地"供地难、用地贵、拿地慢"等问题,于 2019 年在全国首创农业"标准地"改革,有效解决一、二、三产业融合发展建设用地难题,实现农业经营主体、农民、村集体多方共赢,为全省高质量发展建设共同富裕示范区注入新的改革动能。

专栏六:湖州市创新实施农业"标准地"改革,强化休闲农业用地保障[①]

2019 年,湖州市级层面出台《关于保障农业产业融合项目建设"标准地"促进乡村产业振兴的通知》,首次推出农业"标准地"改革。2021 年,优化出台《关于规范农业"标准地"管理 促进乡村产业振兴的实施意见》,区县层面出台具体实施方案,以"1＋N"政策体系推动改革形成完整闭环。明确操作体系,规范经办流程。形成覆盖"立项、供地、签约、用地"的操作体系,助力基层落实有据可依。严把项目"准入关",明确农业"标准地"项目亩均投资 150 万元以上、产值 100 万元以上,亩均吸纳当地劳动力就业 15 人以上、带动周边农户 10 户以上。用地额度实行用地比例 2％和面积 5 亩双控。建立监管体系,严格用途管制。实行乡镇人民政府属地管理,落实前期准入和后期监管责任,对农业"标准地"项目的供地、建设、使用等环节全过程监管,从源头上管控住,防止改变用途,确保"农地为农"。

农业"标准地"解决了农村一、二、三产业融合发展的用地保障问题,提振了农业主体投资信心,切实地让广大投资主体吃了"定心丸",有效激发农业农村多元投资。2021 年以来,全市新引进千万元以上乡村产业项目 496 个,完成投资 180 万元。已建成项目提供大量餐饮服务、民宿管理、产品加工、电商营销等方面的就业岗位,累计吸纳劳动力就业 1300 人次,带动农户 2000 余户,拓宽农民就业渠道。平均每亩农业"标准地"为村集体经济组织带来 10 万～20 万元不等的土地增值收益,在改革带动下,湖州市已全面消除村集体年经营性收入 50 万元以下的欠发达村。

服务业发展水平是衡量一个地区、一个城市经济发展程度的重要指标。近些年,湖州市服务业重大项目加速推进,累计列入省服务业重大项目 240 个,数量居全省第一,新认定市服务业"大好高"项目 224 个。万达广场、南浔巨人君澜度假酒店、联合国全球地理信息论坛会址、长兴太湖龙之梦乐园(子项目)、安吉云上草原、唯品会华东运营总部等一批重大项目建成运营。千万元税收楼宇增至 114 幢,亿元税收楼宇增至 25 幢。企业发展活力不断增强,新增上市挂牌服务业企业 322 家,7 家入选省服务业重点企业名录,16 家上榜"浙江省新零售示

范企业"名单。品牌和标准建设卓有成效,拥有"国家驰名商标"3 个,"中华老字号"7 家,"浙江老字号"40 家,"洋家乐"成为全国首个服务类生态原产地保护品牌。①

湖州市国家级旅游业改革创新先行区、国家级绿色金融改革创新试验区、国家市场采购贸易方式试点等改革试点深入推进,形成了一批可复制、可推广的试点经验。吴兴区、德清县和安吉县三个省级服务业强县(区)引领示范作用不断增强,安吉县三年蝉联全省服务业发展综合评价Ⅲ类地区第一名。全市省级现代服务业集聚示范区增至 12 家,数量居全省第二,已成为服务业发展的核心平台载体。莫干山镇入选首批中国特色小镇,湖州丝绸小镇、吴兴美妆小镇、南浔善琏湖笔小镇、德清地理信息小镇、长兴新能源小镇等省级特色小镇获省政府正式命名授牌。重点行业"亩产效益"综合评价全面实施,8 家企业入选 2020 年省级领跑者名单。"坡地村镇"改革创新推进,推动文旅项目加快落地。

推进现代服务业高质量发展是融入新发展格局的重要行动,是促进产业转型升级的必然要求,是率先打造"无差别城乡"的关键举措,是提升城市能级和竞争力的重要抓手。

专栏七:浙江省创新发展区　湖州实现区县全覆盖②

2021 年,湖州六个服务业创新发展区入选浙江首批省现代服务业创新发展区名单,入选总数居全省第二,为全省唯一一个实现区县全覆盖的设区市。

吴兴织里童装数字贸易创新发展区紧抓"跨境电商综试区"和"市场贸易采购试点"两大国家级试点机遇,主动融入"双循环"新发展格局,依托湖州织里童装生产性服务业集聚区建设基础,持续深耕微笑曲线两端的"设计研发＋销售",加快形成以时尚童装为主要领域、以数字贸易为主导产业、以时尚设计服务和现代物流为联动产业的服务业创新发展体系。

南浔古镇数字文旅创新发展区充分发挥南浔古镇区位优势,以推动旅游业融合化、品质化、品牌化、开放化为主线,主动融入"双循环"新发展

---

① 湖州老字号振兴新路径的探索[EB/OL]. (2020-07-29)[2023-12-31]. http://www.huzhou.gov.cn/art/2020/7/29/art_1229213493_55065301.html.

② 澎湃新闻. 全省唯一! 省现代服务业创新发展湖州实现区县全覆盖[EB/OL]. (2021-11-18)[2023-12-31]. https://m.thepaper.cn/baijiahao_15454600.

格局和长三角一体化,以数字文旅为主导产业,探索发展智慧旅游、数字影视、数字创意、"直播＋旅游"、文化演艺五大新型业态,加快构建具有南浔特色的数字文旅产业体系。

德清县地理信息现代服务业创新发展区全力打造"地理信息＋"产业生态,已集聚千寻位置、浙江国遥、长光卫星等各类地理信息企业近300家,成为全国地理信息产业集聚度最高的区域之一,并于2018年11月成功举办联合国世界地理信息大会。

长兴智慧物流创新发展区立足长兴,服务浙皖苏三省边界,辐射长三角,以现代物流和数字贸易为核心,以信息、金融、保税和结算服务为支撑,打造集多式联运、电子商务、保税物流、供应链服务、数字汽配、大数据等功能于一体的智慧型创新发展区,成为"三省边界现代物流与数字贸易中心"。

安吉县灵峰数字文旅创新发展区全面把握安吉绿色生态型服务业强县建设的亮点特色,发挥灵峰"国旅"平台优势,以提升高端度假服务业质效和产业创新力为抓手,加快推进产业数字化升级,通过"文旅＋数字娱乐""文旅＋数字新经济""文旅＋文化创意""文旅＋未来健康""文旅＋数字金融"等,构建乡村数字文旅产业微循环,打造乡村数字文旅创新发展高地,成为数字"国旅"建设样板地。

湖州南太湖数字文旅现代服务业创新发展区充分把握数字文旅产业发展机遇,突出数字化改革主题,以生态绿色、创新驱动、文化引领、品质发展为发展主线,以生态、融合、创新、提升为发展要求,积极探索从"绿水青山"到"金山银山"的有效转换路径,根据国际化高端滨湖旅游度假目的地、国家级夜间文旅消费集聚区、数字化改革应用示范区的发展定位,科学规划布局,高水平推进数字化全面应用,健全产业体系,持续提升智慧旅游、数字创意等服务业发展新业态,优化服务设施,提升服务质量,打造创新发展区品牌影响力。

2."湖州制造"优化贸易结构

近年来,湖州市与共建"一带一路"国家贸易往来火热,越来越多的"湖州制造"热销当地消费市场。据统计,2023年前三季度,湖州市对共建"一带一路"国家进出口额达640.5亿元,占全市外贸进出口总值的50.3%。2023年是"一带一路"倡议提出10周年。10年间,湖州市对共建"一带一路"国家进出口商品逐步多元化,除了传统特色产业外,高新技术产品也持续走俏。2013 年以来,湖州市对共建"一带一路"国家进出口 4240.6 亿元,其中出口 3878.6 亿元、进口 362.1 亿元,10 年来进出口年均增幅达 13.5%。① 为助力湖州市企业加速掘金共建"一带一路"国家市场,湖州海关积极入企宣讲海关优化营商环境 16 条,根据出口企业实际需要,"一对一"靶向开展 RCEP 等各类自贸协定、知识产权海关保护、加工贸易等方面的政策指导,持续推进"提前申报""两步申报""两段准入"等通关便利化改革,不断优化口岸营商环境,助推湖州市外贸企业在"一带一路"上加速驰骋,用"湖州制造"打出合作共赢新名片。

湖州市支持内外贸一体化发展,积极引进和培育一批服务长三角的总部型贸易平台。主动融入"一带一路"建设,推进国家跨境电商综合试验区建设和市场采购贸易,争创国家级服务贸易创新发展试点城市和服务外包示范城市,努力做好浙江自贸试验区与湖州联动创新区的联动协同,越来越多的"湖州制造"走俏国际市场。2021 年,湖州市外贸依存度为 40.9%,其中安吉县在各区县的对外贸易中独占鳌头,连续多年保持极高水平。同年,嘉兴的外贸依存度为 59.5%,湖州市相较于嘉兴市而言更少依赖国际市场,从而受到国际影响更小。②

专栏八:一条湖州链,同编共富网③

湖州市吴兴区织里镇童装产业在 20 世纪 70 年代末由家庭小作坊起步,历经 40 多年的发展,已形成从童装创意、研发设计、加工制造到线上线下销售、物流、面辅料供应、品牌运营等全业态、全流程、全品类的产业生态圈,成为中国规模最大、分工协作最紧密的童装产业集群。当前,织里镇有东尼电子、立讯精密、珍贝羊绒等优秀企业百余家,连续八年入围全国百强镇,连续八年获全省小城市培育试点考核优秀等次,成为远近闻名的富裕镇。锚定童装之都时代定位,持续推动中国童装上市园等"五大工程"建设,制定出台"童八条"政策,以空前力度培育童装"头部企业"阵

---

① "湖州制造"掘金共建"一带一路"国家[EB/OL]. 金台资讯. (2023-10-24)[2023-12-31]. https://baijiahao.baidu.com/s? id=1780596698262711139&wfr=spider&for=pc.

② 湖州市统计局. 2021 湖州统计年鉴:七、国内贸易和对外经济[EB/OL]. (2021-11-23)[2023-12-31]. https://custom.huzhou.gov.cn/DFS//file/2021/11/23/20211123135830457pgm9v3.pdf;湖州市统计局. 2022 湖州统计年鉴:七、国内贸易和对外经济[EB/OL]. (2023-01-04)[2023-12-31]. https://custom.huzhou.gov.cn/DFS/file/2023/01/04/20230104134811626blgsxq.pdf.

③ 浙江省经济和信息化厅. 吴兴:一条童装产业链 编织共同富裕网[EB/OL]. (2021-12-03)[2023-12-31]. https://jxt.zj.gov.cn/art/2021/12/3/art_1660156_58927899.html.

营。2020年,织里童装成功获批国家市场采购贸易方式试点,全球化取得实质进展,总出口货值突破70亿元。织里优化创业创新社会环境。秉承"敢想敢为、开放开明、创新创强"精神,充分激发和保护群众的创业创新热情,制定出台"双创"政策包,营造"想创业、能创业、创成业"的良好营商、创业环境,助推大众创业、万众创新。营商环境综合评估显示,织里镇年城市人口净流入30万人,市场主体日均新增32户。

对150组样本进行数据分析得出,来织务工人员年平均收入为10万元,在织创业的童装业主年平均利润率为10%。来织的务工人员基本实现了"一年买车、两年盖房、三年自己当老板",来织的企业家更是尝到了童装这一朝阳产业的红利。

在"湖州制造"的背后,是一群群湖州工匠在实现湖州品质。近年来,湖州市营造尊工重匠的浓厚氛围,进一步打造"匠心之城",不断培育新劳模、新工匠。2021年,湖州市共有42人入选"浙江工匠"培养项目,60人被评选为"湖州工匠",市级以上工匠数量同比增长50%;同时建成高技能人才、技能大师等工作室37家,9人获得省"金蓝领"称号。[①] 2022年共有50人成为首批"湖州乡村工匠"。"湖州乡村工匠"是面向全市农业农村技能人才设立的培养支持项目,重点在农业与乡村产业的一线生产、服务人员中遴选,分种养加服能手、农村电商人才、乡村手艺人才等三大类,旨在通过挖掘农业产业、乡创产业、农耕文化、农民手艺、加工营销、社会化服务等方面的技能型人才,培养和带动更多有文化、懂技术、会管理、善经营的乡村人才。根据2022年"湖州乡村工匠"遴选结果,共有50人成为首批"湖州乡村工匠"。[②] 湖州通过积极完善乡村技能人才培养评价、使用激励机制,有效地持续优化乡村各领域人才素质结构。

专栏九:致力一线培育,技能大赛让产业工人"战"起来[③]

吴兴区面向一线产业工人广泛开展职业技能竞赛活动,不断创新比赛形式与内容,大力推进一乡一品"分站式"产业工人技能大赛,每年举办

① 湖州市人民政府. 湖州全力打造"匠心之城"[EB/OL]. (2022-01-04)[2023-12-31]. http://www.huzhou.gov.cn/art/2022/1/4/art_1229213482_59048554.html.

② 助力乡村振兴 湖州评出首批"乡村工匠"[EB/OL]. 浙江新闻. (2023-02-15)[2023-12-31]. https://zj.zjol.com.cn/news.html? id=2007276.

③ 吴兴区三维发力助力产业工人蓝领增色[EB/OL]. 浙江之声. (2022-12-20)[2023-12-31]. http://www.am810.net/10142219.html.

各类技能大赛 40 余场,建设产业工人技能提升"快车道";创新建立"长三角 G60 科创走廊及环太湖 15 城市职工美妆技能大赛联盟",举办"'美·约'长三角 G60 科创走廊及环太湖 15 城市职工美妆技能邀请赛",放大省级特色小镇技能大赛的品牌效应;承办首届"全省安全生产监督检查比武竞赛暨执法规范化建设推进会"。2022 年以来,将新就业形态劳动者技能大赛与技能人才培养相结合,设立"吴兴新星工匠——行业之星"荣誉称号,对获评大赛一、二、三等奖的选手分别给予奖励资金 800 元、600 元、500 元,搭建起具有吴兴辨识度的产业工人技能人才培育阶梯,目前已拓展出"吴兴新星工匠——快递员之星""吴兴新星工匠——网格员之星""吴兴新星工匠——养老护理员之星"等系列评选。

近年来,湖州市获评全国大赛奖项 4 个、省级大赛奖项 25 个,获评"浙江工匠"16 人、"浙江省金蓝领"10 人、"湖州工匠"36 人;创新建成全国第一个深化产业工人队伍建设改革工作数字化改革场景应用"心植工",汇聚数据 125 万条,服务产业工人 11.7 万余名,发放工惠系列"暖心券"1467.5 万元,惠及产业工人 2.8 万余名,有效提升产业工人获得感、幸福感、安全感和归属感。

三、发展协调平衡

湖州的产业布局瞄准"一极两轴多区联动"。为深度融入长三角一体化、省"四大"建设等重大战略,湖州市将深度嵌入"一湾极化、两廊牵引、多区联动、全域美丽"总体布局,以南太湖新区建设、开发区整合提升、"万亩千亿"平台建设等为工作抓手,着力提升中心城区首位度和向心力,强化各区县协调联动发展,构建"一极两轴多区联动"的产业新空间载体,形成以高能级战略平台为引领、高质量骨干平台为支撑、若干特色化基础平台为补充的高水平现代化平台体系,推动中高端要素高密度、高浓度集聚。

(一)城乡协调

湖州市着力打造"无差别城乡",在先富带后富、促进城乡协调发展上示范先行。以国家城乡融合发展试验区建设为抓手,加强城乡统筹规划,促进资源优化配置,推动市、区(县)、乡镇(街道)、村(社区)一体化发展,构建"一湾极化、两廊牵引、多区联动、全域美丽"的市域生产力布局,提升区域整体竞争力。构建"多规合一"国土空间规划体系,编制实施新一轮国土空间规划。推进公共服务一体化,缩小城乡区域公共服务供给差距,建设现代公共服务体系,推进基础设施一体化。推进下一代互联网建设,实现5G和千兆网络基站乡镇以上全覆盖。推进城乡水务一体化发展,实现城乡供水同标。同时,着力实施农民致富增收行动,完善企业与农民利益联结机制,推进万户农家旅游致富计划,深入实施乡村百万屋顶光伏工程,引导农户自愿以土地经营权、林权等入股企业,带动农民就近就地创业就业。2021年与2020年,湖州市城乡居民收入倍差均在165%左右,而南浔区与德清县则进一步将收入倍差控制在160%左右,与嘉兴市城乡居民收入倍差基本持平。相比全国和浙江省其他地级市,湖州市与嘉兴市为全国城乡发展最均衡的地区之一。同时,湖州市乡村振兴战略实绩考核在2020—2023年连续四年居全省第一位。①

湖州市努力推进以人为核心的新型城镇化,高质量创建乡村振兴模范市,推动新型城镇化与乡村振兴全面对接。实现城乡交通、供水、电网、通信、燃气等基础设施同规同网,健全城乡融合发展的体制机制。同时,健全农业转移人口市民化长效机制,探索建立人地钱挂钩、以人定地、钱随人走制度,切实保障农民工随迁子女平等接受义务教育,逐步实现随迁子女入学待遇同城化。促进大中小城市与小城镇协调发展。推进以县城为重要载体的城镇化建设,推进空间布局、产业发展、基础设施等县域统筹。湖州市的常住人口城镇化水平一直保持较高水平,2021年与2020年分别为66.01%与65.64%,其中吴兴区已经超过70%,在2021年达到73.29%,超过嘉兴市与绍兴市年度平均水平;南浔区和安吉县的建设则相对比较缓慢,在60%左右,但基本达成《2022年共同富裕"1+5+n"重大改革清单》中"农业转移人口市民化改革"的"常住人口城镇化率达68.1%,提高率高于全省平均水平"政策目标。②

---

① 湖州市统计局. 2021湖州统计年鉴:九、职工工资、居民生活、物价[EB/OL]. (2021-11-23)[2023-12-31]. https://custom. huzhou. gov. cn/DFS//file/2021/11/23/2021112313358499651j4nlp. pdf;湖州市统计局. 2022湖州统计年鉴:九、职工工资、居民生活、物价[EB/OL]. (2023-01-04)[2023-12-31]. https://custom. huzhou. gov. cn/DFS/file/2023/01/04/202301041348535098ksgy3. pdf;【大时代】嘉兴:红船起航地百年逐梦共富 打造世界级诗画江南样板[EB/OL]. 光明网. (2022-08-01)[2023-12-31]. https://m. gmw. cn/baijia/2022-08-01/35924439. html;湖州实施乡村振兴战略实绩考核连续四年全省第一[EB/OL]. 湖州日报. (2024-04-12)[2024-12-30]. https://www. zj. gov. cn/art/2024/4/12/art_1554469_60206889. html.

② 嘉兴市统计局. 2021年嘉兴市国民经济和社会发展统计公报[EB/OL]. (2022-03-11)[2023-12-31]. https://www. jiaxing. gov. cn/art/2022/3/11/art_1229329675_4891031. html;绍兴市统计局. 2021年绍兴市国民经济和社会发展统计公报[EB/OL]. (2022-04-07)[2023-12-31]. http://tjj. sx. gov. cn/art/2022/4/7/art_1229362069_3931008. html;湖州市统计局. 2021年湖州市人口主要数据公报[EB/OL]. (2022-03-10)[2023-12-31]. http://tjj. huzhou. gov. cn/art/2022/3/10/art_1229208256_58870223. html.

（二）区域协调

湖州市利用产业链山海协作机制，快速推进南太湖新区与丽水庆元县共建"产业飞地"，积极开展招商引资，加大吴兴、云和两地在吴兴高新技术产业园的"消薄飞地"建设力度，健全和完善运营管理、收益分配机制。同时，开放平台共建发展机制，持续推动开发区整合提升，提升平台承载力。通过建立科技成果转移支付体，联合高校院所、科技中介服务机构等，集聚市内外力量，聚焦山区县的产业特色，征集和遴选科技成果。湖州市还针对飞地经济体制创新，鼓励各区县与结对县共建"科创飞地"，深度融入长三角一体化发展机制，推进长三角一体化发展工作继续走在前列。这一系列措施整合统筹湖州市不同地区的优势资源，创建了不同地区共建、共管、共赢的新机制，既促进了 GDP 的提升，也持续性地缩小了湖州市内部不同地区的差距，尤其是提升了各区县的可支配收入水平。从地区人均 GDP 最高最低倍差的角度（即最高区县人均 GDP 与最低区县人均 GDP 之比），2021 年与 2020 年湖州市地区人均 GDP 最高最低倍差分别为164.65％与165.86％，其中南浔区的倍差水平在 2021 年低于160％，安吉县和吴兴区的倍差水平则相对较高。从可支配收入角度，2021 年湖州市城镇人均可支配收入最高最低倍差仅为106.74％，农村人均可支配收入最高最低倍差仅为107.04％，2020 年则分别为106.63％与103.79％，两项均保持稳定，大大低于嘉兴市与绍兴市城镇人均可支配收入最高最低倍差与农村人均可支配收入最高最低倍差水平。湖州城镇与农村收入公平性更佳，充分达成《浙江高质量发展建设共同富裕示范区实施方案（2021—2025 年）》中"城乡居民收入倍差缩小到190％以内，设区市人均可支配收入最高最低倍差缩小到 155％以内"的发展目标，有望率先基本形成以中等收入群体为主体的橄榄型社会结构，努力成为地区、城乡和收入差距持续缩小的市级范例。①

在湖州市"一极两轴多区联动"的产业布局下，各部门积极打通产业一体化发展纵横通道，主动融入长三角一体化发展，紧抓上海"1＋8"大都市圈、宁杭生

---

① 南浔区人民政府. 2020 年南浔区国民经济和社会发展统计公报［EB/OL］.（2022-06-10）［2023-12-31］. https://www. nanxun. gov. cn/art/2022/6/10/art_1229211048_58923387. html；湖州市统计局. 2021 湖州统计年鉴：九、职工工资、居民生活、物价［EB/OL］.（2021-11-23）［2023-12-31］. https://custom. huzhou. gov. cn/DFS//file/2021/11/23/20211123135849965lj4nlp. pdf；绍兴市统计局. 2021 绍兴统计年鉴：九、物价、人民生活［EB/OL］.（2021-11-29）［2023-12-31］. https://zjjcmspublic. oss-cn-hangzhou-zwynet-d01-a. internet. cloud. zj. gov. cn/jcms_files/jcms1/web3012/site/attach/0/7a18a3e650b14f75b2dda346fcaf0dda. pdf；嘉兴市统计局. 2021 嘉兴统计年鉴：三、人民生活、社会保障与物价［EB/OL］.（2021-12-31）［2023-12-31］. https://zjjcmspublic. oss-cn-hangzhou-zwynet-d01-a. internet. cloud. zj. gov. cn/jcms_files/jcms1/web3059/site/attach/0/bc95a2b67ce84389b661700d57f3bb0e. pdf.

态经济带、嘉湖一体化等区域重大战略叠加机遇,充分发挥高铁建设带来的区域协同发展效应,串珠成链,打通产业一体化发展纵横通道。产业发展"横轴"以建设"沪苏湖绿色智造创新廊道"为契机,以沪苏湖高铁为轴线延伸,连通商合杭高铁向安徽延伸,辐射安吉、南浔区域,在深度接轨上海、主动承接上海优质产业和创新资源溢出的同时,推动长三角(湖州)产业合作区、嘉湖一体化发展先行区建设,加快传统优势产业高新化发展,重点发展绿色家居产业、高端装备产业。产业发展"纵轴"以建设"宁湖杭生态科技创新廊道"为契机,以宁杭高铁为轴线延伸,衔接杭州城西科创大走廊,辐射长兴、吴兴、德清等区域,打造全新的创新创业空间,支撑区域特色产业创新发展。重点发展数字产业、高端装备产业、生命健康产业、现代纺织产业。

多区产业平台联动发展,结合各区域特色产业基础和比较优势,推动产业错位布局和协同发展,形成多区联动发展格局。长三角(湖州)产业合作区聚焦高端装备和新材料产业,全力建设"智造芯、专业园、梦工厂、生态谷",形成"一中心三基地"的功能定位,打造在全国有地位、在长三角最具特色的绿色智能示范中心。吴兴区作为湖州中心主城区,建设以 2.5 产业为特征的新型智造产业集聚区;南浔区发挥利用长三角一体化、接轨上海的桥头堡和示范区优势,打造数字化产业强区,建设临沪智能装备产业协作区;德清县围绕打造杭州城西科创大走廊"北翼",推动人工智能、地理信息规模化高端化集聚,建设临杭数字经济示范区;长兴县围绕建设高端经济流承接地,建设绿色动力产业集聚区;安吉县围绕绿色家居产业,建设绿色家居产业集聚区。

**专栏十:创新"上海品牌＋浙江制造"联姻模式,
推动跨区域产业共富共赢①**

制造业在转型升级方面遇到了不少瓶颈,"有产品无品牌"成为当下德清多数企业的通病,与此同时,上海老国企旗下的大量"老字号"品牌却面临闲置低效、活力不足的困境。2019 年,上海百年品牌施特劳斯与德清钢琴小镇的产能、技术资源对接,开展跨区域合资合营,拉开了"浙江制造"与"上海品牌"联姻的序幕。在此背景下,德清抢抓机遇,创新"政府推动、企业为主、市场运作"的联姻模式,先后带动沪德两地近 200 家企业开展对接合作,累计产生经济效益近 15 亿元,创造就业岗位超 5000 个,成为跨区域产业共富的生动样本。

---

① 浙江大学—湖州市共同富裕研究中心课题组.湖州市共同富裕案例集(2023)[R].

该模式有效整合了德清生产制造和上海品牌、研发、销售优势,既活化了上海老字号、提升了国资运营质效,又解决了县域传统制造业大牌少、利润薄、创新弱的发展瓶颈,有效推动了德清企业向产业链高端环节延伸。截至2023年,共有120多家德清企业和60多家上海老字号企业参与对接,先后促成36家德清企业与37个上海品牌正式合作,产生经济效益近15亿元。该模式为德清导入上海高端资源带来了新的契机,红利不断涌现。产业加速导入,如德清洛舍镇全面承接上海钢琴产业转移,已经成为长三角最大的钢琴制造中心,年产值5亿多元。市场加速拓展,一大批德清产品凭借老字号背书进军上海市场,德清"黑里俏"黑鱼在上海设立社区销售点32个,销量从每天5000公斤增长到1万多公斤。科创加速外溢,截至2023年的三年多来,陆续建成德清—上海科技成果转移转化中心、莫干智谷"上海飞地"等4个重大科技合作平台,举办两地科技成果对接会10余场,转移上海科技成果8项,推动县域R&D占比攀升至4.17%。

该模式为推动长三角"形成优势互补高质量发展的区域经济布局"开辟了全新路径,深化形成了市场共拓、研发协作、风险共担、品牌代工、垂直整合等一系列联姻范式,特别是首创跨省"合资合营"模式,为区域性国资国企综合改革提供了全新思路。首创的长三角老字号聚集区、长三角(上海)通用通兑创新券等举措受到高度关注。相关做法已在上海枫泾、浙江嘉兴、安徽休宁等地区复制推广,并多次获得国家、省、市领导批示肯定,获《人民日报》《解放日报》等国家级媒体报道50余次。

四、精神生活丰富

(一)文化产业发展

1. 文化娱乐支出占比提升

湖州市深入实施文明创建工程,推动全民素养整体提升,进一步守好红色根脉,打造文明典范,推进文化惠民,不断擦亮"在湖州看见美丽中国"城市品牌。同时,全力建设"15分钟品质文化生活圈""15分钟文明实践服务圈"。充分发挥旅游产业富民效应,建设"湖光山色·度假之州"旅游目的地,高质量开展旅游业

"微改造、精提升"行动,实现城、镇、村景区化的全覆盖。湖州市居民个人文化娱乐消费占消费性支出的比重从 2020 年的 10.39％上升到 2021 年的 11.85％,其中长兴县和德清县在 2021 年分别达到 13.77％和 12.31％。湖州年增速为14.05％。而嘉兴市与绍兴市的增速仅为 4.85％与 1.01％,可见湖州市文化产业发展迅速,努力加强文化强市建设,实现"以文化人、以文惠民、以文兴业、以文铸城"的城市愿景,贯彻落实中央提出的"构建社会主义核心价值体系、公共文化服务体系、文化产业发展体系"和保护发展国家历史文化名城的任务。①

2022 年,湖州市接待过夜游客 4179 万人次,实现旅游总收入 1184.3 亿元。旅游业增加值增速为－6.58％,占 GDP 的 6.88％,增速和占比位列全省第三位和第四位。签约矿坑运动乐园等 117 个文旅项目,全市度假接待设施、景区景点、旅游娱乐综合体等度假类项目占项目总量的 61％,较上年提升 12 个百分点,全市文旅项目投资规模保持 2200 亿元以上。完成年度投资 450 亿元,创历史新高,项目投资指标排名居全省前二,所有区(县)在全省 90 个县、区、市中排名前八。新入选省等级民宿和文化主题(非遗)民宿 28 家、省采摘旅游体验基地 10家,认定金(银)百合乡村酒店 11 家。发布"湖州生态宴",入选全省"百县千碗"美食旗舰店 1 家、美食镇 1 家、美食体验店 5 家。安吉、长兴、德清连续 4 年进入全国县域旅游综合实力百强县前十位,分列第一、第三和第七。

2023 年暑假,《"湖光山色·度假之州"——湖州市共富风貌游线推广方案》发布,此方案充分整合文旅资源,推出"历史文化游""自驾露营游""运动休闲游""美食打卡游"等系列产品和"共富风貌游"的疗休养路线,通过旅游交通专线、多景点联票、消费券共享等方式,形成共建共享、共治共管、共谋共富的风貌游线打造新渠道,进而扩大游玩群体,提升风貌区活力,带动城乡经济发展。方案以"湖光山色·度假之州"为主题,结合各地特色,将风貌区、未来社区、未来乡村、美丽城镇等标志性节点和特色区域串点成线,共谋划"湖光山色"和"山水妙境"2 条跨区域共富风貌带,以及 10 条精品共富风貌游线,将 20 个省级美丽宜居示范村、26 个传统村落和 29 个美丽城镇"串珠成链",把湖州风貌建设成果转化为人

① 湖州市统计局. 2021 湖州统计年鉴:九、职工工资、居民生活、物价[EB/OL]. (2021-11-23)[2023-12-31]. https://custom. huzhou. gov. cn/DFS//file/2021/11/23/202111231358499651j4nlp. pdf;湖州市统计局. 2022 湖州统计年鉴:九、职工工资、居民生活、物价[EB/OL]. (2023-01-04)[2023-12-31]. https://custom. huzhou. gov. cn/DFS/file/2023/01/04/202301041348535098ksgy3. pdf;绍兴市统计局. 2021 绍兴统计年鉴:九、物价、人民生活[EB/OL]. (2021-11-29)[2023-12-31]. https://zjjcmspublic. oss-cn-hangzhou-zwynet-d01-a. internet. cloud. zj. gov. cn/jcms _ files/jcms1/web3012/site/attach/0/7a18a3e650b14f75b2dda346fcaf0dda. pdf;嘉兴市统计局. 2021 嘉兴统计年鉴:三、人民生活、社会保障与物价[EB/OL]. (2021-12-31)[2023-12-31]. https://zjjcmspublic. oss-cn-hangzhou-zwynet-d01-a. internet. cloud. zj. gov. cn/jcms _ files/jcms1/web3059/site/attach/0/bc95a2b67ce84389b661700d57f3bb0e. pdf.

民群众可游可赏可感的共富体验。①

其中,"湖光山色"共富风貌带以"太湖风光、古今交融"为主题,串联 3 个风貌样板区,总长约 25 公里,是集溇港文化展示、特色农业体验、主题休闲游乐等功能于一体的滨湖风貌游线。"山水妙境"共富风貌带则以"山清水秀、时尚乐活"为主题,串联 2 个风貌样板区,总长约 26 公里,展示出绿水青山带来美好生活的现实图景。10 条精品共富风貌游线则包括"水乡拾遗"共富风貌游线、"乐享田园"共富风貌游线、"产镇融合"共富风貌游线、"古今新生"共富风貌游线、"古韵岕谷"共富风貌游线、"古村仙趣"共富风貌游线、"荷香农旅"共富风貌游线、"两山文旅"共富风貌游线、"茶香古韵"共富风貌游线和"黄浦江源"共富风貌游线。

通过游线的串联,近年样板区建设成果转化为群众可享的模块化旅游要素,不仅联通了城乡人流、物流、资金流、信息流,还为乡村和百姓提供了实在的收益,乡村文旅增加了客流量,农村市集增加了销售额,闲置空间增加了投资额。如安吉"两山文旅"共富风貌游线通过探索"两山"文化转化路径、拓宽"两山"转化通道,提升了西南部山区的旅游环境容量,2023 年 1—7 月接待游客 205 万人次,村民平均收益同比增加 12%,在提升样板区活力的同时,带动了城乡经济,助力了湖州共富实践。

在总体谋划的基础上,湖州预计将每年推出一批精品风貌游线,到 2025 年底探索共富风貌游数字化平台的推广使用,并继续和文广旅、总工会等部门加强协同,邀请市级媒体或自媒体、市民游客、专业人士、网络达人作为体验师开展试游行动,以线上、线下相结合的方式推动"湖光山色·度假之州"共富风貌游活动,将湖州市风貌建设成果真正转化为人民群众可游可赏可感的共富体验。②

2. 文旅财政支出占比上升

湖州市近年来不断加大文化旅游财政支出的比例。通过加大财政支出,积极鼓励创新发展湖学文化、宋韵文化等湖派文化标识,促进茶、丝绸、湖笔等系列文化金名片的打造,加快培育数字文化、创意设计两大引领产业,带动文化旅游、影视传媒、会展业三大新兴产业。同时,积极抓好大运河诗路文化带建设。迭代升级文旅产品和服务体系,打造旅游业"微改造、精提升"示范点,打响"湖光山色·度假之州"旅游目的地品牌。湖州市多年文化旅游财政支出占总支出的比例超过 2%,吴兴区、南浔区和德清县更是在 2020 年分别达到 2.8%、2.75% 和

① 浙江省住房和城乡建设厅. 湖州市推出"湖光山色·度假之州"共富风貌游线 打造城乡风貌新体验[EB/OL].（2023-08-15）[2023-12-31]. https://jst.zj.gov.cn/art/2023/8/15/art_1569972_58933721.html.

② 浙江省人民政府. 湖州市发布"湖光山色·度假之州"共富风貌游线[EB/OL].（2023-08-07）[2023-12-31]. https://www.zj.gov.cn/art/2023/8/7/art_1554469_60154247.html.

2.64%,大大高于嘉兴市与绍兴市文旅财政支出水平,湖州市政府深入推进文化和旅游深度融合发展,构建完善文旅产业生态圈,彰显了促进文旅融合发展、打造湖州文旅特色品牌的决心。①

专栏十一:一支湖笔撬动一方经济,展现一方文化②

湖笔,与徽墨、宣纸、端砚并称为"文房四宝",是中华文明悠久灿烂的重要象征。借助湖笔特色,善琏镇持续赋能产业能级跃迁。湖笔除了本身具有文化内核、文化底蕴,也带动了当地老百姓创业致富,为他们带来了可观的经济效益。目前善琏镇湖笔市场主体已超过400家,从业人员接近3000人,年制笔1400万支,年销售额近8亿元,湖笔产业在善琏镇的发展形势大好,成为善琏镇独有的特色产业。弘扬湖笔文化、发展湖笔产业、建造湖笔广场、规划湖笔街区、举办湖笔比赛……以湖笔为媒介,以文化为纽带,善琏镇正在走出一条文化自信的精神共富路。发掘湖笔典故,弘扬湖笔精神,在逐梦精神共富和文化自信的途中,善琏镇持续深化湖笔文化、运河文化、长沙文化、农耕文化,依托"湖笔小镇"这一特色,打造文化产业集群,"农业+文化""农业+旅游"等新模式不断涌现,群众的归属感和自豪感持续提升。善琏镇正执笔挥墨,绘出一幅精神共富和文化自信的生动图景。

(二)市民综合素质提升

1. 人均公共图书馆的藏量迅速上升

为了健全公共文化服务设施网络,湖州市不断建设城市书房、文化驿站、乡

---

① 湖州市统计局. 2021 湖州统计年鉴:八、财政、金融、保险、证券[EB/OL]. (2021-11-23)[2023-12-31]. https://custom. huzhou. gov. cn/DFS//file/2021/11/23/20211123135841045khvg4b. pdf;湖州市统计局. 2022 湖州统计年鉴:八、财政、金融、保险、证券[EB/OL]. (2023-01-04)[2023-12-31]. https://custom. huzhou. gov. cn/DFS/file/2023/01/04/202301041348321662uiwdw. pdf;绍兴市统计局. 2021 绍兴统计年鉴:八、财政、金融、保险[EB/OL]. (2021-11-29)[2023-12-31]. https://zjjcmspublic. oss-cn-hangzhou-zwynet-d01-a. internet. cloud. zj. gov. cn/jcms_files/jcms1/web3012/site/attach/0/7a18a3e650b14f75b2dda346fcaf0dda. pdf;嘉兴市统计局. 2021 嘉兴统计年鉴:八、财政、金融、保险[EB/OL]. (2021-12-31)[2023-12-31]. https://zjjcmspublic. oss-cn-hangzhou-zwynet-d01-a. internet. cloud. zj. gov. cn/jcms_files/jcms1/web3059/site/attach/0/bc95a2b67ce84389b661700d57f3bb0e. pdf.

② 【我的共富故事】浙江湖州:一支湖笔撬动一方经济[EB/OL]. 央广网. (2022-11-30)[2023-12-31]. https://zj. cnr. cn/gstjzj/20221130/t20221130_526080257. shtml.

村博物馆,坚持开展"三送一走"文化服务,持续推进"送书下乡"。为了方便湖州市民阅读书籍,湖州市积极推进"信用办证",力保实现"图书一键借阅"以推进数字资源共建共享。湖州市人均公共图书馆馆藏量从 2020 年的 1.07 册上升到 2021 年的 1.20 册,吴兴区和南浔区人均馆藏量一直处于较为领先的地位。①

> ### 专栏十二:"新华书店＋农家书屋"微改革
> ### 构建悦读悦享书房体系②
>
> 　　2021 年以来,德清县制定《德清县"悦读悦享书房"建设提升实施方案(试行)》,在干山村等 6 个行政村开展"新华书店＋农家书屋"微改革,实现农家书屋"专人日日管、活动周周有、书籍月月新",探索出一条乡村书房建设新路径。该模式成功入选 2021 年浙江省宣传思想文化工作十大创新项目,经省委宣传部、省文旅厅和省出版联合集团联合发文推广,纳入 2022 年省共同富裕工作要点并入选 2022 年度省宣传文化领域共同富裕最佳案例,同时被央视新闻联播、人民网等主流媒体关注和报道。在 2023 年第二届全民阅读大会上,"农家书屋＋新华书店:微改革助力乡村阅读"获评全国农家书屋创新示范案例,钟管镇干山村农家书屋获评全国最美农家书屋。2022 年,德清县已建成悦读悦享书房 60 个,有效开展线上线下文化活动 3000 余场,吸引 10 万余人参与其中。

2. 国民体质合格率不断提升

2023 年 2 月 21 日,《清华城市健康指数 2022》发布,湖州在中小城市组中排名全国第一。《清华城市健康指数 2022》的评价指标体系涵盖健康服务、健康产业、健康行为、健康设施、健康环境、健康效用等 6 个评价版块,并设 17 个评价领域和 39 项评价项目。

湖州市积极开展健康"十大工程",关注市民的身体健康、心理健康、体育锻炼、综合素质。近年来,湖州市持续推动建设"10 分钟健身圈",推动了人均体育场地面积的增加,位居全省前列;积极新建基层体育场地设施;继续实施全市公共体育场馆周三免费开放政策。湖州城乡国民体质合格率从 2018 年的 92.3％

---

　　① 湖州市统计局. 2021 湖州统计年鉴:十、科技、教育、文艺、体育、卫生、广电[EB/OL]. (2021-11-23)[2023-12-31]. https://custom. huzhou. gov. cn/DFS//file/2021/11/23/20211123135858447w24jqf. pdf;湖州市统计局. 2022 湖州统计年鉴:十、科技、教育、文艺、体育、卫生、广电[EB/OL]. (2023-01-04)[2023-12-31]. https://custom. huzhou. gov. cn/DFS/file/2023/01/04/202301041349183448petfi. pdf.
　　② 浙江大学－湖州市共同富裕研究中心课题组. 湖州市共同富裕案例集(2023)[R].

提升到 2020 年的 93.4%,居全省第五位,深入推进体育强市建设。同时,在省体育局公布的《2020 年浙江省全民健身发展指数报告》中,湖州市的综合指标"全民健身发展指数"达到 85.54 分,高居全省第一(图 7)。在"十三五"时期,湖州市取得全民健身工作走在前列、竞技体育实力显著增强、体育产业体系加速构建、体育文化氛围日益浓郁、体制机制改革有序推进等发展成就。[①]

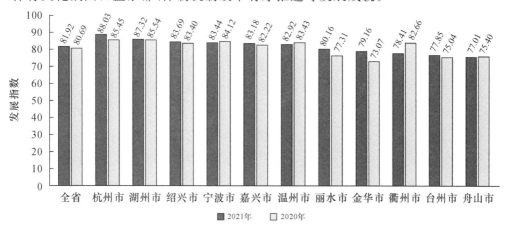

图 7　浙江省全民健身发展指数

五、全域美丽建设

(一)节能减排

　　湖州市积极争取减污降碳协同治理省级试点创建,努力构建"村—乡镇—县"多层次、全覆盖的"零碳"建设体系。提升降碳成效,推动温室气体重点排放企业纳入强制性清洁生产审核,协同推进减污、降碳、节能、降耗。完成平板玻璃、电厂、水泥等行业超低排放改造。2020 年,单位 GDP 能耗为 0.44 吨标准煤/万元,其中吴兴区和安吉县表现优异,分别为 0.31 吨标准煤/万元和 0.34 吨标准煤/万元。从 2020 年到 2021 年,嘉兴市单位 GDP 能耗下降幅度为 6.91%,绍兴市下降幅度较小,而"十三五"期间,湖州市深入推进煤炭消费减量替代,规上工业用煤 421.6 万吨,同比下降 13.3%,单位 GDP 能耗下降 17.4% 以上。此

---

　　① 湖州市体育局. 湖州市体育局关于市人大九届一次会议第 84 号建议答复的函[EB/OL]. (2022-08-16) [2023-12-31]. http://husports.huzhou.gov.cn/art/2022/8/16/art_1229513679_3886975.html;浙江省体育局. 2020 年浙江省全民健身发展指数报告[EB/OL]. (2022-08-06)[2023-12-31]. https://tyj.zj.gov.cn/art/ 2022/8/6/art_1229251254_4962532.html.

外,湖州市首创"生态＋电力"示范城市低碳机制,推动能源结构持续优化。[①]

　　湖州市坐拥非常优秀的生态资源,因此,全市上下十分重视污染防治的问题。尤其是打好治水、治气、治土、治废、治塑系列攻坚战和生活垃圾分类全国示范市收官战。统筹抓好 PM 2.5 和臭氧协同治理,力争空气优良率实现争先进位。全面提升水环境质量,深化"污水零直排区"建设,打响"水韵湖城"水生态修复品牌。迭代开好"无废乡村"班车,建成省级首批"无废城市"。严格实施"三线一单"分区管控,全面提升生态修复和生物多样性保护水平。2020 年和 2021 年,湖州市 PM 2.5 平均浓度分别为 26 微克/米³ 和 26.5 微克/米³。如图 8 所示,吴兴区、安吉县和德清县表现较为优异。湖州地表水三类以上比例达到 100%。空气优良天数比重在 2020 年和 2021 年分别为 88.7% 和 88.1%,安吉县表现最为优异,于 2021 年达到 95.6%,长兴县紧随其后。对比而言,2020 年和 2021年,嘉兴市 PM 2.5 平均浓度分别为 28 毫克/立方米和 26 毫克/立方米;绍兴市PM 2.5 平均浓度分别为 28 毫克/立方米和 27 毫克/立方米,湖州市的空气环境质量综合指数优于嘉兴市与绍兴市。[②] 2022 年逐渐从疫情的阴霾中走出,工厂逐步恢复生产,湖州市的各区县 PM 2.5 平均浓度仍有大幅度的下降。

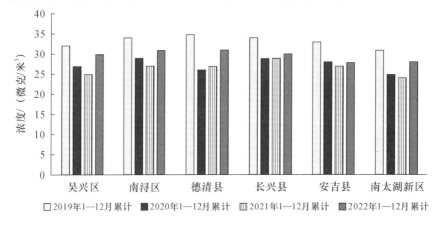

图 8　湖州市各区县 PM 2.5 平均浓度

　　① 湖州市统计局. 2021 湖州统计年鉴:四、工业、能源、用水[EB/OL].(2021-11-23)[2023-12-31]. https://custom. huzhou. gov. cn/DFS//file/2021/11/23/20211123135758966vwxf4y. pdf;湖州市统计局. 2022 湖州统计年鉴:四、工业、能源、用水[EB/OL].(2023-01-04)[2023-12-31]. https://custom. huzhou. gov. cn/DFS/file/2023/01/04/20230104134710354ws4lmd. pdf;舟山市统计局. 2022 舟山统计年鉴[EB/OL].(2022-12-06)[2023-12-31]. http://zstj. zhoushan. gov. cn/art/2022/12/6/art_1229705828_58866169. html.
　　② 舟山市统计局. 2022 舟山统计年鉴[EB/OL].(2022-12-06)[2023-12-31]. http://zstj. zhoushan. gov. cn/art/2022/12/6/art_1229705828_58866169. html.

（二）生态优质

2005 年的 8 月 15 日，时任浙江省委书记的习近平在安吉县天荒坪镇余村村考察时，以充满前瞻性的战略眼光首次提出"绿水青山就是金山银山"科学论断。湖州由此成为"两山"理念的诞生地。近 20 年来，在"两山"理念引领下，湖州通过守护、转化、共享，坚守"绿水青山"，积极探索生态优先、绿色发展新路子，深化生态治理，做强生态经济，创新生态制度，弘扬生态文化，生态文明建设在这里先行示范，中国美丽乡村建设在这里形成样板，美丽经济在这里开花结果，经济发展和环境保护在这里实现共赢。

专栏十三：推进城乡供气一体化建设
为乡村振兴注入"绿色动能"①

天然气通村入户，是加强乡村公共基础设施建设、实现乡村清洁能源建设的重要一环，也是湖州市高水平建设生态文明典范城市的重要抓手。2022 年以来，湖州市在全国率先探索"城乡供气一体化"，以省级城乡供气一体化建设试点为契机，以"生态＋助农＋共富"为抓手，系统谋划、迭代升级"送气下乡"共富班车，助力解决农村居民和企业的用气难题，实现城乡供气"同网同质同价"，补齐城乡基础设施"最后一块短板"，为农村地区发展注入新动能。全市已有 389 个行政村通入管道天然气，覆盖率达42.7％，受益农户 5.65 万户；每年可为村民节约燃气费 3042 万元，服务各类农业主体 518 家，助农增收 553.7 万元。

为解决农村住宅区路程远、布点分散、用气量小、运维难度大等问题，结合各地实际情况，因地制宜采用管道天然气延伸直达和"微管网集中连片供气"两种模式，在靠近城镇的农村，直接铺设城镇天然气管道，实现天然气直达；在偏远且管网难以延伸的农村，充分利用微型供气站，通过低压微管网将天然气输送至村民家中。如在四面环山的安吉县报福镇报福村旁建设占地面积仅 0.36 亩的供气站，由燃气公司专业人员负责维护，通过微管网让 500 余户村民用上管道天然气，每年可节省燃气费用 30 余万元。

---

①　浙江省住房和城乡建设厅. 湖州市推进城乡供气一体化建设 为乡村振兴注入"绿色动能"[EB/OL].（2022-12-01）[2023-12-31]. https://jst.zj.gov.cn/art/2022/12/1/art_1569972_58931206.html.

在建设过程中,建立"专班＋专员＋专线"机制,深入 172 个行政村调研走访种植、养殖、农产品加工等农村企业 965 家,了解企业发展困境,推广使用清洁能源,"一企一策"量身打造"一站一网一系统",即一座燃气综合能源供应站、一张暖通供热循环网、一套精确温控供热系统,助力农企节能增效、增产增收。如湖州市吴兴区八里店源泉水产公司采用天然气锅炉为虾苗供暖,通过精确控制水温,将虾苗成活率提升 20％；南浔绿藤生态农庄利用天然气供暖为果蔬保温,让橘树提前 1～2 个月进入生长期,增强了市场竞争力；安吉县 500 余家茶叶加工企业使用燃气一体化加工设备,加工效率提升 25％。

1. 垃圾分类

湖州市深化生活垃圾分类,健全可回收物资资源化回收体系,合理布局增设农村废旧物资回收网点。全面促进能源资源节约集约利用,进一步推进生活垃圾分类,加快构建家电、汽车等废旧物资循环利用体系,深化"无废城市"建设。同时,湖州市大力推行简约适度、绿色低碳、文明健康的生活方式,广泛开展绿色生活创建行动,促进人与自然和谐共生。严格落实限塑禁塑制度,推进生活垃圾源头减量、精准分类和资源化利用。城市生活垃圾分类处理率和农村生活垃圾无害化处理率均达到 100％,实现城镇和农村生活垃圾分类真正的全覆盖,而截至 2021 年,嘉兴市城镇生活垃圾分类覆盖面为 90.43％,绍兴市则为 93.71％,与湖州市的 100％覆盖面仍有明显差距。湖州作为"绿水青山就是金山银山"理念诞生地,走出了一条"逐绿前行、因绿而兴、绿满金生、以绿惠民"的高质量发展之路。①

2."全域绿道"

以太湖为绿心,以荻塘、龙溪港、东苕溪滨水绿地为绿带,以河流、道路沿线绿地为绿脉,以各风貌区和各级公园绿地为绿叶,湖州建设了"蓝绿交织、水城共融、覆盖城乡"的绿道脉络体系,进一步连通了城区之间、城乡之间的路网,密切了各公共空间、景区、体育文化设施之间的联系。随着省级绿道 1 号线和 7 号线的建成,串联起吴兴太湖溇港、南太湖新区月亮湾、南浔"乐享田园"、长兴环太

---

① 湖州荣获"全国十大典型"[EB/OL].湖州发布.(2021-12-31)[2023-12-31].https://m.thepaper.cn/baijiahao_16094655；嘉兴:"1＋X"多点开花绿色新风扑面来[EB/OL].浙江生态环保新闻网.(2021-10-20)[2023-12-31].https://epmap.zjol.cn/jsb0523/202110/t20211020_23245094.shtml；"无废城市"巡礼(53)｜绍兴市生活垃圾分类经模式[EB/OL].(2021-01-22)[2023-12-31].https://baijiahao.baidu.com/s?id=1689531049317374142&wfr=spider&for=p.

湖、长兴煤山—小铺、德清绿色生态旅游发展、德清"智富苕溪"、安吉余村"两山"和安吉梅溪—溪龙共计 9 个风貌区，贯穿了湖州市主城区和 6 个区县（含南太湖新区），接壤杭州临安於潜—天目山的"天目耕织"县域风貌区，连接太湖、穿越城区、通达山林、涵盖全域，串起了"绿水青山"，也将风貌整治提升的成果转化为一条群众可游可赏可感的幸福体验路。完善"点线面"体系，针对可达性差、利用率不高的消极节点空间，进行有机更新，以节点空间激发绿道网络的活力提升，同时深入推进美丽廊道串珠成链专项行动，通过串联成网的绿道系统助推全域美丽。德清乾元—下渚湖—康乾"智富苕溪"县域风貌区依托苕溪绿道网络，高品质打造"智富苕溪最美路线"，完成兆丰公园改造等点上活化工程和横家滩河道整治等线上成链工程，高度展示了"湿地田园湖链"的特色生态面貌。

在绿道建设中融入体育运动、休闲旅游、交通出行、生活便利等多种功能，构筑绿色生活方式，塑造生活"新态度"。将绿道建设和人口密集区紧密结合，串联景观、商业区域，增设休闲、娱乐、生活功能，供人们散步、骑行、郊游，谋求在快节奏的社会环境中打造"慢行生活圈"。贯穿南浔金象湖城市新区风貌区的绿道途经 7 个小区、2 个菜市场、2 个大型酒店，自周边节点，15 分钟内即可进入绿道；并配有 10 个直饮水点，营造亲水见绿的美好生活圈。提供健康"新选择"，引入"全民智道"系统，将云计算、walkcon 等信息技术整合应用于健身步道，并设置运动导示牌、健身体测小屋等设施，利用绿道二维码记录市民的实时运动数据。在德清整体智治特色产业风貌区内的绿道，可通过扫描二维码，将手机 App 与现场大屏连接，实时观测运动数据信息，享受智能化运动体系带来的绿色生活理念和现代化科技体验感。打造出行"新方式"，有机融合慢行道建设、交通换乘模式、绿道驿站规划等，将绿道打造成交通枢纽、旅游集散点的"接驳站"，实现步行、公共自行车、公交等多种出行方式间的"零换乘"，解决公共交通"最后一千米"难题。吴兴太湖溇港县域风貌样板区滨湖绿道全长 5 千米，串联 10 个公交站点、10 个停车场、6 个公共自行车租赁点，大幅提高通勤效率。依托现有绿道设施，大力发展群众性健身运动：吴兴东部新城城市新区风貌区内的南横塘绿道连续三年成功举办浙江省绿道健走大赛吴兴分站赛活动；长兴环太湖片区县域风貌区通过新增绿道标识和 22 处骑行驿站，助力环太湖国际骑行赛事和马拉松赛事的开展。

同时，绿道也成为引领消费时尚、转变发展方式的"产业道""经济道"。创新实施"绿道＋场景营造"，通过云购物、云直播等方式，为湖州经济发展注入新动能。南浔水乡古村落县域风貌样板区以风貌整治提升行动为契机，建设以绿道为骨干的桑基鱼塘景观线，沿线探索美食、徒步、教学研产业新模式。2022 年以来,桑基鱼塘景观线接待游客 120 余万人次,实现生态休闲观光旅游创收 4000 余万元。以绿道为网络,推动第一、第二、第三产业融合转化,做大做强精品花木、果蔬、养殖、民宿等"绿道经济",推动农业产业"接二连三",实现建成一条绿道、发展一片产业、富裕一方百姓。安吉余村"两山"县域风貌样板区深入推进全域旅游绿道网建设,沿绿道旁办起了民宿、特色餐饮、露营基地,拓宽了"绿水青山就是金山银山"理念的转化渠道,提升了湖州西南部山区的旅游环境容量,2023 年 1—5 月接待游客 25 万人次,让更多村民享"生态福"、吃"旅游饭"。①

六、社会和谐和睦

(一)法治保障

2021 年,浙江被赋予高质量发展建设共同富裕示范区的历史使命,湖州被列为全省唯一"缩小城乡差距"试点市。因此面对新的历史课题,湖州市中级人民法院出台全省首个助力共同富裕司法保障意见,积极回应司法新需求。这个意见主要围绕"创新、协调、绿色、平安、共享"五方面,提出了创业增收、城乡融合、服务均等、特困帮扶、服务均等、弘扬法治、平安建设、诉源治理、营商环境、生态保护、数字改革等 10 个方面,提出了具体的司法保障举措,通过发挥审判职能依法妥善审理各类案件,推动解决共同富裕道路上的突出问题,积极回应当前共同富裕对司法工作的需求,期望通过司法力量参与"做大蛋糕""分好蛋糕"的社会建设进程。② 此外也有《关于开展法治建设"八大行动"为高质量发展建设共同富裕示范区的先行市提供有力法治保障的实施意见》,注重体现法治湖州建设率先实践的经验做法,以及走在全省全国前列的法治建设成果,提出 25 条工作举措,突出完善"碳达峰、碳中和"保障机制、从生产消费两端入手推动"收入倍增"、高标准落实法律服务普惠均等等重点任务。③

1. 推动创新创业高质量发展

加大创新企业知识产权司法保护力度。湖州市两级法院推动建立健全知识

---

① 浙江省住房和城乡建设厅. 湖州市以全域、民生、共富绿道助推城乡风貌整治提升[EB/OL]. (2023-06-01)[2023-12-31]. https://jst.zj.gov.cn/art/2023/6/1/art_1569972_58932760.html.

② 浙江湖州中院出台保障意见助力共同富裕[EB/OL]. 中国法院网. (2021-06-09)[2023-12-31]. https://www.chinacourt.org/article/detail/2021/06/id/6086569.shtml.

③ 湖州市司法局(行政复议局). 湖州市司法局合力推动"法助共富、法护平安"专项行动[EB/OL]. (2022-01-24)[2023-12-31]. http://sfj.huzhou.gov.cn/art/2022/1/24/art_1229209420_58916794.html.

产权法律制度体系,全面加强对关键核心技术、新兴产业、重点领域的知识产权司法保护力度,切实增强经济发展新动能;依法支持创业市场准入、融资增信、资源要素等方面的改革,合力打造"想创业、能创业、创成业"的创业环境;依法妥善审理涉新经济、新业态领域纠纷,助力企业创业、群众增收发展。

持续优化法治化营商环境。依法妥善化解涉企经济纠纷,全面发挥司法在化解经营风险、推动经济结构调整等方面的作用;完善破产重整、和解制度,积极探索预重整制度,促进有价值的危困企业再生;严厉打击各类"逃废债"行为,切实维护市场主体合法权益;通过健全院企互动、府院联动等机制,深切回应企业司法需求,充分发挥司法在法律风险防控、化解等方面的功能。

2. 统筹城乡协调融合发展

促进城乡协调融合发展是推进共同富裕工作的重要抓手,更需要精准有效的司法服务。聚焦"三农"建设,服务乡村振兴,湖州市两级法院通过完善农村生产要素流转融资裁判规则,助力农村生产要素市场化配置机制化构建,增强新时代农业农村发展新活力;依法支持新型农业发展模式,促进农村"三产"融合,切实保障涉农企业及新型农业经营主体合法权益。

依法保障地域性品牌建设。湖州作为茶文化的主要发源地之一,逐渐形成"安吉白茶""长兴紫笋""莫干黄芽"等地域性品牌。为此,湖州市两级法院积极与当地茶行业协会对接,成立巡回法庭,稳妥处理涉茶纠纷案件,依法保障茶农权益,助推地域性品牌建设。湖州将充分发挥司法在医疗、教育、文化等领域公共服务资源配置的推动作用,助力城乡、不同区域融合发展。

3. 护航平安湖州建设

安全感作为人民群众对共同富裕最直观的感受,是共同富裕的基础,亦是司法为民的职责所在。为此,湖州市两级法院主动作为,在加强对违法犯罪行为打击力度的同时,深度融入建设社会治理共同体。

积极融入基层社会治理大格局。湖州市两级法院主动融入基层社会治理现代化大格局,在浙江省率先实现基层法院诉讼服务中心成建制入驻县级矛盾纠纷调处化解中心,通过强化矛盾纠纷源头治理,及时化解社会风险隐患,维护社会稳定。

实质性化解行政争议。湖州中院联合湖州市政府出台行政争议实质性化解意见,凝聚行政争议实质性化解合力;成立全国首家行政争议调解中心,通过诉前协调、调解等非诉方式,促进行政争议实质性化解;充分利用科技赋能的优势,在全国首创研发行政争议在线化解平台(AODR),实现纠纷全流程线上化解,助推法治政府建设。

同塑社会主义核心价值观。坚持把社会主义核心价值观融入裁判文书说理,努力让每一个司法案件都成为"法安天下、德润人心"的社会主义法治典范;注重通过民事公益诉讼等典型案件审理,依法保护英雄烈士、功勋人物的名誉权,以公正裁判树立行为规则、引领社会风尚。

4. 共筑绿色生态屏障

湖州率先在浙江省实现环境资源审判机构"全覆盖",依法支持"五水共治""三改一拆"等专项整治行动;完善环境民事公益诉讼、刑事附带民事公益诉讼等方式,加大对重点流域、区域的保护力度,助力美丽乡村建设。在审理生态环境损害赔偿案件的过程中,始终秉持"预防、打击、修复并重"理念,深化"禁止令""修复令"的运用,促进生态环境修复和改善,全力以赴做好绿色"加法"。

科技赋能强化协同效率。湖州中院在全国首创研发"绿源智治"协同系统,通过流程协同优化,形成了多元主体共同参与的"集约化"多元共治模式,实现生态环境数字化全要素一体保护。

全力支持绿色金融改革。为支持湖州作为绿色金融试点城市建设,湖州中院联合相关职能部门积极推进绿色金融创新,创设绿色信贷、绿色债券、绿色融资担保等产品或服务,全力支持绿色产业发展和绿色金融创新,为生态资源优势转化为经济发展优势提供司法支持。

专栏十四:运用"绿源智治"系统,实现碳汇治理目标[①]

【基本案情】

2018年8月至2019年1月,沈某等八人对长兴县李家巷镇某山的石料进行非法开采,共开采石料1.8万余吨,价值人民币690000元。经评估,被开采地的生态环境修复费用为人民币109466元。在湖州中院的主持下,公益诉讼起诉人与沈某等人就修复责任的承担方式、具体的修复方案、修复效果的验收、双方在修复过程中的权益、评估费用的承担、诉讼费用的收取等达成一致意见。本案的立案、告知、调解、修复、修复监督、结果验收等环节均通过"绿源智治"系统开展和完成。

---

① 湖州市中级人民法院. 运用"绿源智治"系统,实现碳汇治理目标——沈某等人生态破坏责任民事公益诉讼案[EB/OL]. (2021-06-04)[2023-12-31]. http://court. huzhou. gov. cn/art/2021/6/18/art_1227223_58603870. html.

【裁判结果】

湖州市中级人民法院将公益诉讼起诉人与被告自愿达成的调解协议内容书面告知生态环境、自然资源和规划部门,相关部门均未提出不同意见。经对调解协议依法公告,未收到异议。经审查,上述协议不违反法律规定,未损害社会公共利益,该院出具调解书,对被告履行修复义务、具体内容方式等予以确认。

【典型意义】

本案系湖州市中级人民法院首例调解成功的环境公益诉讼案件。受案之初,湖州市中级人民法院即对受损山体进行实地勘察,并征询相关机构的专业意见,对修复方案进行充分论证。同时,结合当事人的主观意愿、客观承受能力、受损山体修复的可行性和必要性等内容,围绕环境公益诉讼的核心要义,组织当事人面对面调解。当事人达成的调解协议经线上公告后,即由有资质的专业修复机构对受损山体运用"厚层基材复绿技术"进行"喷播复绿",保证生态修复"不走弯路",现已初步通过验收。在审理本案的过程中,湖州市中级人民法院充分运用"绿源智治"协同系统线下线上一体推进,线下"调解+论证修复方案+验收修复成果",线上"公告+公开修复成果+接受公众监督",优化了公益诉讼调解司法流程,方便了公益诉讼起诉人、被告、修复机构等多方主体,提升了监督的时效性和质量,实现"调解、修复、监督"三同步。

5. 助推共享格局构建

营造共建共治共享共同富裕的发展格局,关键点在共享,尤其是加强特困群众帮扶。湖州市两级法院精准关注特困群众司法需求,设置立案"绿色通道",通过优先立案、诉讼费用减免、快审快执等机制保障特困群众的权益;借力"法律风险评估"小程序为特困群众提供线上法律咨询,减轻诉讼负担;主动对接相关部门,探索"法院+X"救助机制改革,让特困群众切实感受司法的温度。

湖州中院联合相关职能部门出台司法保障意见,并在个案中加大对低收入人员、残疾人、妇女儿童等特殊群体所面临的就业、教育、健康等问题的保护力度。充分利用"在线矛盾纠纷多元化解平台""解纷码"等智慧法院建设成果,让司法领域公共法律服务触手可及;健全"村巷法官""24小时自助服务站"等机制,打通法治乡村(社区)建设"最后一公里"。

> ### 专栏十五:渔事帮帮团①
>
> 　　南浔区菱湖镇是全国三大淡水鱼生产基地之一和全国淡水鱼苗繁殖基地,作为农业农村部命名的水产健康养殖示范区,渔业年产量近 5 万吨,约占湖州渔业总产量的 23％。
>
> 　　刘师傅长年养鱼,最近却犯了愁:"两年前买的鱼饲料质量有问题,养的鱼全死了。饲料公司最近却来告我,我哪付得出这 40 多万元饲料钱啊?"菱湖法庭初步调查发现,饲料公司持有刘师傅签字的所有送货单及对账单,而刘师傅所说的情况发生在两年前,当时并没有留下相关证据加以证明,如果机械办案,势必要让刘师傅承担不利的法律后果。为了更好地维护刘师傅的合法权益,菱湖法庭依托驻渔业协会"水哥法官工作室",找到渔业协会的沈会长一起走访调查了使用过该公司饲料的其他养殖户,了解到该饲料公司在本地存在多起因饲料质量问题引发的纠纷事件。掌握一手情况后,承办人组织双方进行庭前调解,并将调查走访的结果告知饲料公司。该公司自知理亏,遂同意减免大部分饲料款。"真的太好了,感谢法院给了我们好好养鱼的底气!"刘师傅同意了调解方案,案件得以圆满解决。
>
> 　　近年来,南浔法院根据辖区法庭实际,深入挖掘特色,深化打造"一庭一品"建设工程,形成"渔事帮帮团""助企之家""知产助力站"等特色工作品牌,将人民法庭的乡土优势、法治优势与乡村振兴战略有机统一起来,助推乡村治理现代化。

(二)社会和谐

1. 女性更有力量

湖州市积极贯彻男女平等的基本国策,强化女性独立意识,在"思"中促进性别平等。进一步弘扬先进性别文化,女性在人大和政协中保持较高比例,为全市妇女儿童生存发展建设贡献智慧和力量。胸怀大局,在"学"中诠释智慧女性;奋发有为,在"干"中履行代表职责。湖州市积极响应《浙江省实施〈中华人民共和国妇女权益保障法〉办法》规定的"地方各级人民代表大会的代表选举中,妇女候

---

① 湖州市人民政府. 南浔法院:共同富裕道路上的法治力量[EB/OL]. (2021-06-23)[2023-12-31]. https://www.huzhou.gov.cn/art/2021/6/23/art_1229213486_59041396.html.

选人比例应不低于30％"的号召,湖州市第九届人民代表大会代表名单中,女性人大代表比例为34.54％。① 德清县和长兴县的比例相对最高,达到37.70％和34.57％。对比而言,绍兴市女性人大代表比例为34.59％②,嘉兴市女性人大代表比例为29.11％③。

近年来,湖州市妇联充分发挥优势,坚持守正创新,不断推出理论宣讲新形式,构建理论宣讲新格局,走村入户进企,让主旋律在基层一线开花结果,在妇女群众心坎里落地生根。"湖州女儿""德清嫂""吴兴红姐""长兴村嫂"等各具特色的巾帼宣讲队,走村入户联企,推进基层理论宣讲走深走实,充分发挥了巾帼力量。其中,以"德清嫂"为代表的德清社会治理实践入选联合国2030可持续发展典范案例,"德清嫂"助力德清基层治理项目获评全国民生示范工程,"德清嫂"志愿服务总队获评全国百个最佳志愿服务组织称号。自2013年以来,德清县妇联以"德清嫂"越剧道德大戏上演为契机,组建169支"德清嫂"志愿服务团队,开展平安创建、"河嫂"治水、美城行动、"桶嫂"垃圾分类等一系列活动,以女性力量为社会注入一股股暖流。近年来,德清县创新"德清嫂"垃圾分类"三三模式"、美丽庭院"七法"等模式,组建"德清嫂"花友志愿者、"桶嫂"志愿者等队伍,"德清嫂"志愿者走村入社参与社会治理。10年来,累计创建美丽庭院2.23万余户,扮靓美丽乡村;发动全县家庭晒出"传家宝"300余件,传承良好家风。除此之外,"德清嫂"志愿团队还构建了关爱困境妇女儿童的多元载体,实施"德清嫂"家事关护、"心桥计划"关爱妇女儿童心理健康、"爱心妈妈"关爱困境儿童等项目,累计投入资金100余万元,受益妇女儿童近3万人次。④ 通过不断努力,"德清嫂"团队不仅发挥了团队成员的女性力量,更是着眼于其他受困的女性群体,帮助其脱困,在基层一线发挥了重要作用。因此,"德清嫂"也成为当地社会力量参与基层治理的品牌队伍。

① 湖州市人大常委会. 市八届人大常委会公告:湖州市第九届人民代表大会代表名单[EB/OL]. (2022-02-21)[2023-12-31]. https://m. thepaper. cn/baijiahao_16797864.

② 绍兴市人大常委会. 绍兴市第九届人民代表大会代表名单[EB/OL]. (2022-03-23)[2023-12-31]. http://sxrd. sx. gov. cn/art/2022/3/23/art_1501250_58877888. html.

③ 两会"她"声音|汇聚禾城妇女智慧,携手一起向未来![EB/OL]. (2022-04-28)[2023-12-31]https://m. thepaper. cn/baijiahao_17854981.

④ 湖州市人民政府. "德清嫂"凝聚巾帼力量服务社会[EB/OL]. (2023-03-09)[2023-12-31]. http://www. huzhou. gov. cn/art/2023/3/9/art_1229213487_59060032. html.

专栏十六：村嫂讲政策：群众乐 道理明 效果好①

以往农村里的政策宣讲，基本上都是通过层层会议的形式传达到村里，村里再花九牛二虎之力把村民们集合起来照本宣科一下，政策理论、会议精神都没能真正地传到村民的耳中，村干部们自己也是一头雾水，对密密麻麻的政策宣传单既看不懂也不愿看，宣讲工作基本停留在形式上，没有实质性效果。村民的想法只有村民自己知道，要想做好宣讲工作，有一个好的宣讲形式很重要。上狮村村嫂宣讲团在组建初期就确定了宣讲的主体形式，她们改变以往单一的"我在台上讲，你在台下听；我对着稿子念，你却什么也听不懂"的干巴巴的宣讲形式，创新采用文艺演出的形式，将宣讲的理论政策编成歌曲、快板词，字数不多，读起来还朗朗上口，配合舞蹈，大人、小孩、老人都容易记。这种新颖的宣讲方式，一推出来就受到了村里老百姓的喜爱。

理论政策的宣讲不是一成不变，而是因势而变的，上狮村村嫂宣讲团秉承村民需要什么就宣讲什么的原则。自成立以来，创作了快板《十讲计划生育好政策》《村民百口训》《十八大精神暖人心》，腰鼓《村嫂说法十八条》《梅园新事》《上狮晨光好》等理论政策宣讲作品，还创作了以黄梅戏、健身舞为主要表演形式的其他宣讲作品，主题从村规民约到计划生育政策、从邻里相处到交通安全、从诚信签约到依法仲裁、从法治建设到中央全会精神。村嫂们以朴实的语言和精彩的表演征服了所有观众，走出村镇，站在县市的大舞台上，继续给更多的群众带来政策理论的宣讲。

2. 人均可支配收入增加

首先，湖州市全面拓宽居民增收渠道，使城镇居民和农村居民可支配收入得到较大提升。湖州市利用高质量充分就业增加劳动性收入，通过强化就业优先导向，充分发挥重点项目、产业平台带动效应，探索实施与企业稳岗扩岗相挂钩的财政补贴、贷款支持等政策。同时，大力支持灵活就业，统筹做好零就业家庭成员以及妇女、退役军人、残疾人、农业转移人员等群体就业工作。其次，湖州市打造长三角创新创业高地，增加经营性收入。加快构建以"五谷丰登"为引领的创新创业新空间，探索"生态＋科技"发展模式。强化资产赋能增加财产性收入

---

① 上狮村村嫂宣讲团创新方法将宣讲进行到底［EB/OL］. 长兴文明网.（2015-09-24）［2023-12-31］. http://zjcx. wenming. cn/llxj/201509/t20150924_2010537. htm.

与居民理财收入，加强金融产品、金融工具、金融服务创新，提供多元化的理财产品。最后，推动农民权益价值实现。统筹推进湖州市新时代乡村集成改革试点，深化农村"三地"联动集成改革。湖州市着力"提低""扩中"，制定《湖州市"扩中""提低"行动方案（2021—2025年）》，围绕九大人群分别制定相应细化工作方案，加快探索构建初次分配、再分配、三次分配协调配套的制度安排。制定实施"扩中""提低"行动方案，创新重点领域专项政策，探索"扩中""提低"有效路径。实施重点群体激励计划，充分激发科研人员创新创富活力，提升技术工人技能本领，持续优化中小企业主和个体工商户创业致富环境，推动高校毕业生和更多进城务工人员、新就业形态劳动者、高素质农民等进入中等收入群体行列，兜住困难群体生活底线。

通过这一系列举措，2020年与2021年，湖州市城镇居民可支配收入分别达到6.38万元与6.80万元，农村居民可支配收入达到4.13万元与3.72万元，均取得较大幅度增长，与嘉兴市基本持平。吴兴区、长兴县与德清县拥有较高的人均可支配收入，2021年城镇居民人均可支配收入分别为7.02万元、6.86万元与6.84万元，农村居民人均可支配收入分别为4.23万元、4.21万元与4.25万元。2021年湖州城乡居民人均可支配收入比为1.65∶1，比值较上年缩小0.01，收入接近度居全省第三位，城乡居民收入差距连续9年缩小。① 如图9所示，2022年湖州居民人均可支配收入为60554元，其中人均工资性收入为34889元，人均经营净收入为12756元，人均财产净收入为4881元，人均转移净收入为8018元。分城乡看，全市城镇居民人均可支配收入为71044元，农村居民人均可支配收入为44112元。不管是从总体角度还是分城乡统计，都表现出"工资性收入是主要来源，经营净收入其次，转移净收入再次，财产净收入最少"的特点。

① 湖州市统计局. 2021年湖州统计年鉴：一、综合［EB/OL］.（2021-11-23）［2023-12-31］. https://custom. huzhou. gov. cn/DFS//file/2021/12/01/202112011543461896xv5cx. pdf；湖州市统计局. 2022年湖州统计年鉴：一、综合［EB/OL］.（2023-01-04）［2023-12-31］. https://custom. huzhou. gov. cn/DFS/file/2023/06/05/202306051512177221w2qhm. pdf；南浔区人民政府. 2020年南浔区国民经济和社会发展统计公报［EB/OL］.（2022-06-10）［2023-12-31］. http://www. nanxun. gov. cn/hzgov/front/s133/zjnx/jjfz/20220610/i3208304. html；湖州市人民政府. 2021年湖州市国民经济和社会发展统计公报［EB/OL］.（2022-03-16）［2023-12-31］. http://www. huzhou. gov. cn/hzgov/front/s1/zjhz/jjsj/20220331/i3149286. html；国家统计局嘉兴调查队. 2021年嘉兴市民生调查分析报告［EB/OL］.（2022-01-21）［2023-12-31］. http://zjzd. stats. gov. cn/jx/fxxx/202201/t20220121_104283. shtml；绍兴市统计局. 2021年绍兴市国民经济和社会发展统计公报［EB/OL］.（2022-04-07）［2023-12-31］. http://tjj. sx. gov. cn/art/2022/4/7/art_1229362069_3931008. html.

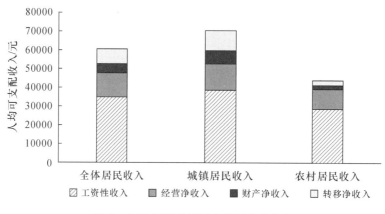

图 9　2022 年湖州居民人均可支配收入

3．社会保障更全面

湖州市扩面提标,社保体系不断健全。聚焦增强公平性、适应流动性、保证可持续性,社会保障制度更趋完善,覆盖面持续扩大,待遇水平稳步提高。截至2020 年底,全市参加基本养老保险、工伤保险、失业保险人数分别达 221.39 万人、129.81 万人和 87.97 万人,比"十二五"末分别增加 29.54 万人、53.93 万人和 23.48 万人。依托第三代社会保障卡建成湖州市民卡,持卡人数达 334.85 万人,电子社保卡签发超过 167 万张,成为公共服务领域的重要载体。着力推进以职业年金、企业年金、人才集合年金为补充的多层次养老保险制度体系,实现基础养老金省级统筹,完善基本养老金、失业保险金调整标准,增强百姓幸福感。①

4．创新创业浪潮迭起

就业优先政策再强化,先后出台《湖州市深入推进大学生创业十条扶持政策》《湖州市人民政府办公室关于进一步扶持大学生就业创业新十条政策(试行)》《湖州市人民政府关于促进就业工作的六条扶持意见》《湖州市人民政府关于进一步做好稳就业工作的实施意见》《中共湖州市委 湖州市人民政府关于实施新时代人才强市战略服务湖州高质量赶超发展的意见》《湖州市重大项目攻坚及招商引才新政》等就业创业政策,就业创业扶持政策体系不断完善。"十三五"期间,全市累计城镇新增就业 64.47 万人,帮扶失业人员再就业 19.02 万人、困难人员就业 3.31 万人,城镇登记失业率控制在 3% 以内。劳动者职业技能素质大幅提升,高技能人才达到 20 万人,比"十二五"末增加 7.7 万人。劳动者素质

---

① 湖州市人力资源和社会保障局. 湖州市发展和改革委员会 湖州市人力资源和社会保障局关于印发《湖州市人力资源和社会保障事业发展"十四五"规划》的通知[EB/OL].（2021-09-15）[2023-12-31]. http://hrss. huzhou. gov. cn/art/2021/9/15/art_1229513396_3830785. html.

结构与区域经济转型发展的匹配度逐步提升,应对重大突发公共危机(如新冠疫情)就业工作响应机制更加全面高效。

2022年年初,湖州市委人才工作暨创新驱动发展大会召开,公布了《"五谷丰登"计划实施方案》,首次明确通过五年左右努力,将计划全面实施到位。到2025年,力争创建国家技术创新中心1家,招引头部企业12家以上,聚引各类青年人才5万人,其中硕博士1万人。谋划"五谷丰登"计划就是要高举高打,发挥湖州的比较优势,实现在好风景里集聚新人群、布局新经济。这些"创谷"举措推出后吸引了一些优质科研项目和人才,接下去要进一步明晰功能定位,挖掘各"谷"禀赋,坚持"植入新产业、聚引新人群、催生新经济"导向,让"创谷"成为招引领军型团队、年轻创业者的顶流。

作为湖州新一轮科技革命和产业变革中优化市域生产力布局、捕捉新机遇的主抓手——"五谷丰登"计划于2020年9月正式推出,这个创新创业的规划布局于湖州的绿水青山间。其中,顾渚"画溪谷"、弁山"云起谷"、西塞"科学谷"、阳山"时尚谷"和莫干"论剑谷"这五座"创谷"(创新创业之谷)首批诞生。首批"创谷"的共通之处在于,凭借自然风景和城市宜居环境集聚创新、创意要素,外在形态体现低密度、高颜值,人才聚引体现低年龄、高智力,环境打造体现低成本、高品质。不过它们的定位各异:"科学谷"突出"绿色低碳创新策源地",积极争创绿色低碳国家技术创新中心;"论剑谷"突出"承接高端会议、高级别论坛"的功能定位;"画溪谷"突出"文创+科创",聚焦文化创意、数字科创、总部研发;"时尚谷"突出"时尚+科创",打造长三角时尚之心;"云起谷"突出"高端智创+高端商务",重点布局数字经济、名人庄园、智能科创等产业方向。湖州市为此提供丰厚的经济激励政策以及周到的后勤服务。

(三)政治民主

1. 基层治理数字化改革

湖州市大力实施数字乡村战略,积极开展全域数字化治理试验区建设,依托"数字乡村一张图",进一步丰富、优化基层办事、服务、管理等功能,以公开"一张图"让基层群众可视、可触、可参与,进一步扩大群众在基层治理中的参与度和获得感,促进基层治理高效透明。

2020年,德清县发布了全国首个"数字乡村一张图"县域建设标准。"数字乡村一张图"通过一块显示屏,展示了乡村规划、乡村经营、乡村环境、乡村服务、乡村治理五大板块,利用现代信息与互联网技术,实现乡村精细化管理和数据的集成应用。村民可以登录与管理端信息共享互联的手机端App或小程序,解决日常生活问题。全市所有行政村已实现"数字乡村一张图"全覆盖,各地因地制宜探索"数字乡村一张图＋"功能,不断提升基层治理数字化智能化水平,创新治理方式、提升治理效能。依托"数字乡村一张图",进一步丰富、优化基层办事、服务、管理等功能,以公开"一张图"让基层群众可视、可触、可参与。接下来将继续探索一批低成本、可复制、可扩展的基层治理数字化应用场景并逐步开展试点。

湖州市"数字乡村一张图"按照乡村振兴战略中"产业兴旺、生态宜居、乡风文明、治理有效、生活富裕"的总要求,以数字化改革为引领,推动 5G、大数据、云计算、区块链、人工智能等数字技术在乡村产业、乡村治理、乡村服务、乡村生活等领域的深度应用,加快实现农业高质高效、乡村宜居宜业、农民富裕富足,为争当浙江高质量发展建设共同富裕示范区城市范例提供乡村实践样板。

专栏十七:"一图感知"让村民畅享数字生活[①]

2019 年 7 月,德清县在五四村率先上线"数字乡村一张图"。在五四村的乡村数字化治理平台上,每幢房屋、每棵树木、每片水塘、每寸农田都能被清晰看到。村干部以民宿为例,讲解了数字化的作用,"莫干山的民宿全国闻名,我们村就在莫干山附近,因此吸引了一批专业团队开展民宿经营。在没有数字化之前,我们缺少能够让农房流转的平台。为此,德清县开发'宅富通应用',实现了宅基地的全周期管理。现在,只需登录'浙里办'App,村民即可线上发布房源,租客即可线上租赁。我们村已摸排闲置农房 66 宗,已盘活 60 宗"。

五四村是湖州市"未来乡村"创建的一个缩影。据悉,湖州市建设"湖州乡村大脑",实现乡村数字智治,打造数据归集"一个仓"、地理信息"一张图"、功能服务"一个码",全面支撑乡村智能化发展。人们在五四村享受的便捷生活,在湖州市的其他村庄也能享受到。

例如在安吉县,红庙村通过广电和数字赋能,依托"雪亮工程"、应急广播,结合"三屏整合"技术,建立数字红庙综合管理平台,集成与乡村相关的产业经济、乡村治理、乡村经营、乡村服务等多个领域的基础数据,让

---

① 浙江省湖州市:数字化描绘乡村新图景[EB/OL].农民日报.(2022-08-06)[2023-12-31]. https://baijiahao.baidu.com/s? id=1740362526040096083&wfr=spider&for=pc;安吉:在中国美丽乡村发源地实施"数字乡村一张图".[EB/OL].(2023-07-31)[2023-12-31]. https://mp.weixin.qq.com/s? biz=MjM5MDA0OTA4Ng==&mid=2650148591&idx=1&sn=8cf90c51d1e707206aab3b6e1dc656db&chksm=be4818be893f91a88a036e2460a4be63eeaec1a8ac0cc9cec93f114a6f10826d7fbd99a98806&scene=27.

数据开放共享、上联下通,使村务管理智慧化、便民服务数字化、乡村振兴多元化、居家养老平台化、垃圾分类规范化。横山坞村结合"共享发展,共享生态,共享治理,共享服务"四个共享模式,加上特色亮点工程"平安360",打造了数字横山坞综合管理平台。该平台围绕旅游和治安,实现旅游数据监控、外来人口数据分析和治安维保的数字化管理。横溪坞村的数字横溪坞综合管理平台依据"四个不出村"的思路,建设"矛盾不出村""办事不出村""垃圾不出村""创业不出村"等模块,将村民线下办事流程全部植入线上,从而提升各项事务的管理和办事效率。五鹤村开发了专注于党务公开的智慧党建平台"五鹤慧生活"的手机移动端,设置"最美党建""清廉五鹤""民主村务""信访代办""村民办事"等八大模块。党员和群众可通过手机移动端参与村级日常工作,随时随地反映诉求,五鹤村综合信息指挥室收到诉求后,及时为村民解决问题,提供精准化、精细化服务。自"五鹤慧生活"的手机移动端推行以来,村级信访投诉量明显下降,矛盾纠纷化解成功率大幅提升,村级事务群众满意度也大幅提升,该平台受到当地党员和群众的广泛欢迎。高禹村的数字高禹综合管理平台以党建引领为核心,结合村情基础数据和安吉县各部门业务数据,如文明实践、"最多跑一次"等数据,通过数据报表展现高禹村的发展现状。例如,代办事项线下提交(如窗口登记系统、身份证读卡器系统等)、线上查询,将处理结果反馈给用户,并形成代办事项数据归集。

2. 户主大会制度

为让广大群众全面参与村庄发展、美丽乡村创建、人居环境提升等乡村治理现代化工作,2018 年以来,长兴县在全县 234 个村居全面推行每年底召开一次"户主(村民)大会",村居党组织书记在大会上向全体户主报告当年度工作成效和新一年工作规划。不仅要讲清楚为村里干了多少事,更要讲清楚村里的收支情况,开诚布公地接受监督。公开述职后,组织全体户主(村民)从村班子组织建设、为民办实事、工作务实能力、廉洁自律、村级财务管理等方面,对村班子和干部分别做出满意度评价。同时,开展"最美村民"等先进典型评选表彰,不断丰富和完善村民自治内容。一方面,激发广大村民参与村务决策、管理的积极性和主动性,实现村民与村级组织的双向互动,形成"花小钱办大事、没有钱也能干成事"和"大事一起议、好坏大家评、事事有人管"的基层治理新模式;另一方面,也倒逼村干部改进工作作风,主动干事创业,加强自我监督,特别是有效解决对"一把手"权力缺乏监管的问题,避免了"一肩挑"后出现的"一言堂"现象,提高了基层议事决策的效率和质量,全面助推了乡村治理现代化。这一制度不仅有效融洽了党群干群关系,凝聚了共治合力,浓厚了乡村治理氛围,维护了基层和谐稳定,更是在一定程度上推进了共同富裕,有效推进了美丽乡村以及集体经济的发展。"户主(村民)大会"制度广泛收集民意、集中民智,调动村民投身新农村建设的主动性,成为谋发展促跨越的大平台。到 2021 年底,长兴县村均集体经济经营性收入超 196 万元,全面消除了经营性收入 50 万元以下村。全县 206 个行政村实现美丽乡村建设全覆盖,创成省级美丽乡村样板片区 2 个、特色精品村 25 个,获评省新时代美丽乡村示范县。① 截至 2022 年底,全县村均集体经营性收入突破 200 万元,80 万元以上村占比超过 85%,结对帮扶低收入农户实现人均增收 1.63 万元。2023 年长兴县获评全省首批"红色根脉"强基示范县,2 个乡镇(街道)、18 个村社分别获评示范镇街、示范村社。

七、公共服务优享

"十三五"以来,湖州市涵盖基本公共教育、基本就业创业、基本社会保障等八大领域的基本公共服务体系更加完善,全市财政新增财力的三分之二以上用于民生事业支出,基本公共服务标准化、均等化水平持续位居前列,2020 年公共服务质量满意度排名位列全国第二、全省第一,为开创"十四五"公共服务高质量发展新局面奠定了良好基础。② 湖州市近些年用于民生改善的财政支出额度也逐年递增,占湖州市总财政支出的 70% 以上(图 10)。目前,湖州市正在依照《湖州市公共服务"七优享"工程实施方案(2023—2027 年)》积极提高公共服务水平,推进公共服务更加普惠均等可及和优质共享,为打造"幸福新湖州"提供有力支撑。

---

① 浙江长兴县:用好群众路线法宝 汇聚全体村民力量 全面推行户主(村民)大会有效助推乡村治理现代化[EB/OL].人民网.(2022-08-01)[2023-12-31].http://dangjian.people.com.cn/n1/2022/0801/c441888-32491298.html.

② 湖州市人民政府.湖州市公共服务"十四五"规划[EB/OL].(2021-11-10)[2023-12-31].http://custom.huzhou.gov.cn/DFS/file/2021/11/10/20211110145437008d6nvpe.pdf.

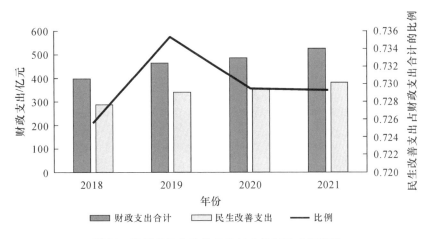

图 10　湖州市民生改善支出与总体财政支出情况

（一）教育优化

湖州市推进城乡区域基本公共服务更加普惠均等可及,稳步提高保障标准和服务水平。例如"优教共享"班车,是湖州推出的模仿公交车运行模式促进教育公平、缩小城乡差距的一种工作机制。湖州推动义务教育优质均衡发展,建成覆盖城乡的学前教育公共服务体系,探索建立覆盖全省中小学的新时代城乡教育共同体,共享"互联网＋教育"优质内容,探索终身学习型社会的浙江示范,提高人口平均受教育年限和综合能力素质。从小学来看,湖州市师生比在 2021 年达到 20.9,2020 年为 21.15。长兴县保持领先,2021 年的比值为 17.89。多年来,湖州全市推动普通高中多样化特色化发展,推动普职融通实现重大突破,初中升高中比例一直在 99% 以上,超过绍兴市的 95.6%,同时也与嘉兴市的 89.5% 拉开相当大的差距。湖州市的高质量教育体系基本建成,十五年教育毛入学率也一直保持在 70% 以上。[①]

近些年湖州在教育经费投入上做到两个"确保",即确保全市各级财政教育经费支出比例高于现有水平;确保全社会教育投入增长比例高于同期地区生产

① 湖州市统计局. 2021 湖州统计年鉴:十、科技、教育、文艺、体育、卫生、广电[EB/OL]. (2021-11-23)[2023-12-31]. https://custom. huzhou. gov. cn/DFS/file/2021/11/23/20211123135858447w24jqf. pdf;湖州市统计局. 2022 湖州统计年鉴:十、科技、教育、文艺、体育、卫生、广电[EB/OL]. (2023-01-04)[2023-12-31]. https://custom. huzhou. gov. cn/DFS/file/2023/01/04/202301041349183448petfi. pdf;嘉兴市统计局. 2022 嘉兴统计年鉴[EB/OL]. (2023-01-04)[2023-12-31]. https://zjjcmspublic. oss-cn-hangzhou-zwynet-d01-a. internet. cloud. zj. gov. cn/jcms_files/jcms1/web3059/site/attach/0/1d6ed9b52bdb419fa08648ad584693b6. pdf;绍兴市统计局. 2022 绍兴统计年鉴[EB/OL]. (2023-01-04)[2023-12-31]. https://zjjcmspublic. oss-cn-hangzhou-zwynet-d01-a. internet. cloud. zj. gov. cn/jcms_files/jcms1/web3012/site/attach/0/b807fb5c28274a1486341dbbf4930070. pdf.

总值增长比例。湖州市教育支出强度从 2020 年的 2.63％增加到 2021 年的 2.65％,正向 3％的目标稳步推进。其中,安吉县在教育支出方面表现较为突出,在 2020 年达到 3.08％。对比嘉兴市教育支出强度从 2020 年的 2.54％降低至 2021 年的 2.34％、绍兴市教育支出强度从 2020 年的 2.28％降低至 2021 年的 2.15％,湖州市对财政教育经费的持续投入为经济增长提供有力的支撑。[①]

专栏十八:"优教共享"班车持续优化师资队伍[②]

如何实现"优教共享"? 湖州市这样做:一是盘活编制管理。建立教师编制"周转池",给予核心校一定数量的周转编制,实行专编专项管理,确保有序周转、高效使用。2022 年,"周转池"推出 240 个编制岗位,核心校由此招收新教师 208 人。二是实行双向流动。大力推进教师双向交流,2022 年,核心校派出 239 位优秀教师赴成员校任教,62 位成员校教师反向流动至核心校跟岗锻炼、顶岗工作。校际开展"互联网＋"同步课堂 2044 节、网络研修 1077 次、线下教研 474 次,成员校师生同步享受核心校优质教育资源。三是探索实体网校。针对乡村学校美术专业教师结构性缺乏问题,在德清县建立"莫干山云"实体网校,将专业教师和兼职教师结对,开展美术专递课堂学校试点,共抽调 59 位优秀教师入驻网校,组建云上教研组,覆盖全县 108 个班级、4000 余名学生,以"双师一生"的教学模式,实现"班班有专业教师",实体网校工作模式持续推广。

依托湖州市"优教共享"志愿服务项目,城市优质教学资源辐射到村,湖州市实验幼儿园实施"科探孵化营"——学前儿童创新素养培育扶持计划,服务受益对象从开始的 30 组家庭扩展到 1433 组家庭累计受益对象 4299 余人。

(二)医疗优享

近年来,随着经济社会高质量发展步伐加快,湖州市卫生健康事业呈现强劲

① 湖州市统计局. 2021 湖州统计年鉴:八、财政、金融、保险、证券[EB/OL]. (2021-11-23)[2023-12-31]. https://custom. huzhou. gov.cn/DFS//file/2021/11/23/20211123135841045khvg4b. pdf;湖州市统计局. 2022 湖州统计年鉴:八、财政、金融、保险、证券[EB/OL]. (2023-01-04)[2023-12-31]. https://custom. huzhou. gov.cn/DFS/file/2023/01/04/202301041348321662uiwdw. pdf;舟山市统计局. 2022 舟山统计年鉴[EB/OL]. (2022-12-06)[2023-12-31]. http://zstj. zhoushan. gov.cn/art/2022/12/6/art_1229705828_588661 69. html.

② 浙江大学—湖州市共同富裕研究中心课题组. 湖州市共同富裕案例集(2023)[R].

发展态势。2019年,国家卫生健康委同意湖州在推进健康中国战略中先行先试。2019年,湖州城市医共体建设全面推开,整合型医疗卫生服务体系框架初步建成。2022年,湖州城市医共体内基本医疗、公共卫生和健康管理服务能力明显增强,市区就诊率稳定在90%以上,市级医院预约转诊率达30%以上,基层诊疗人数明显增加,基层就诊率达到70%以上[①],其中对婴幼儿和老年人的医疗保障也有新突破。

婴幼儿照护服务体系更加完善。湖州市积极构建"湖有善育"全周期服务体系。实施多孩生育政策及配套支持措施,全面取消社会抚养费,完善生育保险政策。湖州通过大力发展普惠托育服务体系,鼓励有条件的用人单位提供婴幼儿照护服务,支持幼儿园发展托幼一体化服务来完善"医、防、护"三位一体的整合型儿童健康服务体系。湖州市自2020年开始,连续两年将"婴幼儿照护服务工作"作为十大民生实事项目之一逐步推进。"湖有善育"民生实事项目正在有序推进,其中建设婴幼儿托位项目已超额完成。此外,湖州建设婴幼儿照护服务指导中心和村级向日葵亲子小屋,每千人口拥有婴幼儿照护设施托位数达2.65个,达到《湖州争创高质量发展建设共同富裕示范区的先行市实施方案(2021—2025年)》中2021年每千人口拥有婴幼儿照护设施托位数为2.5个的目标。[②]

持续构建幸福颐养服务体系。近年来,湖州财政在共同富裕"大背景"下,围绕家庭共同富裕基本单元,瞄准居家幸福养老"小切口",聚焦老年人居家安养之"急"、失能康养之"难"、社区颐养之"盼",积极探索构建从发展型模式向共富型体系转变的"政府+市场"保障新机制,破解老龄化程度不断加剧、"421"家庭养老难等问题,为进一步提升全省家庭型共富财税政策体系集成改革成效,实现老年人老有所养、老有所依、老有所学、老有所乐、家庭无忧,提供"一地行大家用"的"湖州经验"。湖州市创新家庭养老政策支持,健全社区居家养老服务网络,发展普惠养老和互助养老,完善"公建民营"养老服务机构发展模式,优化布点建设

① 湖州市卫生健康委员会.湖州市人民政府办公室关于印发湖州市城市医疗卫生服务共同体建设实施方案的通知[EB/OL].(2019-07-11)[2023-12-31].https://wjw. huzhou. cn/art/2019/7/11/art_1229561865_1645193.html.

② 全国干部教育培训浙江大学基地—浙江大学继续教育学院.中共湖州市委湖州市人民政府关于印发《湖州争创高质量发展建设共同富裕示范区的先行市实施方案(2021—2025年)》的通知[EB/OL].(2022-02-28)[2023-12-31].http://zdpx.zju.edu.cn/news1_9402_304.html;湖州市统计局.2021湖州统计年鉴:十一、城建、环保、水利、气象、林业、民政福利、社保、公积金、治安、档案、技术监督[EB/OL].(2021-11-23)[2023-12-31].https://custom. huzhou. cn/DFS//file/2021/11/23/20211123135908843yuhst9.pdf;湖州市统计局.2022湖州统计年鉴:十一、城建、环保、水利、气象、林业、民政福利、社保、公积金、治安、档案、技术监督[EB/OL].(2023-01-04)[2023-12-31].https://custom. huzhou. cn/DFS/file/2023/01/04/20230104134941934e8mxdm.pdf.

"嵌入式"微型养老机构,形成机构和社区居家服务相协调、医养康养相结合的养老服务体系。同时,推进养老事业和养老产业协同发展,创新健康养老业态模式,促进医疗、康复、护理、养老服务融合发展,并进一步加强养老护理员教育培训、技能认定和信用管理。近年来各区(县)不断提升医疗卫生支出强度,2021年和 2020 年医疗支出占全市的 GDP 分别为 12.19% 与 13.02%。其中,南浔区和安吉县的支出水平连续保持前列。对比嘉兴市与绍兴市,湖州市区(县)医疗支出强度更高,嘉兴市 2021 年和 2020 年医疗支出占全市的 GDP 仅为 3.16% 与 3.37%,绍兴市 2021 年和 2020 年医疗支出占全市的 GDP 为 3.24% 和 3.57%。[①]

　　湖州市每千人口拥有执业医师数从 2020 年的 3.17 人迅速增加到 2021 年的 3.52 人,其中优势资源主要集中在吴兴区,2021 年和 2020 年每千人口拥有执业医师数分别为 6.27 人与 5.65 人。同时,湖州健全长期照护综合保障体系,探索解决失能失智人群护理难题的途径,护理型床位将占机构床位数主要部分。据湖州市人民政府官网,截至 2020 年底,全市累计建成养老机构 180 家、床位 30358 张,护理型床位占比 55.5%,养老机构公建民营率 65.3%,每千名老年人拥有社会化养老床位数 58.96 张,建成康养联合体试点 7 家,国家级居家和社区养老服务改革试点顺利通过验收。湖州市风景秀丽、空气质量好,适合养老。安吉县在养老床位上居于领先地位,长兴县和德清县也有不错的进展。湖州市创新全市智慧养老系统应用,推动居家养老服务"线上+线下"整合和闭环运作,创建全国智慧健康养老基地,"一床一码"、养老服务综合监管、智慧养老社区场景等智能应用成功申报省级试点。随着湖州市幸福颐养服务体系的构建,湖州市预期寿命在浙江乃至全国保持较高水平。2020 年和 2021 年分别为 83.30 岁与

――――――――――

　　① 湖州市统计局. 2021 湖州统计年鉴:八、财政、金融、保险、证券[EB/OL]. (2021-11-23)[2023-12-31]. https://custom. huzhou. gov. cn/DFS/file/2021/11/23/20211123135841045khvg4b. pdf;湖州市统计局. 2022 湖州统计年鉴:八、财政、金融、保险、证券[EB/OL]. (2023-01-04)[2023-12-31]. https://custom. huzhou. gov. cn/DFS/file/2023/01/04/202301041348321662uiwdw. pdf;舟山市统计局. 2022 舟山统计年鉴[EB/OL]. (2022-12-06)[2023-12-31]. http://zstj. zhoushan. gov. cn/art/2022/12/6/art_1229705828_588661 69. html.

82.15岁,吴兴区和安吉县略高,但总体各区县差别较小。①

专栏十九:如何多渠道缓解养老焦虑,合力推动家庭共富②

湖州开发全省首个以需求定供给的数字化养老服务支持系统,探索家庭精准画像工程,摸清不同家庭养老焦虑的成因,客观、全面、真实反映家庭贫富情况。在全省率先开创财政全额补助的"免审即享、无感智办"的老年人意外险无感直赔和财政为医保救助对象代缴保费的惠民型商业补充医疗保险"南太湖健康保",消除商业保险投保年龄、保额限制壁垒,减轻大病群众负担,为防范家庭因病致贫返贫筑起了坚固防线。2022年,两项保险为全市家庭减轻负担共计2.04亿元,赔付率分别达95.8%、100%,率先实现全市户籍60周岁以上老年人群意外险全覆盖。

设立养老服务公益项目,将养老服务"入壳孵化",以项目化运作助推专业化品牌化发展,全市共资助养老公益创投项目13个。支持"公建民营""民办公助",引进医养结合、产城融合、产学研一体化项目等方式,持续撬动社会资本,提供养老业态从有到优的选择面。全市登记备案养老机构102家、机构养老床位1.4万张,引进绿康养老服务公司、普康养老等品牌连锁化的专业养老企业5家,服务超200万人次;建成鑫远、水晶晶等一批一体化养老项目,撬动社会资本超百亿元。

支持发展老年教育事业,创新建立老年教育联盟,推动扩大老年教育资源供给,将老年教育纳入终身教育体系,提升老年教育现代化水平,促进老年人终身学习、乐享生活。完善省、市、区(县)、乡镇(街道)、村居(社区)五级老年教育办学网络,支持有条件的高校、职业学校、中小学等,结合自身优势,多种形式参与办学和服务体系共建。实现全市老年教育协

---

① 湖州市统计局. 2021湖州统计年鉴:十、科技、教育、文艺、体育、卫生、广电[EB/OL]. (2021-11-23) [2023-12-31]. https://custom. huzhou. gov. cn/DFS//file/2021/11/23/20211123135858447w24jqf. pdf;湖州市统计局. 2022湖州统计年鉴:十、科技、教育、文艺、体育、卫生、广电[EB/OL]. (2023-01-04)[2023-12-31]. https://custom. huzhou. gov. cn/DFS/file/2023/01/04/202301041349183448petfi. pdf;湖州市统计局. 2021湖州统计年鉴:十一、城建、环保、水利、气象、林业、民政福利、社保、公积金、治安、档案、技术监督[EB/OL]. (2021-11-23)[2023-12-31]. https://custom. huzhou. gov. cn/DFS//file/2021/11/23/20211123135908843yuhst9. pdf;湖州市统计局. 2022湖州统计年鉴:十一、城建、环保、水利、气象、林业、民政福利、社保、公积金、治安、档案、技术监督[EB/OL]. (2023-01-04)[2023-12-31]. https://custom. huzhou. gov. cn/DFS/file/2023/01/04/20230104134941934e8mxdm. pdf;舟山市统计局. 2022舟山统计年鉴[EB/OL]. (2022-12-06)[2023-12-31]. http://zstj. zhoushan. gov. cn/art/2022/12/6/art_1229705828_58866169. html.

② 浙江大学—湖州市共同富裕研究中心课题组. 湖州市共同富裕案例集(2023)[R].

商机制、办学标准、统计口径、激励机制、机构名称"五统一",政治建校、质量兴校、资源共享、规范办学、幸福康养"五贯通"。全市成功创建省级优质老年学校(学堂)7 所,4 个社区入选 2022 年全国示范性老年友好型社区,"浙里康养"群众满意度排名全省第一。

(三)住房优享

湖州市积极响应国家号召,坚持"房住不炒"的定位,全面落实房地产市场调控长效机制,进一步扩大住房公积金制度覆盖面和受益面,树立低成本创业城市房地产市场样本,促进房地产市场平稳健康发展。湖州市的房价与居民可支配收入比一直保持在较低水平,2021 年和 2021 年全市房价与居民可支配收入比分别为 17.89 和 19.79,尤其是南浔区和长兴县,一直保持在 15 以下。全体居民的房屋购买压力较小。2021 年,湖州全体市民人均住房面积达到 52.46 平方米。[①]

湖州市健全以公共租赁住房和保障性租赁住房为主的城镇住房保障体系,贯彻落实《湖州市人民政府办公室关于加快发展保障性租赁住房的实施意见》。同时,推进城镇棚户区改造,探索发展共有产权住房,扩大住房公积金制度覆盖面和受益面。加大租赁住房土地供应与保障性租赁住房建设,多渠道解决新市民、低收入困难群众等重点群体住房问题。规范发展住房租赁市场,完善长租房政策。"十三五"期末,全市累计保障住房困难家庭 23.3 万户,受益人数 58.6 万人,全市住房保障覆盖率达 26% 以上,位居全省前列。[②]

(四)交通优享

湖州市近年来积极推动基础设施建设,尤其是交通的快速发展,为助力加快高水平交通强省建设提供有力支撑。湖州实施"十大百亿"工程,推进"4321"轨道交通重大项目工程,加快沪苏湖高铁、湖杭高铁、杭德铁路及环场站区域建设,打造与长三角主要城市的"1 小时通勤圈"。构建"五纵四横"高速公路网和"六纵五横"干线公路网。同时,争创全国"四好农村路"示范市,提升城乡公交一体化水平。截至 2021 年底,湖州市乡镇、AAAA 级以上景区、特色小镇、省级产业

---

① 浙江省统计局. 浙江省第七次人口普查系列分析之十:住房状况[EB/OL]. (2022-07-22)[2023-12-31]. https://tjj. zj. gov. cn/art/2022/7/22/art_1229129214_4956244. html.

② 浙江省住房和城乡建设厅. 湖州住房保障"五心级"服务暖民心[EB/OL]. (2021-08-19)[2023-12-31]. https://jst. zj. gov. cn/art/2021/8/19/art_1569972_58927425. html.

集聚区全部通达二级以上公路;中心村、AAA 级景区、县级产业园区全部通达三级以上公路;行政村、历史文化名村、150 人以上较大自然村全部通达四级以上公路,其中行政村四级双车道公路通达率达到 89.3%,努力打造全国样板。2021 年,湖州市公路里程数为 30.72 公里/万人,安吉县、德清县与长兴县位居前列。对比他市,嘉兴市公路里程数为 22.09 公里/万人,绍兴市公路里程数为 23.19 公里/万人。[①]

(五)食品安全

湖州市落实最严格的耕地保护制度和节约用地制度,完善增存挂钩和增违挂钩机制,守住粮食安全底线,严格规范执行耕地占补平衡制度,强化耕地数量保护和质量提升,坚决遏制耕地"非农化"、防止耕地"非粮化"。同时,建立起食品行业全过程全链条精准化的行业监管体系。截至 2021 年底,湖州市人均粮食产量为 196 公斤,南浔区和长兴县粮食产量较为充足,同时,公众食品和药品安全满意度达到 88.4%。[②]

八、对于扎实推进共同富裕的一些建议

结合湖州在推进共同富裕中的成效,本报告就几个重要方面提出政策建议。

(一)培养新质生产力,夯实共富物质基础

党的二十届三中全会提出"高质量发展是全面建设社会主义现代化国家的首要任务",指出应"健全因地制宜发展新质生产力体制机制"。近年来,湖州市始终把发展作为城市建设目标,坚定不移、全力以赴搞建设、谋发展,推动经济社会各个领域全面发展,由此取得一定成效:经济效率得到提升,经济结构不断优化,创新驱动能力不断加强等。要实现经济的高质量发展,湖州市需要在继续推

① 湖州市统计局. 2021 湖州统计年鉴:五、交通运输、邮政、电信[EB/OL]. (2021-11-23)[2023-12-31]. https://custom. huzhou. gov. cn/DFS//file/2021/11/23/202111231358110213u9se4. pdf;湖州市统计局. 2022 湖州统计年鉴:五、交通运输、邮政、电信[EB/OL]. (2023-01-04)[2023-12-31]. https://custom. huzhou. gov. cn/DFS/file/2023/01/04/202301041347366714bs61u. pdf;舟山市统计局. 2022 舟山统计年鉴[EB/OL]. (2022-12-06)[2023-12-31]. http://zstj. zhoushan. gov. cn/art/2022/12/6/art_1229705828_58866169. html.

② 国家统计局湖州调查队. 稳粮生产不放松高质量发展需聚力——2020 年湖州市粮食生产形势分析[EB/OL]. (2021-01-27)[2023-12-31]. http://zjzd. stats. gov. cn/huz/zwgk_441/xxgkml/xxfx/dcfx/sdfx/202101/t20210127_98892. shtml;湖州市人民政府. 致敬每一个追梦人——全市市场监管系统亮点工作回眸[EB/OL]. (2022-02-22)[2023-12-31]. http://www. huzhou. gov. cn/hzgov/front/s1/ztbd/djcddh/tptt/20220222/i3129517. html.

动经济发展的基础上,着力解决好经济发展不平衡、不协调、不可持续的问题,推动经济发展实现质量变革、效率变革与动力变革。

湖州市高质量发展应围绕高效发展推动产业和技术创新,提升新质生产力水平,提高经济体系的韧性和经济运行的平稳性。[①] 具体而言,一是提升湖州市新质生产力水平,加快推进产业转型升级。大力推动企业设备更新和技术改造,聚焦传统产业高端化、智能化、绿色化发展,加大新技术、新业态、新模式的推广运用力度,做大做强行业龙头企业,培育若干世界级先进制造业集群,打响"湖州制造"品牌,巩固壮大实体经济根基,夯实共同富裕的产业基础。二是培育壮大新兴产业。推动产业经济发展不断优化升级,适应消费升级和深化供给侧结构性改革,推广运用物联网、大数据等信息技术成果,积极培育智能制造、无人配送、在线消费、医疗健康等低碳高效新兴产业,推动湖州市平台经济、虚拟经济等新业态健康发展,推动湖州市高碳产业绿色低碳转型、经济发展不断优化升级。三是实施创新战略。立足自身资源禀赋和产业基础,推动高新技术企业"规上化"和高新技术"规上化",努力打造除吴兴高新园区外的更多省级高新园区,加大与杭州、上海等城市的科技与创新合作,为城市发展不断注入发展新动能。同时健全创业创新支持政策体系,探索让数字经济、创新经济、生态经济、现代服务经济成为新时代老百姓经济的有效路径。

(二)发展新型农村集体经济,拓宽农村居民增收来源

多渠道增加农村居民收入是促进城乡共富的重要举措。党的二十大报告强调"巩固和完善农村基本经营制度,发展新型农村集体经济,发展新型农业经营主体和社会化服务,发展农业适度规模经营"。湖州在发展新型农村集体经济方面做了大量尝试,形成了"八大典型模式"等实践经验。[②] 从已有实践出发,推进新型农村集体经济的抓手可以归纳为"规划产业＋盘活要素＋引进技术"三个方面。未来需要围绕这三个方面继续推进湖州市新型农村集体经济改革。

第一,依托已有资源,合理规划产业布局。已有实践主要包括两类产业重点:一类是打造特色产业品牌,推进湖州乡村产业"八业千亿"培育工作,打造一村一品、一乡一业、一县一色;另一类是推进"乡村旅游第一市"品牌建设,立足生态资源优势和乡土文化元素,依托上海、苏州、杭州等城市,吸引城镇资本和消费进入湖州乡村,带动农村经济发展。在发展乡村产业的同时,应重视集体产业促

---

① 见本书理论与实践篇《深化改革推动高质量发展》。
② 见本书理论与实践篇《关于发展壮大村级集体经济,促进农业增效和农民增收的研究》。

进居民就业和增收的效果,重视村集体基本公共服务发展,致力于提高居民的发展能力。

第二,盘活要素配置,打破空间障碍。主要包括三类要素配置:一是土地要素,一方面通过土地整治,提升本地宅基地、农用地和建设用地的市场价值,另一方面通过飞地抱团等多样化方式盘活土地要素。二是资本要素,通过补贴或其他优惠政策吸引城镇资本进入乡村,通过金融信贷产品创新为农户和乡村企业提供必要信贷支持。三是劳动力要素,一方面是引进高质量人才,另一方面是充分盘活本地剩余劳动力要素,成立劳务公司或劳务服务平台,增强就业保障能力,努力实现本地劳动力充分就业。

第三,引进先进技术,提升乡村发展动能。主要包括三类技术:第一类是先进管理理念,例如与先进企业联合打造"强村公司"模式;第二类是数字技术,利用新一代信息技术对农业生产管理、经营方式和分配系统进行规范化重构,增加管理效率,增强村品牌竞争力,例如各种未来农场实践;第三类是先进的生产技术,例如引入优质农产品品种,优化农产品加工技术,提升最终产品经济价值。

(三)完善金融信贷支持体系,助力小微经济主体稳步发展

2022年,中国人民银行、银保监会、证监会、国家外汇管理局和浙江省人民政府联合发布《关于金融支持浙江高质量发展建设共同富裕示范区的意见》,强调金融服务经济高质量发展、坚持金融为民宗旨等总体要求。在促进居民共富的目标下,本报告认为需要特别关注如何让低收入群体或小微企业获得足够的信贷支持,缓解这些群体的资金流动性约束。

政策抓手包括两个方面:一是致力于增加经济效益,促进居民收入增长和收入稳定性。一方面通过增加资金流动性促进经济活动运转,提升居民或小微企业的经营性收入或财产性收入。另一方面防范金融诈骗,应对金融风险和灾害风险,提升居民或小微企业的收入稳定性。其中需要面对的一个重要问题是信息不对称,即许多有需求、有困难的居民或小微企业主不了解最新的金融支持政策。因此,实现金融促共富的一个重要方面是增加金融信贷政策在供给和需求上的匹配效率。湖州市通过"主动摸排""揭榜挂帅""百行进万企"等方式试图促进银行与企业之间的信息交换,还通过"金融专员服务""农户家庭资产负债表融资模式""基础金融服务不出村"等手段促进银行与农户的信息交换。这些政策对促进完善金融信贷体系,帮助居民和小微企业匹配合适信贷政策发挥了重要作用。

二是致力于增加正外部性,一方面可以与碳排放政策绑定,探索碳汇金融交

易,促进环境保护;另一方面可以与慈善公益行为绑定,鼓励第三次分配。例如安吉县银行依托该县竹林碳汇收储交易中心开发"碳汇惠企贷",对符合碳汇交易要求的企业给予贷款利率优惠,以此鼓励当地企业购买竹林碳汇。

实施金融信贷支持政策要考虑一个重要约束条件,即尽可能降低行政成本。特别需要考虑的行政成本既包括政府财政支出成本(例如利息补贴),也包括推进金融信贷政策中的行政管理成本。为了达成降低成本的目的,政府需要优化金融支持政策,增加金融供需匹配效果,防止资金浪费;同时需要鼓励银行优化金融产品,推出有助于普通居民和小微企业发展的信贷产品。

(四)建立大病防范长效机制,推进共富型医疗保障体系建设

由于基本医疗保险制度设计存在缺陷,多层次医疗保障体系还不够完善,人民群众事实上还存在看病贵、看病难问题。重病和大病已经成为制约共同富裕实现、低收入群体增收的障碍。[①] 2021年国务院办公厅印发《关于健全重特大疾病医疗保险和救助制度的意见》,提出要聚焦减轻困难群体重特大疾病医疗费用负担,建立健全防范和化解因病致贫长效机制,强化基本医保、大病保险、医疗救助综合保障。

长期以来,湖州市医疗保障工作走在全省前列,有许多创新性做法。总体而言,建立健全了五大机制[②],包括主动发现机制、精准识别机制、梯次减负机制、慈善医疗救助兜底保障机制、就医引导机制。不过仍然存在中低收入群体惠及对象不足、三重保障化解力度有限、基本医疗保险基金可持续面临挑战、大病保险和医疗救助制度定位不清晰、社会力量参与机制不够健全等问题。

建议以完善因病致贫返贫防范长效机制为突破口,进一步拓展对中低收入群体的惠及面,推动向共富型医疗保障体系迭代升级。具体而言,建议完善识别体系,精准识别重特大疾病保障对象;完善制度体系,实现基本医疗保险向大病保障倾斜;明确医疗救助定位,发挥好医疗救助托底作用;探索以家庭为单位的医疗费用自付封顶机制;定位重要疾病病种,健全罕见病保障机制。在此基础上,逐步实现人的全生命周期公共服务优质共享。

---

① 见本书理论与实践篇《湖州市因病致贫返贫防范长效机制探索研究》。
② 见本书理论与实践篇《湖州市因病致贫返贫防范长效机制探索研究》。

理论与实践篇

深化改革推动高质量发展

刘培林[1,2]，申广军[3]

（1.浙江大学；2.清华大学；3.中山大学）

高质量发展是我国应对百年未有之大变局，促进经济社会健康平稳发展，跨越中等收入陷阱的根本保障，也是我国提升综合国力和竞争力，对世界经济发展作出新贡献的内在要求。要解决目前发展中存在的突出问题，更好满足人民群众美好生活需要，解决新时代社会主要矛盾，必须走高质量发展之路。

然而，目前仍有不少对高质量发展的片面认识，其中最为突出的是认为发展质量和发展速度彼此割裂甚至相互对立。基于这种认知，会进一步错误地认为我国经济社会发展的政策逻辑和实践路径发生了转折。但实际上，发展速度和其他发展绩效指标在不同阶段和不同范围内虽然存在相互冲突的可能性，但也可能相互促进，共同构成发展质量的重要维度。我国在发展的各个阶段一以贯之地致力于提高发展质量，但发展环境的变化对发展质量的不同维度也产生了不同的影响。本文拟在界定高质量发展内涵的基础上，考察新中国成立以来不同阶段中，我国发展质量提升的政策逻辑与实践演进，分析未来面临的挑战与对策。在此基础上，进一步分析湖州高质量发展成就和未来着力点。

一、高质量发展的内涵

（一）高质量发展的三方面内涵

发展质量的内涵包括高效、包容性与可持续三个维度。高效发展指生产要素持续积累，技术效率和配置效率高，经济波动小。包容性发展指公平合理地分享经济增长成果，既包括公平共享发展机会，也包括发展成果的合理分配。可持续发展是指既满足当代人的需要，又不对后代人满足自身需要的能力构成危害。虽然广义来讲的可持续发展对代际的诸多方面都应施加限制，但当前语境下的可持续发展仍主要指自然环境,包括自然资源和生态环境两方面。

(二)三方面内涵之间的关系

上述关于高质量发展的内涵的三个维度并非割裂的,而是相互关联的。

第一,提升经济发展质量的基础是高效发展,正如党的二十大报告所指出的,"没有坚实的物质技术基础,就不可能全面建成社会主义现代化强国"。没有高效发展奠定的物质基础,包容性发展就无从谈起,可持续发展也没有任何意义。

第二,提升经济发展质量的目标是包容性发展,通过改善发展成果的分配,提高人类的长远福祉。同时,包容性发展也为高效发展提供有消费能力的消费者、有人力资本的劳动者、有底气冒险的创业者,以及和谐稳定的社会环境。

第三,提升经济发展质量要求发展路径是可持续的。这一方面固然是对高效发展的制约,要求资源利用效率更高,对生态环境的破坏更小;另一方面也是对包容性发展的补充,相比于更多地关注人与人、人与社会的关系的包容性发展,可持续发展要求人与自然和谐共生,同时也以绿水青山来提高人的福利。

(三)实际增速与潜在增速之间缺口尽可能缩小是高质量发展的题中之义

还需要指出的是,我们认为保持一定的经济增长速度应该是经济发展质量题中之义。2017 年,党的十九大报告明确提出了"我国经济已由高速增长阶段转向高质量发展阶段"的经济形势判断,有研究者据此认为"高速增长"与"高质量增长"是不相容的两种状态,甚至武断地推断之前的经济增长都没有提高经济发展质量。这样的认识与事实不符。二战之后成功追赶上西方发达国家的经济体,如日本、韩国,在经济起飞后有为期 30 年甚至更长的高增长平台期,这个平台期中的人均收入增速为每年 7% 左右。如此长时期的持续增长显然不符合资本边际报酬递减规律,抵消资本边际报酬递减的力量正是技术进步。发达经济体受到前沿技术创新的约束,而后发经济体与发达经济体的技术差距使得更快的增长成为可能。这也说明在后发经济体高速增长的平台期,技术进步对其增长速度作出了较大贡献,因而也可被称为高质量发展。事实上,根据一些学者的研究,新中国成立以来,除了个别年份,经济增长质量一直在提升。[1] 也有研究测算了党的十四大以来我国经济发展质量,发现虽然各阶段的提升速度存在明显

① 任保平,刘戈非. 新中国成立以来经济增长质量的历史演变和评价考察[J]. 求索,2020(5):170-179.

差异,但经济发展质量总体处于逐步提升状态。[①] 可见,高速增长的同时也会提高发展质量,二者并不存在相互排斥的关系。

那么应该如何理解"我国经济已由高速增长阶段转向高质量发展阶段"的重大判断呢? 我们认为,其准确含义是,以前经济发展质量的提升主要由经济高速增长所贡献;随着我国与发达国家的技术差距缩小,技术进步相对于资本边际报酬递减的力量下降,经济增速必然放缓,因而以后经济发展质量的提升,要更多地依赖发展质量的其他维度(如包容性、可持续等),即实现"质的有效提升和量的合理增长"的协调发展。但这一过程并不意味着放弃对增长速度的追求。相反,高质量发展仍从两方面对增长速度提出要求:纵向来看,高质量发展要求必须充分释放当前发展阶段的发展潜力;横向对比,高质量发展要求与处于同一发展阶段的经济体相比不存在明显差距。因此,除了包容性和可持续两个维度,我们认为高效发展也是经济发展质量的重要维度。从高效、包容性和可持续三个维度全面理解经济发展质量的内涵,有助于在统一的逻辑框架下阐释我国发展质量提升的政策逻辑和实践演进。

二、我国发展质量提升的政策逻辑与实践演进

基于上述关于高质量发展内涵的分析,进一步分阶段回顾我国发展质量的提升过程。

(一)改革开放前的政策逻辑与发展绩效(1949—1978 年)

1949 年中华人民共和国成立,百废待兴,摆在第一代领导人面前的问题是,如何快速实现国家富强? 当时资本严重不足而劳动力极为丰富,如果利用市场机制配置资源,必定面临极高的资本价格和低廉的工资水平,很难快速发展高度依赖资本积累的工业(特别是重工业)。显然,需要一套不同于市场机制的发展方式,解决约束条件和发展目标之间的矛盾。于是,改革开放前,我国一方面形成了以金融管理体制、外汇外贸管理体制、物资管理体制、农产品统购统销制度等为特征的高度集中的计划配置方式;另一方面形成了以国有经济占绝对主导地位的工业所有制结构和农业经营的人民公社化为特征的经济组织形式。[②]

以赶超战略为特征的经济发展方式很大程度上实现了第一代领导人的发展

---

① 杨耀武,张平. 中国经济高质量发展的逻辑、测度与治理[J]. 经济研究,2021,56(1):26-42.

② 林毅夫,蔡昉,李周. 中国的奇迹:发展战略与经济改革[M]. 上海:上海三联书店,上海人民出版社,1994.

目标,我们可以从经济发展质量的几个维度来考察这种经济发展方式的结果。第一,就高效而言。改革开放前的发展方式通过教育扩张迅速提高了人力资本,通过压低要素价格加快了资本积累,因而带来了经济高速增长,GDP 总量从 1952 年的 679 亿元增长到 1978 年的 3645.2 亿元,按可比价格计算,年均增长 6.7%,超过同期绝大部分国家的增速。但这一时期生产效率增速缓慢,1952—1981 年全要素生产率(TFP)年均增长 0.53%,仅贡献了产出增长的 8%。此外,这一时期经济虽然增速较快,但波动很大,1952—1978 年经济增速标准差高达 10.1,而改革后 30 年经济增速标准差仅为 2.8。

第二,就包容性而言。改革开放前的发展方式带来高度平等的分配结果和较好的(非物质)福利结果。以各种指标测算,改革开放前的收入/财富分配都是高度平均的,城镇居民收入基尼系数长期维持在 0.2 以下,农村的基尼系数略高,但多数估算值也都在 0.25 以下;教育的代际流动性和收入的代际流动性都很强。人民群众的非物质福利也获得了快速提升。

第三,就可持续而言。以赶超战略为特征的经济发展方式是不可持续的。为了提高企业利润,增加资本积累速度,改革开放前的宏观经济环境要求压低能源成本,较低的价格意味着超额的需求甚至浪费。这一时期我国单位 GDP 能耗和单位工业产值能耗都高于其他经济体。比如,我国产出 1 美元 GDP 需要消耗 2.9 千克标准煤,高于印度的 1.77 千克、韩国的 1.12 千克和巴西的 0.88 千克,而日本、德国、英国、法国等发达资本主义国家仅为 0.5 千克左右。

(二)改革开放前期的政策逻辑与发展质量提升绩效 (1978—2012 年)

改革开放前期,我国的发展目标与中共八大时没有本质不同,都是要进行经济建设,大力发展社会生产力,以满足人民日益增长的物质文化需要。但两个时期面临的内外约束都大不相同。改革开放前期,和平与发展已成为时代主题。为此,中共十一届三中全会以后,我国逐步形成以市场为取向的经济体制改革思路。1992 年,党的十四大报告明确了我国经济体制改革的目标是建立社会主义市场经济体制。这一时期,计划经济时期形成的宏观经济制度和微观资源配置方式也发生了新的变化,以适应我国经济发展的基本经济制度。

对改革开放带来新的发展成果,可以从经济发展质量的几个维度考察。第一,高效方面。改革开放以来,我国经济快速增长,GDP 总量从 1978 年的 3645.2 亿元增长到 2012 年的 516282.1 亿元,按可比价格计算年均增速为 9.9%,创造了经济高速增长的奇迹。更为难得的是,经济增速稳定,这一时期的

GDP 增速最低为 4.1％,最高 15.3％,标准差 2.7,远低于前一时期的 10.1。同时根据 PWT 8.1 的数据,1979—2011 年我国全要素生产率年均提高 3.5％,平均贡献了 35％的 GDP 增长。

第二,包容性的两个方面则呈现出迥异的发展趋势。一方面,人民群众的福利得到显著提升。教育、健康等指标仍在持续改善,虽然速度较前一阶段有所放缓。更重要的是,物质福利得到极大改善,城镇居民家庭人均消费从 1985 年的 673.2 元提高到 2012 年的 16674.3 元,即使剔除物价影响,也提高了 5 倍多。另一方面,分配状况不断恶化,基尼系数不断攀升,2000 年以后长期高于国际警戒线(0.4)。动态来看,我国的代际流动性也呈现下降趋势。

第三,对能源和环境的影响。这一时期相对于改革开放之前,并没有显著的改进。虽然党的十四届五中全会提出两个具有全局意义的根本性转变,建设资源节约型、环境友好型社会等,但由于环境问题是长期积累的结果,环境改善不可能一蹴而就,因此这一时期的经济发展伴随着资源锐减、环境恶化的不利于可持续的后果。

(三)新时代高质量发展的政策逻辑和实践进展(2012 年至今)

党的十八大报告指出"发展中不平衡、不协调、不可持续问题依然突出",党的十九大明确做出了"中国特色社会主义进入新时代"的重要判断,并对新时代我国社会主要矛盾的变化做出了新的概括:"我国社会主要矛盾已经转化为人民日益增长的美好生活需要和不平衡不充分的发展之间的矛盾。"由此,我国的发展目标已经从单纯地以经济建设为中心,转向更高质量、更有效率、更加公平、更可持续的发展。

1.高效发展与供给侧结构性改革

金融危机以来,中国经济增速不断下滑。供给和需求不平衡、不协调的问题主要体现在以下两大方面:一方面,需求结构已发生明显变化,包括"住""行"主导的需求结构发生阶段性变化,需求结构加快转型升级,服务需求在消费需求中的占比明显提高,产业价值链提升对研发、设计、标准、供应链管理、营销网络、物流配送等生产性服务提出了更高要求;另一方面,供给侧明显不适应需求结构的变化,包括无效和低端供给过多、有效和中高端供给不足、体制机制束缚了供给结构调整等。为此,我国实施了供给侧结构性改革,并取得了相应的效果。与此同时,高新技术产业和现代产业不断发展壮大。

2.包容性发展与精准扶贫/乡村振兴/就业优先战略

首先,推动精准扶贫与乡村振兴。新中国成立以来,中央政府一直致力于脱贫攻坚事业,出台实施了一系列长短期扶贫政策,从救济式扶贫到开发式扶贫,创造了人类减贫史上的奇迹。2015 年,中共中央、国务院颁布了《关于打赢脱贫攻坚战的决定》,明确到 2020 年"现行标准下农村贫困人口实现脱贫,贫困县全部摘帽,解决区域性整体贫困"的目标,首次提出将"精准扶贫、精准脱贫"作为基本方略。到 2020 年,9899 万农村贫困人口全部脱贫,提前 10 年完成联合国2030 年可持续发展议程减贫目标,解决了全面建成小康社会的最大短板。

就业优先的相关政策则关注有劳动能力人群,旨在通过促进就业、提高就业质量来增加居民可支配收入、扩大中等收入群体。党的十九大报告强调,"就业是最大的民生。要坚持就业优先战略和积极就业政策,实现更高质量和更充分就业"。得益于政策对就业问题和收入问题的重视,党的十八大之后,劳动收入份额逆转了持续近 20 年的下降趋势,转而缓慢提升;基尼系数更是在经历 30 多年的提高之后转向下降,显示我国就业优先政策取得成效,经济发展的包容性得以增强。

3.可持续发展与"两山"理念、"双碳"目标

我国越来越注重减少对资源的损耗和对环境的破坏,逐渐形成、强化并实践"绿水青山就是金山银山"的发展理念。2012 年,党的十八大把生态文明建设纳入中国特色社会主义事业总体布局。从 2013 年起,我国温室气体排放量进入"平台期",每万元 GDP 排放的温室气体从 2013 年的 1.9 吨 CO_2e 降低到 2018年的 1.3 吨 CO_2e,排放强度年均下降超过 7%,并提前完成我国 2009 年提出的到 2020 年减排的承诺。前期减排成果显著,使得我国有信心加大国家自主贡献力度,提出 2030 年前碳达峰、2060 年前碳中和的目标。

三、以全面深化改革应对未来我国提升发展质量的三方面挑战

展望未来,我国推进高质量发展面临多方面挑战,需要不断深化改革加以应对。

(一)我国高质量发展面临三方面挑战

在肯定我国取得举世瞩目成就的同时,也必须清醒看到我国仍存在发展不

平衡不充分的突出问题,包括科技创新能力还不强,产业链供应链安全性有待提升,防范金融风险还须解决许多重大问题,城乡区域发展和收入分配差距仍然较大,群众在就业、教育、医疗、托育、养老、住房等方面面临不少难题,生态环境保护任务依然艰巨等。2017年党的十九大做出"我国经济已由高速增长阶段转向高质量发展阶段"的重要判断,2022年党的二十大指出"高质量发展是全面建设社会主义现代化国家的首要任务",要求"坚持以推动高质量发展为主题,把实施扩大内需战略同深化供给侧结构性改革有机结合起来,增强国内大循环内生动力和可靠性,提升国际循环质量和水平,加快建设现代化经济体系,着力提高全要素生产率,着力提升产业链供应链韧性和安全水平,着力推进城乡融合和区域协调发展,推动经济实现质的有效提升和量的合理增长"。从目前情况看,我国未来提升发展质量面临三方面挑战。

一是如何持续推动技术和产业升级。从人口规模看,中国这样的巨型经济体可以容纳的技术和产业谱系是非常宽广的。在这些宽广的技术和产业谱系中,中国目前有少数处于全球比较领先的位置,但还有很多领域,比如工作母机、成套装备、核心零部件、生物、医药、医用设备、材料等,与技术前沿国家尚有很大差距。缩小这些差距,提升生产率,是中国未来实现高速增长的源泉所在。为此,要围绕建设创新型国家,强化基础研究,加强应用基础研究,拓展实施国家重大科技项目,突出关键共性技术、前沿引领技术、现代工程技术、颠覆性技术创新,为建设科技强国、质量强国、航天强国、网络强国、交通强国、数字中国、智慧社会提供有力支撑。要加强国家创新体系建设,强化战略科技力量。深化科技体制改革,建立以企业为主体、市场为导向、产学研深度融合的技术创新体系。完成这些任务,将推动中国技术和产业不断迈上新台阶,进而在中国劳动力从农业向非农产业转移速度明显放缓背景下,进一步拓展非农产业内部劳动力向高生产率部门配置的空间,不断推动经济增长。

二是如何缩小收入差距和财富差距,提高社会流动性,实现更加包容的发展。我国在改革开放以来的40多年中,虽然实现了高速经济增长,但是收入差距和财富差距不断拉大。这不仅不利于实现共同富裕,也抑制了有效需求的实现,还降低了社会的横向和纵向流动性。收入和财富差距拉大的原因众多。有个人能力、努力程度和承担风险能力不同的因素,这是合理的、有利于社会整体进步的。但是,也有不合理的、不利于社会进步的其他方面,比如国有资源占有和使用税费体系不合理,土地制度等方面的体制性因素不利于保障农民的合理权益,宏观政策导致房地产价格快速上升,一些人违法违规牟取利益,等等。从国际经验来看,缩小收入和财富差距,是成功跨入高收入国家行列的必要条件。

未来要围绕全体人民共同富裕的目标,破除妨碍劳动力、人才社会性流动的体制机制弊端,使人人都有通过辛勤劳动实现自身发展的机会。坚持按劳分配原则,完善按要素分配的体制机制,促进收入分配更合理、更有序。鼓励勤劳守法致富,扩大中等收入群体,增加低收入者收入,调节过高收入,取缔非法收入。履行好政府再分配调节职能,缩小收入分配差距。并且要不断改善宏观经济政策,使商品和要素的相对价格趋于合理。有效遏制收入差距扩大的势头,进而使收入和财富差距处于合理的水平。

三是如何改善生态环境质量,提高发展的环境可持续性。生态环境质量较差,已经成为影响人民群众生活质量的突出问题。随着经济发展,人民群众对良好生态环境的需求日益增强,对良好生态环境的支付意愿也不断加大。为改善生态环境而采取的措施,比如改善大气、水和土壤质量的措施,固然会增加经济社会运行的成本,抑制高污染高排放行业的投资活动和产出增长;但同时也会对经济增长产生带动作用,因为生态环境监管措施将促进绿色环保技术研发和扩散,这会带动相关的投资活动。相关的研究表明,我国环境库兹涅茨曲线的拐点已经出现,未来经济增长和污染排放将脱钩。为此要构建市场导向的绿色技术创新体系,发展绿色金融,壮大节能环保产业、清洁生产产业、清洁能源产业。推进能源生产和消费革命,构建清洁低碳、安全高效的能源体系。这些措施将构建起充分体现生态文明要求的经济体系,满足人民群众对良好生态环境的要求,承担起中国对全球生态环境公共产品的责任,是中国迈向高收入国家、实现高质量发展的内在要求。

(二)以改革的深化应对挑战,实现高质量发展

2022年12月召开的中央经济工作会议提出谋划新一轮全面深化改革。本研究的分析对于新一轮全面深化改革的启示是,实现高质量发展需要在提高包容性和可持续性的同时,继续深入挖掘并充分释放经济增长潜力,通过更充分的发展为更平衡的发展奠定物质基础。总之,面向中国式现代化目标,实现高质量发展需要同时加强经济发展的高效、包容性和可持续。

首先,加快技术创新、深化制度创新,实现更加高效的发展。随着经济发展和科技进步,我国越来越接近全球技术前沿,通过模仿学习发达国家先进技术的空间缩小。因此,实现高效发展首先要鼓励技术创新,提高企业自身成长性。为此,从政策上,需要实施更大力度的研发费用加计扣除、高新技术企业税收优惠等激励性政策,增强企业创新动力;从机制上,完善技术创新市场导向机制,强化企业创新主体地位,促进各类创新要素向企业集聚,形成以企业为主体、市场为

导向、产学研用深度融合的技术创新体系。与此同时,需深入推进全国统一大市场建设,提高要素配置效率。与技术创新相比,提高资源配置效率不需要研发资金、人力资本的大量投入,因而是更具成本有效性的提高加总生产率的方式。但提高配置效率对制度设计的要求更高。完善要素市场化配置是建设统一开放、竞争有序市场体系的内在要求。近年来,我国重视高标准要素市场的建设。2020年《中共中央 国务院关于构建更加完善的要素市场化配置体制机制的意见》与2021年中共中央办公厅、国务院办公厅印发的《建设高标准市场体系行动方案》,对经营性土地、劳动力、资本、知识、技术和数据等要素市场的发展指明了具体的改革方向。未来我们需要继续深化改革,切实保证"市场在资源配置中起决定作用",促进生产要素向生产效率更高的行业、地区和企业流动,通过改善资源配置调整经济结构,提高增长的速度和质量。

其次,以改善初次分配为主要突破口,实现更加包容的发展。本研究分析显示,我国经济发展质量在包容方面的短板是发展不均衡,城乡区域发展和收入分配差距仍然较大。分配制度是促进共同富裕的基础性制度,要提高经济发展的包容性,需要坚持按劳分配为主体、多种分配方式并存,构建初次分配、再分配、第三次分配协调配套的制度体系。特别是,我国初次分配中的劳动收入份额从20世纪90年代中期开始不断下降,虽然党的十八大以后有所改善,但占比仍然较低。考虑到初次分配作为再分配的基础,在很大程度上影响着收入分配的最终格局,下一步工作重点应是努力提高居民收入在国民收入分配中的比重,提高劳动报酬在初次分配中的比重,以改善初次分配为主要突破口,实现更加包容的发展。

最后,以"碳达峰、碳中和"为牵引,全面推动国民经济生产和生活体系绿色转型,实现更加可持续的发展。党的二十大报告指出"生态环境保护任务依然艰巨",资源环境约束趋紧、环境污染问题突出,依然是人民群众追求美好生活的重要障碍。以"碳达峰、碳中和"为契机和牵引,下一步工作重点需要把保护生态环境内化为发展的硬约束和新财富源泉,全面推动国民经济生产和生活体系绿色转型。这一方面需要从广延边际上大力优化能源结构,比如从化石能源向清洁能源转换,以及在化石能源内部,从含碳量较高的煤炭向含碳量较低的石油、天然气等能源转换;另一方面需要在集约边际上大力提升能源效率,包括从一次能源到二次能源的转换效率,能源跨区域输送、跨时间储存效率,以及终端能源消费效率等。优化能源结构和提高能源效率,都需要技术创新。比如,包括核能技术、太阳能技术、地热能技术、海洋能技术等在内的新能源技术的进步,可以让我们摆脱对化石能源的依赖;发动机技术进步提高汽车、飞机等交通工具的能源利用效率,钢铁、化工、建材等生产技术提高工业生产中的能源利用效率,而特高压输电技术、柔性输电技术提高能源输送效率。

四、湖州高质量发展的着力点

湖州改革开放以来,经济社会快速发展,生态文明建设取得重要成就,人民生活水平持续提高。未来,湖州需要巩固已有基础,全面落实新发展理念,推动高质量发展不断迈上新台阶。

湖州高质量发展取得明显成效。首先,湖州高效发展成效明显。人均地区生产总值达到高收入经济体水平,产业转型升级成效显著,湖州被国务院评为工业稳增长和转型升级成效明显市,高新技术产业不断壮大。高新技术产业、战略性新兴产业、装备制造业、现代服务业不断发展壮大,农业现代化综合评价多年在全省处于领跑水平。湖州境内的南太湖新区获批成为全省首批四大新区之一,莫干山高新区升格为国家级高新区,一批重大的高技术项目相继竣工达产。

其次,湖州包容性发展成就突出。湖州民生福祉持续改善,文化、教育、卫生、体育等社会事业得到长足发展,县域医共体建设实现区县全覆盖,全国文明城市创建"两连冠"并实现市县全覆盖。就业局面稳定,城镇居民人均可支配收入水平高,收入增速在全省居于前列,城乡居民收入水平差距小。社会保障水平稳步提升。基本公共服务评价实现全省"三连冠",荣获"2022 中国最具幸福感城市"称号。村集体经济实力普遍壮大。

最后,湖州可持续发展走在前列。践行"绿水青山就是金山银山"的理念,不断提升生态文明水平,治水、治气、治土、治矿、治废成效显著,生态环境质量大幅改善,成为国家生态文明建设示范市。联合国《生物多样性公约》第十五次缔约方大会认定湖州为全球唯一的生态文明国际合作示范区。湖州入选"全球自然城市"平台和首届生物多样性魅力城市,建立全国首个竹林碳汇收储交易平台,入选首批国家公交都市建设示范城市和全省首个双碳认证试点城市。

对标高质量发展的要求,湖州未来需要从几个方面着力,进一步提升发展质量。首先,围绕高效发展推动产业和技术创新,提高经济体系的韧性和经济运行的平稳性。大力发展智能制造,鼓励企业加大科技创新投入,加快木业、椅业、服装等传统制造业重点领域的智能化技术提升。建设"智能工厂"和"数字化车间",着力发展基于互联网的个性化定制、云制造等新型制造模式,培育发展具备整体方案解决能力的运营平台和服务商。大力发展绿色制造,推进传统制造业改造提升。通过关停淘汰、整合提升和集聚入园等方式,提升小木业、砂洗印染等"低散乱"块状经济水平。深化"亩均论英雄"改革,开展企业综合绩效评价。

大力培育发展新能源整车、动力电池及电控部件等新兴产业。大力完善创新平台和网络,在发挥好南太湖科技创新中心、长兴国家大学科技园、湖州国家农业科技园区等创新功能的基础上,构筑高能级创新平台,针对湖州产业发展需要,建设一批创新载体和高能级创新平台,高标准建设湖州科技城;加快莫干山高新区建设,全面深度融入G60科创走廊,强化区域协同创新。

其次,围绕包容性发展促进就业,改善公共服务。稳定和扩大高质量就业机会,提高劳动密集型服务业增加值,持续开展职业技能提升行动,大力发展家政、养老服务、人力资源等生活性服务业,提高就业吸纳能力。完善公共就业服务体系,促进离校未就业高校毕业生、进城务工人员、退役军人、残疾人等重点群体充分就业。加强对各类就业困难人员就业培训和帮扶。加强对返乡入乡创业重点人群、农村电商人才等创业教育培训。全面落实劳动合同制度,规范新业态从业人员用工保障制度,完善基层劳动纠纷多元化解机制,提升劳动争议化解水平。着力促进城乡居民收入持续增长,完善企业工资集体协商制度,健全企业职工工资正常增长机制。推动实施技能人才、新型职业农民、科研人员等重点群体增收激励计划。增加一线劳动者报酬,完善最低工资标准调整机制。完善全市统一的城乡居民基本养老保险、基本医疗保险、大病保险、失业保险等政策,实现法定人员社会保障全覆盖。建立城乡居民基本养老保险待遇确定和基础养老金正常调整机制。健全重大疾病医疗保险和救助制度。健全工伤保险"补偿、预防、康复"三位一体制度体系。

最后,围绕可持续发展提高生态环境建设水平。大力治理空气污染,协同治理挥发性有机物与氮氧化物,综合治理工业废气、道路建筑扬尘、车船尾气、社会烟尘。全面提升水环境质量,统筹推进水资源保护、水生态修复和水环境治理。深化"五水共治",推进水生态修复,恢复河湖自然水生态系统功能。开展土壤污染防治修复,从源头上加强土壤污染管理,建成覆盖全市耕地的土壤环境监测网络,促进土壤环境管理信息化。提高循环经济水平,特别是废物资源化利用园区化、规模化和产业化。推进生产方式绿色化转型。构建绿色制造体系,深化园区循环化改造成果,实施生产过程清洁化和高效低碳化改造,推进农业绿色循环发展。强化资源能源集约节约利用,实行集约用地制度,健全工业、服务业综合评价机制、履约评价机制和低效用地退出机制。落实水资源管理制度,落实应对气候变化各项工作,继续实施好能源消费总量和强度"双控"制度。推行绿色生活方式,倡导绿色产品、绿色消费、绿色出行,开展建设节约型机关、绿色家庭、绿色学校、绿色社区、绿色商场等各类活动。在维护好生态资源的同时拓宽生态资源价值转化通道,推进"两山银行"建设,拓展自然资源资产化实现途径。

"提低""扩中"的国际经验

——以德国、日本为例

刘　涛[1]，王滢淇[2]

（1. 浙江大学；2. 华中科技大学）

随着面向共同富裕发展目标的现代化在我国逐步推进，对于共同富裕的研究也逐步走向深入。当前，我们特别需要从不同角度对共同富裕分解研究，从而可以在各个层面加深对于共同富裕体系的理解，同时从不同角度有针对性地探索应该如何实现共同富裕这一前瞻性的现代化目标。本项研究在选题和研究方法论上采取了国际比较的形式，主要聚焦于现代社会的"中产阶级结构"这一特殊现象，探索先发国家如何改变低收入结构以促进社会持续流动、有利于中产阶级为主的社会结构成形，进而研究先发国家的哪些政策措施有利于中产阶级圈层的稳固与扩大。

改革开放以来，随着我国国际交往的加深和国民经济深度融入经济全球化进程，我国在思想和观念领域也不断寻求与国际接轨，希望运用外部世界的先进思想和理念来推进我国的社会主义现代化事业。在这一历史进程中，我国包含社会政策及公共政策等在内的各领域都受到外部世界的影响。在共同富裕式现代化建设的进程中，我们同样可以适度遵循"拿来主义"的原则，积极运用外部的思想理念和具体做法来推进我国的共同富裕进程。同时，从社会结构上来看，中产阶级为主导的社会结构的确是现代化社会重要的一个核心特征，抓住这一重要的发展主线，我们就可以梳理出现代化社会的一些关键因素，同时寻找共同富裕进程背后的推力和驱动力。本研究主要选择共同富裕式现代化道路上两个具有典型意义的国家——德国和日本，主要聚焦于德国和日本经济崛起和中产阶级为主的社会结构形成的这一段历史时期，即 20 世纪 50 年代到 20 世纪 80 年代。选择这两个国家的主要原因是这两个国家属于主要的西方资本主义大国，在世界经济的排序中分别属于第三和第四大经济体，同时两国也都属于西方福利国家中的不同类型,历史上,两国在共同富裕道路上都取得了较为显著的成就。两个国家的相似特征是制造业较为发达,主要经济产值建立于实体经济之上,相对而言较少倚重于以金融市场为主体的虚拟经济模式来推动经济发展。两国在经济崛起和社会模式成形的历史发展阶段都形成了稳固的中产阶级结构,相较于英、美等盎格鲁-撒克逊国家,两国基尼系数都较低,社会相对而言更加平等、和谐。两个制造业较强的世界经济大国通过"提低""扩中"促进以中产阶级为主的社会结构转型这一历史发展路径和政策制度经验特别值得我们重视,需要进行理论及实践意义层面的深度梳理和总结。

一、德国的水平中层社会模式及其社会影响

(一)"水平中层社会"概念的缘起及其影响

德国著名社会学家赫尔穆特·舍尔斯基(Helmut Schelsky)于 1953 年提出了著名的"水平中层社会"(Nivellierte Mittelstandsgesellschaft)的概念[①],对战后德国发展模式和走向做了一个"理想类型式"的演绎和总结,这个当时浮现出来的新概念范式也对同一时期德国社会结构的演化与改造,特别是对德国模式的共同富裕之路产生了重要影响。舍尔斯基认为,在战后的联邦德国社会,几乎没有一个社会群体、一个家庭可以自外于遍及全社会的"降级"和"升级"两种发展趋势之影响。这两个方向的流动发展出来的是相同的社会行为和愈加趋同的社会地位,一个(固定结构破除后的)非稳定的、水平化的、小资产阶级和中层化生活方式和行为方式为主的新社会阶层开始成型,舍尔斯基将这样的新社会结构命名为"水平中层社会"。舍尔斯基根据经济管理学家彼得·德鲁克的一些企业管理领域提出此观点,认为在这样的水平中层社会中,整个社会开始自信地向社会中间地带水平移动,而这种新社会地位有助于克服社会上层和下层对立带来的冲突和紧张。

舍尔斯基认为,战后社会中经济和政治地位的平等化促进了社会文化及生活方式的均等化,人们开始普遍向过去阶级社会模型中的中低社会圈层靠拢和看齐,也就是向小资产阶级和社会中层的生活方式、消费方式和社会举止等看齐。舍尔斯基认为,这种"社会拉平趋势"的主要推动力是工业和大众传媒及新

---

① Helmut Schelsky. Wandlungen der deutschen Familie in der Gegenwart: Darstellung und Deutung einer empirisch-soziologischen Tatbestandsaufnahme[M]. Stuttgart:Enke,1954.

闻出版等共同推动的普遍式消费,它可以在普通人群中唤起这样的心理感觉和印象——人人都可以参与生活中的奢侈性消费,过去仅仅属于上层的消费及生活方式现在传递到了全社会。

　　舍尔斯基认为,战后德国向两个方向的社会流动和社会整体向上流动的趋势有两个决定性因素:一是税收政策;二是社会政策,也就是我国语境及政策实践中的社会保障制度。税收政策是指德国在战后确立的累进税制,作为全社会财富分配的重要手段及杠杆工具,税收体系和税收制度发挥着调节社会财富的重要作用,同时,奉行社会市场经济的德国在战后实力大幅增长,国家的税收汲取能力也相应增加,税收担负着改变全社会分配版图和财富流向的枢纽功能,同时也促进了社会的"中产化"进程。而社会政策则是德国走向水平中层社会的核心推动力。德国在战后基于历史传统所改建、扩建和新建的社会保障项目较大程度地为国民提高了社会安全,降低了社会风险,大幅减缓了社会危机事件对于德国居民生活的影响。舍尔斯基将战后德国社会政策分为两个主要部分:第一部分是针对社会向下流动的战后社会问题,起到托底和"防贫止困"的功能,这一类别的社会政策主要集中在消除大战所带来的社会后果等层面,例如不同种类的难民救助、大战伤残赔偿措施、伤残保障和抚恤津贴等。这一类别的社会政策降低了人民普遍面临的生活苦痛和困境,使得人们在获得基本物质保障的同时可以重新获得经济和社会发展的个人空间。第二部分社会政策更类似于我们通常所认知的现代社会保障制度,其在德国阶层向上流动中发挥着关键作用。鉴于社会保障制度在德国中层社会所扮演的核心角色,这里将专门介绍社会保障及再分配对于德国社会所产生的影响。

(二)社会保障与再分配对于德国社会的重要影响

　　德国式的"社会国制度体系"(Sozialstaatlichkeit)是建立在以社会保险模式为中心制度的基础之上的,因此德国又有"社会保险国"的称谓,在世界主要的五项保险制度中,四项均为德国创立,也就是养老保险、医疗保险、工伤事故保险与长期护理保险制度,而失业保险制度则是由法国首创。截至 2018 年,德国总计有 5609 万名居民参加法定养老保险①,约占 20 岁以上人口的 83%;2020 年,德

---

　　① Statista Research Department. Anzahl der Rentenversicherten in Deutschland in den Jahren von 1962 bis 2022 [EB/OL]. (2024-02-26) [2024-02-26]. https://de. statista. com/statistik/daten/studie/6948/ umfrage/anzahl-der-rentenversicherten-in-deutschland-seit-1965/.

国法定医疗保险(含法定护理保险)覆盖总计 7336 万名德国居民[①],约占德国总人口的 88%,如果计算高收入群体中选择参加私人医疗保险(含私人长期护理保险)的居民,德国医疗保险制度(含长期护理保险)接近于覆盖全民;根据德国工伤事故保险最高经办机构"德国法定事故保险"(DGUV)的统计,德国 2020 年总计有 6420 万名民众参加工伤事故保险(包含防范幼儿园、学校及高校日常生活的事故风险)[②],参加工伤事故保险的总人数大大超过了德国就业总人数(4472 万人),显见德国工伤事故保险范围已超越了传统的"工伤"。而由于社会法律严密,德国失业保险包含了几乎所有正式就业群体。没有参加社会保险的群体包含一些领域的灵活就业人员及外来移民工人群体等。对于新经济就业人员,包含零工经济、平台经济等领域,社会保险制度出现出了一些漏洞。

德国标准养老金的替代率为 67%,假定一位德国雇员连续工作 45 年,将达到标准养老金年限的要求,可以获得最丰厚的养老金,也就是工作收入的 67%,然而面临后工业化社会的转型,能够达到 45 年标准工作年限的人群较为少见,随着教育程度提高、教育时间延长、人们进入就业市场的时间延迟,就业群体的总计工作时间及年限不断下降,这样的生命历程变迁也反映在养老金的实际替代率上。据统计,德国 2017 年养老金实际替代率仅为 48.2%,而到 2030 年将持续下降至 44.5%[③],为了应对老年人养老问题及老年人贫困问题,德国顺应全球潮流,鼓励多支柱的养老保险制度建设,包括第一支柱的法定养老保险、第二支柱的企业养老保险、第三支柱的市场养老保险,主要改革为 2001 年德国建立的里斯特养老保险制度(Riester Rente)。里斯特养老保险为国家鼓励及资助的、个人缴费的、基金积累的市场养老保险制度,假定参保人每年以 4% 的税前收入投保加入里斯特养老保险,将获得国家每年 175 欧元的基础补贴,参保人还将因抚养孩童获得每年每位额外 300 欧元的补贴,里斯特养老金有 2100 欧元免税额度。截至 2021 年第一季度,总计 1631.4 万名德国居民签署里斯特合同、参加里斯特养老保险。[④] 德国及欧盟统计网站 Statista 在 2019 年提供的一项统计显

① Statista Research Department. Anzahl der Mitglieder und Versicherten der gesetzlichen und privaten Krankenversic-herung in den Jahren 2021 bis 2024[EB/OL]. (2024-10-18)[2024-10-18]. https://de. statista. com/statistik/daten/studie/155823/umfrage/gkv-pkv-mitglieder-und-versichertenzahl-im-vergleich/.

② Die Deutsche Gesetzliche Unfallversicherung. Versicherte und Unternehmen[EB/OL]. (2023-12-20) [2023-12-25]. https://www. dguv. de/de/zahlen-fakten/versicherte-unternehmen/index. jsp.

③ Bundeszentrale für politische Bildung. Das Rentenniveau Rentenanpassung[EB/OL]. (2024-04-30) [2024-04-30]. https://www. bpb. de/politik/innenpolitik/rentenpolitik/290755/das-rentenniveau.

④ Statista Research Department. Anzahl der abgeschlossenen Riester-Verträge (in 1. 000) von 2001 bis 2023[EB/OL]. (2024-07-11)[2024-07-11]. https://de. statista. com/statistik/daten/studie/39412/umfrage/anzahl-der-abgeschlossenen-riester-vertraege/.

示,德国企业养老保险的推广率为 53.9%,2019 年度总计有 1820 万人参加企业养老保险,而总计 2100 万人享有职业养老保险权益。[①]

德国在施罗德红绿政府执政时期(1998—2005 年)针对社会救助制度进行了较大幅度的制度转型改革,过去联邦德国单一的社会救助制度被逐步拆分转化为几个针对不同群体的制度。新制度更名为基础生活保障制度(Grundsicherung),包含:(1)老年人及残疾人基础生活保障;(2)基本生活救助,其下又包含针对部分残疾人群的救助、儿童社会救助、住院治疗期间的社会救助等;(3)求职人员基本生活保障,其下又包含失业金二号及社会金两项。三种不同类别社会救助待遇相同,但给付条件不同,对于老年人、残疾人及儿童等,申请资格及审核程序较为简便,而正如前文提到的那样,对于就业年龄阶段求职人群,社会救助权益与工作福利全面挂钩,参保人需接受国家社会救助部门的严格审查,同时必须定期参加工作培训、接受地方就业中心提供的合理工作岗位等,违反求职、寻职规定和要求的人将受到惩罚,甚至阶段性或永久冻结待遇给付,总之对于第三类别,德国严格实行社会投资国的理念,运用政策调节手段鼓励人群返回劳动市场,某种程度上也使在就业年龄阶段接受社会救助的人群产生了"耻感效应"。根据德国联邦政府统计,2021 年德国单身/单亲人群基本生活保障待遇为每月 446 欧元,而夫妇为每人每月 401 欧元,其他包括孩童获得的社会救助待遇等(表 1)。这些仅为基本待遇,除了基本待遇外,社会救助还包含水电、暖气及租房补助。

表 1　德国 2021 年基本生活保障制度(社会救助)待遇(每月)

给付对象	待遇高低	级别
单身/单亲人群	446 欧元	标准待遇级别 1
夫妇或生活伴侣(每人)	401 欧元	标准待遇级别 2
(教育)机构中的成年人	357 欧元	标准待遇级别 3
居于父母家中的 25 岁以下未就业的成人	357 欧元	标准待遇级别 4
14～17 岁青年	373 欧元	标准待遇级别 5
6～13 岁孩童	309 欧元	标准待遇级别 6
0～5 岁孩童	283 欧元	标准待遇级别 7

来源:由笔者根据德国联邦政府网站翻译、整理,参见 https://www.bundesregierung.de/breg-de/suche/regelsaetze-steigen-1775798。

[①] Statista Research Department. Verbreitungsquote der betrieblichen Altersversorgung(bAV)in Deutschland von 2001 bis 2019[EB/OL].(2024-01-02)[2024-01-02]. https://de.statista.com/statistik/daten/studie/628992/umfrage/verbreitungsquote-der-betri eblichen-altersversorgung-in-deutschland/.

在老年保障领域,德国是世界上第一个创建长期护理保险的国家,长期护理保险制度的建立激发了社会中护理需求的存量与增量,同时也成为推动养老院及护理院发展的重要制度性力量。据统计,截至 2019 年,总计 399.97 万名德国居民从长期护理保险中获得护理待遇,其中 85.82 万名德国居民在养老及护理机构接受护理,而 314.14 万名德国居民居家接受护理并从法定护理保险中获得护理待遇[①],德国长期护理保险制度秉持“居家护理优先”原则,在建立法定护理保险制度的同时增强了家庭护理功能,对于家庭护理也给予家庭成员现金补助待遇。尽管鼓励家庭护理优先,受到护理需求的制度激发,德国养老院与护理院数量也出现明显增长趋势,根据关于德国养老院及护理院的统计,德国 2020 年总计有 11712 家养老院与护理院,其中 43.6% 为商业护理院,52.9% 为公益团体经办的护理院,3.5% 为社区护理院。从经办机构属性来看,商业与公益团体经办的护理院形成福利市场的主导,而公立护理机构则占绝对少数。[②]

在儿童、家庭、女性社会保护及社会福利领域,德国存在着不同层面的组合型政策,一些特殊的、有利于妇女及儿童的安排散布在不同社会政策领域:(1)德国法定养老保险制度给予生育后代的女性养老保险资格权益,德国女性每生育一名孩童,可以累积按当地社会平均工资为基础的三年养老保险缴费权益,而前文提到的里斯特养老金也直接给予育有孩童的家庭成员每位孩童每年 300 欧元的补贴;(2)根据德国法定医疗保险实施的慷慨的“家庭联保”(Familienversicherung)制度安排,孩童随家庭主要参保人免费参加法定医疗保险,夫妇两人中低收入或无收入一方也可以随主要就业方免费参加“家庭联保”,该项制度极大提高了儿童及妇女的医疗权益,提高了德国国民整体的健康水平;(3)德国长期护理保险制度中规定,未生育后代的参保人需额外缴纳 0.25% 的长期护理保险保费,在生育与未生育后代的家庭实施隐性再分配政策;(4)实施普惠型儿童金制度,任何德国居民以及符合移民条件的外国移民的孩童均可以获得儿童金,目前德国的儿童金待遇为一孩每月 219 欧元,二孩每月 219 欧元,三孩每月 225 欧元,四孩及以上每月 250 欧元[③];(5)除了传统的产假制度,德国

---

① Bundeszentrale für politische Bildung. Grundsicherung und soziale unterstützung: erhöhung der ausgaben für das sozialsystem[EB/OL]. (2023-12-10)[2023-12-25]. https://www. bundesgesundheitministerium. de/fileadmin/Dateien/3_Downloads/Statistiken/Pflegeversicherung/Zahlen_und_Fakten/Zahlen_und_Fakten_der_SPV_Februar-2021_bf. pdf.

② PFLEGEMARKT. Anzahl und Statistik der Altenheime in Deutschland[EB/OL]. (2024-05-28)[2024-05-28]. https://www. pflegemarkt. com/2016/10/28/anzahl-und-statistik-der-altenheime-in-deutschland/.

③ Bundesagentur für Arbeit. Kindergeld ab Geburt[EB/OL]. (2023-12-15)[2023-12-25]. https://www. arbeitsagentur. de/familie-und-kinder/kindergeld-anspruch-hoehe-dauer.

2007 年以来也实行"父母(抚育)金"制度,规定父母双方任何一方在婴儿出生后都可申请该项现金,父母双方均可申领该项待遇以居家履行照护孩童之责,获得现金为工资收入的 65%～67%,待遇给付时间最长为 14 个月,如果申请人之前没有工作或为家庭主妇,每月可直接获得 300 欧元补贴。

根据 OECD 数据,德国 2019 年公共社会支出占 GDP 的比重为 25.9%,显著高于 OECD 国家平均水平的 20%,超越主要发达国家,例如美国(18.7%)、英国(20.6%)、加拿大(18%)、澳大利亚(16.7%),也超过瑞典(25.5%)与挪威(25.3%),但低于法国(31%)、意大利(28.2%)及部分北欧国家例如芬兰(29.1%)、丹麦(28.3%),如图 1 所示。

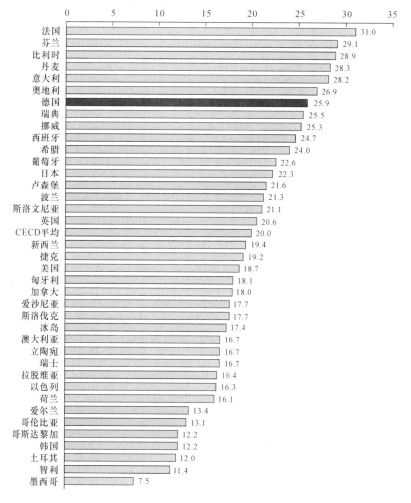

图 1　2019 年 OECD 各国公共社会支出占国民生产总值比例

来源:根据 OECD 关于公共社会支出的统计数据翻译、整理,参见 https://www.oecd.org/berlin/presse/aktuelle-zahlen-zu-oeffentlichen-sozialausgaben-23012019.htm。

二、日本特色的"一亿中产"社会

(一)"国民收入倍增计划"

1."国民收入倍增计划"的内容和效果

日本"平等社会"的构建和外界对于日本的"共富印象"很大程度上归功于20世纪60年代实施的"国民收入倍增计划",该计划奠定了日本经济增长和均等化分配结构的基础。

在第二次世界大战后,日本经历"神武景气""岩户景气",经济快速复兴,连续18年经济增长超过10%,国家总体实力大增。但未能及时实现经济发展的成果民众共享,当时日本各产业工资年增长率仅为5.6%,低工资不仅在当时引发激烈的劳资冲突,还导致需求严重不足,进而又导致产能过剩、消费不足、失业率上升、城乡二元结构加剧、大小企业差距悬殊等问题,严重影响日本经济可持续发展。在此背景下,日本国内开始检讨此前主流的"国富"思想,向建立福利国家的思想转变。而在日本看来,建设福利国家首先要提高国民收入。代表性理论有经济学家中山伊知郎的"工资翻倍"理论、时任日本大藏省财务调查官下村治的"有效需求带动经济增长"理论等。1959年,池田勇人在《日本经济新闻》发表文章《我的月薪翻倍论》,并在次年当选日本首相。1960年,池田组阁后很快推出"国民收入倍增计划",首次提出用GNP(国民生产总值)取代GDP(国内生产总值)制定经济增长目标,计划在1970年将GNP增加至26万亿日元,比1960年翻一番,劳动报酬也在10年间实现翻番。其目标是通过最大限度地稳定经济增长、提高国民经济各部门生产效益,显著提升居民实际收入水平和生活水平,实现充分就业和国民收入翻番。通过有效需求和有效投资的增长,进而解决日本当时的产能过剩、消费不足、城乡二元结构加剧和大小企业差距悬殊等问题。根据这一思路,该计划将充实基础设施建设、推进产业结构升级、促进中小企业现代化、促进国际经贸合作、科技和人才振兴、缩小收入差距(阶层间、产业间、地区间)等作为核心课题。具体措施如下。

(1)全国综合开发计划。完善国家基础设施建设,建立综合交通体系,如开通东海道新干线;充实社会资本,用于道路、港口、铁路、电力、电信等设施建设;充实公共投资,用于住宅建设和环境建设,以解决环境污染和城市拥挤问题。

(2)提高劳动生产效率。第一,振兴科技和人才。增加理工科学生和理工类大学,加强研究型人才和职业工人的培养;以促进研发和完善产业化为目标,支持技术创新,推动日本的原创性研发。第二,振兴农村。通过《农业基本法》,促进农业现代化、机械化发展,提高农业生产和农民收入;调节农村产业结构,引导工业企业向农村转移,在农村发展制造业和服务业。第三,促进产业现代化。发展新兴工业和高新科技产业,充实企业自有资本,扩大企业现有规模。第四,加强国际经贸合作。加强国际交通交流;实施出口振兴,扩大以出口为中心的外汇收入。

(3)缩小收入差距。第一,缩小居民收入差距。确保国民最低生活水平和最低工资待遇。第二,缩小城乡收入差距。给予农民生活补贴;实施农产品价格保护政策;优化农村居民收入结构。第三,缩小地区收入差距。促进落后地区的资源开发;调整地区性投资融资比例;因地制宜发展各地区工业;解决产业结构升级引起的失业问题和开展就业再培训。第四,缩小企业间收入差距。通过《中小企业促进法》,促进中小企业现代化,重点扶持中小企业,缓解中小企业融资困难,并给予税补优惠和政策优惠;建立大型企业和中小企业的社会分工机制,缓和二元结构矛盾。

(4)建构和完善社会保障体系。确立"全民皆保险、全民皆年金"的社会保障目标,先后出台《国民健康保险法》《国民年金法》,基本覆盖所有人群。健全失业者的保障制度。

日本国内外对"国民收入倍增计划"的实施和效果均给予很高评价,普遍认为该计划的实施取得巨大成功,认为其是战后日本最重要的经济计划之一。首先,日本提前在 1967 年完成 GNP 翻一番的目标,在 1968 年成为世界第二大经济体,大部分指标都超额提前完成。其次,收入分配格局得到极大的改善,人均国民收入得到大幅提升,地区间、行业间和阶层间收入差距显著缩小,社会财富的分配更加公平合理,国民生活水平得到显著提升(表 2、表 3)。在 1961—1970年,日本的基尼系数持续下降,失业率一直稳定在 1.1％～1.3％ 的较低水平。更重要的是,这一时期的改革和重要思想基本奠定了日本后续的经济社会发展模式。

表 2　日本"国民收入倍增计划"执行情况对比

指标	计划		实际执行情况	
	1970 年	年增长率/％	1970 年	年增长率/％
人口总数/万人	10222	0.9	10372	1
就业人数/万人	4869	1.2	5094	1.5
雇佣人数/万人	3235	4.1	8306	4.3

指标		计划		实际执行情况	
		1970 年	年增长率/%	1970 年	年增长率/%
国民总产值/亿日元		250000	8.8	405812	11.6
国民收入/亿日元		213232	7.8	328516	11.5
人均国民收入/亿日元		208601	6.9	317678	10.4
个人消费/亿日元		151166	7.6	207863	10.3
人均消费/亿日元		147883	6.7	204079	9.4
国民收入构成比例	第一产业	10.1		7.4	
	第二产业	38.6		38.5	
	第三产业	51.3		54.1	
工矿业生产指数(1958 年为 100)		431.7		539.4	13.9
农业生产指数(1958 年为 100)		144.1		130.3	2.1
能源需求量/千吨煤		302760		574095	12
出口额/亿美元		93.2	10	202.5	16.8
进口额/亿美元		98.9	9.3	195.3	15.5

资料来源:内野达部《战后日本经济史》,日元计价与生产指数以 1958 年计。

表 3　"国民收入倍增计划"实施前后工资指数比较(1975 年为 100)

国家	日本	美国	法国	联邦德国	意大利
1961 年	16.3	48.2	23.9	21.1	30.7
1970 年	43.5	69.9	49.0	43.8	63.0
同比增长/%	266.8	145.0	205.0	205.2	207.5

资料来源:《东阳经济统计月报》,1978 年 10 月。

2."国民收入倍增计划"催生"一亿中产"

"国民收入倍增计划"的成功直接改变了日本的社会结构,随着阶层间、行业间、地区间居民收入差距的缩小和人均国民收入的整体提升,日本中产阶层队伍得到壮大,同时,日本对中低收入阶层的托举亦使其获得向上流动的能力,日本社会结构向橄榄型的理想状态演进。同时,日本的国民意识和满意度在这一阶段达到顶峰,出现"一亿中产"的社会共识。在日本内阁府各年组织的"国民生活的民意调查"中,20 世纪 60 年代中期,80% 的受访者认为自己是中产阶级;到了

1970 年前后,认为自己是中产阶级的受访者甚至超过 90%(图 2)。1979 年出版的《国民生活白皮书》评价日本国民的中产阶级意识"已经扎根"。[①] "一亿中产"是橄榄型社会的理想形态,庞大的中产阶层体量有利于经济增长和社会稳定,也是建设共同富裕社会的追求与目标,这一意识在 20 世纪 80 年代的流行是全世界对日本有关"共同富裕"的最深刻印象,而"国民收入倍增计划"则是"一亿中产"意识形成、扎根的最重要经济社会背景。

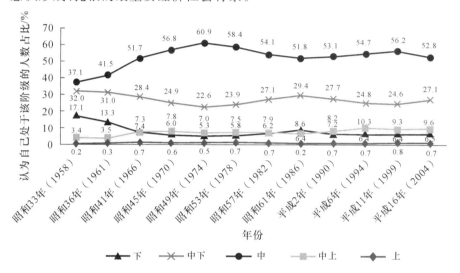

图 2　日本民意对本人所处阶级的认识(昭和 33 年—平成 16 年)
资料来源:日本内阁府.平成 16 年版世論調查の現況。

(二)日本社会保障的调剂功能

日本的社会保障体制包括社会救助、社会保险、社会福利和社会服务等内容。1961 年,日本引入了覆盖全体国民的健康保险和公共年金等社会保险制度,要求全体国民强制加入国民年金制度和国民健康保险制度,当时能够实现全民皆保的只有两个北欧国家,能够实现全民年金的只有 11 个国家。尽管日本在形式上立下了全民皆保的目标,但从当时的社会保障支出规模来看,日本福利国家的水平非常有限。1960 年,各国社会保障支出占 GDP 的比重为:日本仅4.9%,而德国、法国、英国分别高达 18.5%、16.3%、12.3%,日本保障水平依然在低位徘徊。1973 年,在田中内阁的改革下,日本以年金和高龄者医疗为中心的社会保障支出大幅增加,日本社会支出规模首次接近发达国家水平,因此1973 年被称为日本的"福利元年"。但在同年,日本陷入石油危机的冲击,公共

---

① 経済企画庁.国民生活白書(昭和 54 年版)[M].东京:大蔵省印刷局,1979.

支出力不从心,日本福利国家的建设在起步之初就受到限制,即使在当前,日本社会支出水平在发达国家中也较低。如图 3 所示,2019 年日本社会公共开支占GDP 比重为 22.3%,位于 35 个 OECD 国家的第 13 位,且与 2010 年相比,十年间仅增长不到 1%。

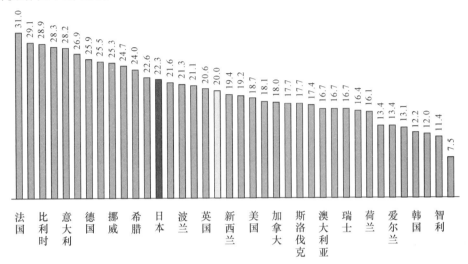

图 3　2019 年部分 OECD 国家社会公共开支占 GDP 的比重(单位:%)

数据来源:OECD,http://www.oecd.org/social/expenditure.htm。

从日本社会保险项目的覆盖范围来看,年金保险和健康保险在公务员、正式雇员之外,也将自营职业者、灵活就业人员、员工不足 5 人的企业等都强制纳入保障体系中,真正意义上实现了全民覆盖。失业保险和工伤保险也针对灵活就业人员和非典型雇佣人员实施特别加入制度,实现了全民覆盖。从社会保险项目的保障水平来看,年金保险的替代率较低,2020 年,厚生年金的替代率仅为40%(OECD 平均水平为 63%),即使将私人年金计入,日本年金的总替代率为64%,仍然低于 OECD 国家 69% 的平均水平。此外,由于近年来日本延迟退休年龄和降低退休金的改革,部分老年人有返贫的风险,出现了"下流老人"①的社会问题。日本健康保险体系主要包括国民健康保险(面向农民、个体和无业人员)和健康保险(面向企业员工),两种制度下的参保者及家族成员负担金额均不超过医疗费用的 30%,且 1975 年《老人法》修订后,70 岁以上老人基本能够免费看病;1975 年又增加了高额医疗费补助制度。全民皆保和较低的个人负担水平极大地避免了日本国民因病致贫的风险。

---

①　在日语中,"下流"表示社会的下层;"下流老人"描述日本大量老年人从中等收入向低收入群体逆向流动的状况。

在日本社会保险制度近 30 年的发展中,尤为引人关注的是长期护理保险制度(日语:介護保険)的建立和发展。日本是全球老龄化程度最高的国家之一,根据日本总务省统计和推测,2020 年日本 65 岁以上老人占总人口比例为 28.6％,到 2070 年,预计这一比例将增加至 38.7％。[①] 面对庞大的失能、半失能老人,日本很早就开始探索老年福利服务。从 20 世纪 60 年代起步,一直到 2000 年日本正式颁布《护理保险法》,长期护理在日本走过了从由税收供给的福利到医疗保险的子项目再到独立的长期护理保险的演变路径。根据《护理保险法》,日本国民从 40 岁起终身按年向政府强制缴纳一定的长护保险金,即使投保人最终一次也未使用护理服务。长护保险的对象分为第一号被保险者和第二号被保险者,当年满 65 岁的参保人产生长期护理费用后,相关部门在严格审查后,将给予满足条件的申请者 1～5 级不等的护理费用津贴,最终的护理服务费用分担比例大约为:个人承担 10％,长期护理保险基金承担 90％。长期护理保险基金的资金一半来自各级政府税收,一半来自其他医疗保险项目的共济。从制度建立初期起,日本就非常注重将社会组织作为长期护理服务的提供方。日本长期护理保险以服务给付为主,特殊情况下也对本人进行一定的现金给付,对于家庭内部照顾者的现金给付非常严苛,获得者寥寥无几。提供的服务类型主要包括居家养老服务、机构养老服务等,服务的具体内容非常细致。自 2000 年日本建立长期护理保险以来,获得护理服务的老年人数量持续增长,截至 2021 年,第一号被保险者中获得护理资格的人数约为 681.8 万人,比 2000 年增加了 400 万人。长护保险的给付费用不断上涨,2021 年的给付费用达 8482 亿日元。[②]

日本以较低的医疗卫生费用支出和较高的国民健康水平著称。日本人均床位数居世界首位,2017 年,日本每千人拥有 13.1 张床位,高于 OECD 国家平均水平的 2 倍,对比而言,德国为 8.0 张,美国仅为 2.8 张。[③] 日本非常注重区域医疗服务资源的共享和互助,日本的"三级医疗圈"制度促进了地域间医疗机构和医师的多层级互动,所谓三级医疗圈是指日本各都、道、府县基于区域特征划定的层级错位、功能协同的区域医疗结构。它的一大特色是将行政区划与人口数量、年龄构成、区域交通等社会因素相结合,使医疗资源分配尽可能少地受行政因素制约而陷于僵化。三级医疗圈的具体划分体现为:一级医疗圈按市、町、村

①　国立社会保障・人口問題研究所.日本の将来推計人口「令和 5 年推計」[EB/OL].(2023-08-31)[2023-12-25].https://www.ipss.go.jp/pp-zenkoku/j/zenkoku2023/pp2023_ReportALLc.pdf.

②　厚生労働省.介護保険事業状況報告[令和 3 年 3 月暫定版][EB/OL].(2021-03-30)[2023-12-25].https://www.mhlw.go.jp/topics/kaigo/osirase/jigyo/m21/2103.html.

③　OECD. Hospital beds[EB/OL].(2023-12-10)[2023-12-25].https://data.oecd.org/healtheqt/hospital-beds.htm.

划分,提供与日常生活密切相关的基础卫生医疗服务(基层诊所);二级医疗圈由多个市、町、村构成,提供保健医疗、疾病预防、特定疾病诊疗以及住院治疗等一般性卫生医疗服务;三级医疗圈基本按县划分,提供需要先进技术支援的特殊医疗服务。

三、结　论

通过对德国与日本的中产阶层社会构建经验的深入分析,本研究揭示了两国在实现共同富裕目标过程中的相似性与差异性,为理解中产阶级在经济与社会发展中的作用提供了国际视角。

德国的"水平中层社会"概念由舍尔斯基提出,强调了社会结构的自然演化与自我调控机制。德国的经验显示,税收政策和社会政策在中产阶层的形成与稳固中起到了决定性作用。特别是社会市场经济模式的实施通过平衡经济发展与社会保障,促进了中产阶层的壮大。德国的社会保障体系,包括养老保险、医疗保险和长期护理保险,为中产阶层提供了全面的保护,减少了社会风险,增强了安全感与社会稳定性。相比之下,日本的"一亿中产"社会则是国家政策有意识实验和干预的结果,体现了东方社会"发展主义"和国家强势介入的特点。日本的"国民收入倍增计划"通过政府的战略性推进与公共政策的配套,显著提升了国民收入水平,缩小了社会各阶层之间的收入差距。日本的社会保障体系,尤其是健康保险和长期护理保险的全民覆盖,降低了因病致贫的风险,为中产阶层的稳定与扩大提供了制度性支撑。两国经验的相似之处则在于,都强调了国家政策在中产阶层社会构建中的重要作用,以及社会保障体系在减少社会风险、提升社会稳定性中的关键角色。然而,德国的模式更侧重于社会市场经济的自我调控与社会伙伴关系的协商机制,而日本的模式则更强调国家层面的积极介入与收入政策的战略性推进,国家战略性规划和实施起到了决定性作用。

德国与日本的中产阶层社会构建经验为其他国家提供了宝贵的借鉴。两国的案例表明,无论是通过社会市场经济的自我调控还是国家政策的积极介入,中产阶层的健康发展都需要国家在经济、税收、社会保障等多方面的政策支持与制度保障。未来的研究可以进一步探讨不同国家中产阶层发展的具体机制与影响因素,为促进全球范围内的社会经济发展提供更为深入的理论和实践指导。

德清县域医共体医保支付方式改革评估报告

刘晓婷　涂怡欣　巨　婧

（浙江大学）

卫生健康治理是基层治理的重要内容，是推进国家治理体系和治理能力现代化的基础工程。改革开放以来，中国经历了深刻的经济发展模式转变和社会转型，卫生事业随着经济社会发展也取得了长足的进步。党的十八大以来，我国把保障人民健康放在优先发展的战略位置，把"以治病为中心"转变为"以人民健康为中心"，围绕解决看病难、看病贵两个重点、难点问题，推出了一系列重要改革举措，包括全面推开公立医院综合改革、全面取消药品加成、破除以药养医机制、推进补偿机制和运行机制改革、建立健全现代医院管理制度等，综合医改取得显著成效。

构建优质高效的整合型医疗卫生服务体系是党中央、国务院为了持续满足人民群众健康需要而做出的重要决策部署。县域医共体改革是构建整合型医疗卫生服务体系的关键环节。德清县将县域医共体建设作为深化综合医改的重要平台，通过五年的实践探索，初步形成了整合型服务体系、整合型医保支付、整合型健康服务的"三位一体"实现路径。县域医共体建设和医保支付方式改革的联动，是县域医共体改革的一个重要阶段，也是发挥医保支付制度撬动作用的重要载体。医保支付制度改革深刻影响着供方的激励结构，在提高医疗服务质量、降低医疗费用负担、促进医疗资源合理配置方面发挥关键性作用。

党的二十大报告提出"把保障人民健康放在优先发展的战略位置，完善人民健康促进政策""深化医药卫生体制改革，促进医保、医疗、医药协同发展和治理"。浙江省始终走在中国改革的前列，湖州是浙江省的先行区域。湖州多项医改经验得到中央和地方的肯定，特别是德清医共体经验作为优秀案例在全国得到推广。对德清县域医共体医保支付方式改革进行研究，理清其对于提升基层以及县域卫生服务绩效的影响效应和作用机制，凝练改革经验并识别关键问题，做出科学合理的改革评估,对于浙江省乃至全国卫生健康领域的高质量发展具有重要意义。

一、改革现状与成效

(一)改革历程

2017年9月,浙江省医改办发布文件,启动县域医共体建设试点,打造"双下沉、两提升"升级版。以"三统一""三统筹""三强化"为特征的县域医共体建设试点不仅致力于推动不同层级医疗机构的紧密合作,而且着力于推动医疗卫生供给侧法人制度、财政制度、人事编制制度、医保支付制度等体制改革,这为深化医药卫生体制改革提供了新的思路,也为中国基层医疗卫生服务体系的发展与改革拓展了新的空间。11个试点县(区、市)(淳安县、常山县、德清县、缙云县、柯桥区、瑞安市、普陀区、路桥区、桐乡市、余姚市、东阳市)共建立了31个医共体。一年试点实践表明,县级医院急危重症抢救能力得到显著提高,三四类手术例数增长10%以上;乡镇卫生院对常见病、多发病的诊治能力也得到了增强,三分之一以上乡镇卫生院恢复或者新开设了一二类手术,门急诊和出院人次分别增长12%和22.3%,基层就诊率提高6.1个百分点,达到67%,县域就诊率达到86%,医疗费用也得到了较好控制。基于试点成效,2018年9月,浙江省委、省政府下发文件,全面推进县域医共体建设,并提出了"一体两层级、三医四机制、五中心六统一"的改革新要求。截至2019年4月,全省208家县级医院、1063家卫生院共组成161家医共体。改革后,县乡机构人、财、物等要素流动的渠道被打通,医务人员的编制、岗位、身份等"藩篱"被打破,职称评审、内部考核、绩效分配等内部机制被激活,碎片化的资源被攥成了一个个"拳头"。

德清县于2017年11月正式启动县域医共体改革工作,整合3家县级医院、12家镇(街道)卫生院和131家村(社区)卫生室资源,组建武康健康保健集团和新市健康保健集团两个医共体,将全县所有公立医疗机构纳入医共体管理。武康健康保健集团由县人民医院、县中医院及8家卫生院组成,覆盖县域西部片区约65%人口;新市健康保健集团由县第三人民医院及4家卫生院组成,覆盖县域东部片区约35%人口。县域医共体以人、财、物、信息、管理等要素整合为纽带,积极构建集约化、同质化、连续性的整合型医疗卫生服务体系。

（二）改革现状

德清县将县域医共体建设作为深化综合医改的重要平台，通过六年的实践探索，基本完成了以组织变革为特征的治理创新，建立了以要素为纽带的整合型医疗服务体系，并在县域医共体同步推进了医保支付方式改革。在完善医保报销比例、价格调整以及智慧监管方面进行了有益尝试。医共体结余资金真正留用，激发了医疗机构运行活力和服务意识。德清县域医共体模式如图1所示。

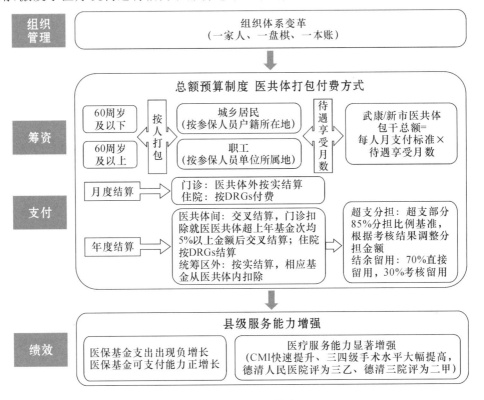

图 1　德清县域医共体模式

1.组织管理体系整合

在机构管理方面，深化"放管服"改革，制定医共体章程，落实医共体经营管理自主权。在人员管理方面，医共体设置唯一法定代表人，医共体、县级医院共用一套领导班子，核定编制由集团统一管理、统筹使用，打破单位、科室、身份限制，实现医共体内统筹使用。在财务统筹方面，医共体作为财政独立预算单位，县乡两级医疗卫生财政补助资金按原渠道分类分项核算后打包给医共体，由医共体结合资金性质和用途统筹使用。设立医共体财务管理中心，统一负责医共体内财政预算、财务管理、审计监督。

2.筹资与支付体系整合

德清推行医共体总额预算下按人数包干结合住院按 DRGs 点数付费、门诊按人数支付的医保支付方式,将职工和城乡居民参保人员年度内本地和异地就医所发生费用的医保基金包干给两大医共体。在总额计算上,结合上年度基金支出、本年度筹资和基金支出增长率,确定医共体当年预算总额,加强医共体基金守门意识。不同医共体之间实行按人数包干。根据不同医保险种参保属地、参保人员年龄结构确定医共体打包的参保人员和每人月支付标准,计算当年度各医共体包干总额。参保人员就医可自由选择医疗机构,加强医共体之间的竞争。

在医共体医保基金结算方面,采用多元复合的考核方式。按照月度和年度两种方式进行医保基金结算,围绕筹资支付侧、服务供给侧和患者需求侧三个维度进行年度考核,考核结果用来确定医共体结余留用或超支分担金额,加强医共体行业自律意识。

(三)改革成效

1.卫生服务利用情况分析

本研究运用 2017—2022 年的卫生统计数据,从医护比、门诊服务、住院服务、医院运营、均次费用和慢病管理六个方面,考察湖州市所辖德清县、安吉县和长兴县三县之间,以及德清县域内新市健康保健集团与武康健康保健集团之间的卫生服务利用情况,从比较视角分析德清县域医共体改革的成效。

(1)县域对比

在医护比方面,2021 年前后,德清基层医疗卫生机构的医护比上升,县级医院的医护比下降,这说明管理一体化提升了基层的人才吸引能力。在门诊服务方面,总体来看,2017 年以后,德清基层门诊占县域门诊的比率呈现上升趋势。在住院服务方面,德清基层出院人数和县级医院出院人数均处在三县末位,且2019 年后基层出院人数显著下降。德清两家牵头医院的时间消耗指数与其他县域牵头医院相比,相对较低。在医院运营方面,2020 年后三县基层卫生机构收入均有上升趋势,且德清 2021 年基层总收入快速增加。在药品收入占比上,德清基层住院药品收入占比显著下降,门诊服务变化趋势不明显。在均次费用上,2017—2022 年,德清基层均次费用始终在三县处于较低水平,德清县级医院门诊均次费用则处于中间水平;在住院均次费用上,2020 年以前,德清基层住院均次费用处于三县最低水平;在县级医院收入上,德清县在 2019—2020 年增加,

2010—2021 年减少,呈现与其他两县相反的变化趋势。在慢病管理方面,2019—2022 年,德清县的高血压管理率始终处于三县首位,并且在 2020 年后呈现连续上升趋势;在糖尿病管理上,三县差异不大,均呈现稳步增长趋势。

由以上分析可见,德清医共体建设显著提高了县级医院的绩效和能力(体现在时间消耗指数、均次费用、医院业务收入等指标上)。但是德清基层医疗机构在医护比、基层门诊占比和基层病床使用率等指标上,并未呈现更优的表现。也就是说,改革在增强县级医院能力的同时,对基层医疗卫生服务机构诊疗能力的提升有限。但是医共体总额预算的支付方式改革显著提高了慢病管理水平。德清医共体基层公共卫生服务能力的提升,得益于县域医共体改革对公共卫生服务人员队伍的加强,同时也得益于总额打包付费的支付方式加强了医共体健康守门人的意识。

(2)县域内不同医共体对比

在医护比方面,2017—2022 年,两大集团牵头医院的医护比发展呈现相反的趋势。随着近年来新市医共体的改制与新院区投入使用,医生数量明显增加,2022 年开始高于武康健保集团。在门诊人次上,2020 年后新市健保集团基层和县级医院门诊人次呈现明显增长,且基层门诊占医共体门诊人次数的比率始终高于武康健保集团。特别是基层急诊人次方面,2020 年后新市健保集团基层急诊能力显著提升,这与其急诊单元的建立密不可分。在住院服务方面,2020 年后新市健保集团牵头医院出院人数呈增长趋势,并且在 2021—2022 年的增幅高于武康健保集团。这一点在病床使用率上表现得更为明显。2020—2022 年,新市健保集团病床使用率涨幅为 25.95%,武康为 2.81%。在 DRG 相关指标上,2020 年后,武康健保集团人民医院总量增加更快,且 CMI 值增长率更快,说明其手术难度提升明显。在 2020 年前后,两家医院的时间消耗指数和费用消耗指数呈现"剪刀叉"趋势:人民医院时间消耗指数显著降低,费用消耗指数降低,新市三院则相反。在基层医疗收入增长率上,2020—2022 年,新市三院医疗收入增长率始终高于武康人民医院。在均次费用上,两家医共体基层和牵头医院门诊和住院均次费用年度变化总体差距较小。在慢病管理方面,2019—2022 年,两家医共体都呈现快速提升的趋势,新市健保集团基层医疗卫生机构对高血压和糖尿病患者的控制率更优。

由两大集团的对比分析可见,武康健保集团关注加强县医院精细化管理,新市健保集团更加重视基层能力建设。只有基层强,才能更好地进行健康管理,因此新市健保集团的健康管理率优于武康。

2.医保基金运行绩效分析

德清基本医疗保险参保率达 99.92％,职工基本医疗保险、城乡居民基本医疗保险县域政策范围内住院报销比率分别达 87.94％和 70.97％,医保基金支出增长率持续下降,2020 年医保基金支出首次呈负增长,同比减少 14.23％。2020年、2021 年和 2022 年,全县医保总额预算下基金结余 1.4455 亿元、1.2823 亿元和 1.03 亿元,医共体结余留用占比达 85％以上,医保基金结余实现从负到正的转变,可支付能力总体呈增长趋势。

县域医共体总额预算的实施,显著提高了医保基金的结余率,确保了基金安全。因此,实行任何支付方式,都要重视以医共体为单元的总额预算制度建设。当然,虽然在理论上,按区域人数打包的总额预算具有降低域外就医数量的功能,但是评估结果发现,德清的域外就医数量依然在持续增加。这可能与德清和杭州的地理位置毗邻有很大关系。

通过对德清县域医共体医保支付方式改革的评估,我们发现,德清医共体医疗服务能力提升、分级诊疗优化、收支结构合理、基金运行有效。从县域间看,医共体医保支付方式改革显著提高了县级医院的绩效和能力,但并未增强基层医疗卫生服务机构的诊疗能力。从县域内看,武康健保集团加强县医院精细化管理,新市健保集团注重基层能力建设。从医保基金来看,德清实现基金结余从负到正的转变,总额预算提高医保基金的结余率。可见不管采用哪种支付方式,都要重视总额预算。

二、改革经验与存在问题

(一)德清县域医共体医保支付方式改革基本经验

1.组织管理变革与医保支付方式改革的联动

县域医共体组织管理体系的变革是医保支付方式制度改革的前提和基础。医保支付方式改革若无法与组织管理体系有效衔接,则医共体改革永远无法从立梁架柱上升到内涵提升。在组织管理变革一体化的基础上,德清协同推进医保支付方式供给侧结构性改革,具体体现为:(1)合理制定预算总额。(2)人头加权预算。引入年龄、参保患者就诊平均月数等指标,开启了按照参保患者疾病风险配置医疗保险基金的先河。(3)规范医共体预算指标。(4)优化结算管理。门诊、住院按月结算,拨付病组分值付费额的 90％;异地就医费用从总额中扣除。

(5)医共体年度使用基金总额小于调整后年度预算总额时,结余部分的 70% 直接支付定点医疗机构,30% 根据对医共体绩效考核结果给予支付。要求医共体负责制定与医保绩效考核导向相一致的薪酬分配制度。

2.高水平医联体与紧密型医共体的双轮驱动

从前文新市健保集团与武康健保集团改革成效的对比分析可以看出,新市健保集团双轮驱动的运行模式表现出强劲发展趋势。这为基层医疗卫生服务能力的提升提供了宝贵经验。2021 年初,刚完成整体易地搬迁的德清县第三人民医院在医共体基础上,由杭师大附属医院全面托管,全面开启"1+1+4"的"高水平医联体+紧密型医共体"建设,双轮驱动、通力合作,实现资源统一调配、数据共享互通、上联下通的医疗体系,技术服务能力得以提升。新市三院 2021 年开展新技术新项目 32 项,2022 年开展 52 项,以技术带动服务能力提升。2023 年 2月,德清县第三人民医院高质量通过了浙江省第四周期二级甲等综合性医院现场评审。

(二)德清医保支付方式改革瓶颈与问题

1.医务人员薪酬与医保支付方式之间关系的改革逻辑尚未理顺

尽管医疗机构为了控制医保费用,将超支分担任务分配给了各个科室,由此使得部分医务人员的绩效工资和奖金收入减少,但是这并不说明医保支付方式改革尤其是 DRGs 支付方式导致了医务人员收入降低。因为 DRGs 付费并不必然导致各定点医疗机构的医保基金分配额减少。实行 DRG/DIP 付费后,部分医疗机构之所以出现医保基金分配额减少,导致医院收入减少、医务人员收入下降的情况,从纯技术的角度来分析,更多是由该医疗机构年度内的总权重在统筹区内的相对占比较少所造成的。本质上是这些医疗机构未能对医保支付方式改革及时做出适应性变革所致,而非医保支付方式改革本身的问题。

因此,医疗机构尤其是医共体总院管理者,需要保持长远眼光,厘清薪酬与健康绩效之间的关系,只有将域内健康管理做好,才能节省成本,增加收入。同时,政府部门需要加快薪酬体系改革,体现医务人员的劳动价值,只有完成薪酬改革,才能实现健康管理闭环。

2.家庭医生制度与医保支付方式改革之间联系尚不紧密

家庭医生是民众健康的"守门人"。通过签约的方式,让家庭医生承担居民的健康管理、健康宣传、基本医疗、转诊预约等工作,为居民提供综合、连续、协同的基本医疗卫生服务,对落实基层首诊、促进分级诊疗具有不可或缺的作用。医保部门要清晰看到家庭医生对促进参保人健康、遏制医疗费用不合理增长、控制医保基金不合理增长的作用，积极支持、做实家庭医生签约服务，通过小切口解决大问题。

一要制定家庭医生服务包。医保部门要会同卫生健康部门，围绕老年人、孕产妇、儿童、贫困人口、残疾人等重点人群的基本医疗需求，研究制定服务包。服务包应包括常见病、慢性病的检查治疗和药物使用、门诊特殊疾病用药服务、家庭病床等服务。二要确定医保支付标准。按照服务包的内容，科学测算确定费用标准，并坚持费用分担原则，个人适当承担，医保支付部分服务费，既支持家庭医生签约服务的开展，又体现医保的价值购买。对通过家庭医生首诊的住院或转院患者，医共体内降低住院起付线，适当提高报销比例。三要加强签约服务考核评估。要制定家庭医生签约服务考核评估办法，科学设置考核指标，综合评估家庭医生服务效果。

总的来说，我们需要科学认识德清医共体医保支付方式改革中出现的问题：第一，改革的先发优势不一定是持续优势，德清两家医共体的改革轨迹分析表明，要构建医共体建设的内在激励机制，谨防"开倒车"现象的发生。第二，医保支付方式改革要走向精准化，打包付费是一种有价值的探索，但是随着改革的深入，制度的细节问题不容忽视。第三，发挥医保在三医协同治理中的驱动作用。县域医共体的未来是县域健康共同体，在组织管理一体化的基础上，推进以医保支付为核心的制度变革，是保障医共体可持续发展的重要内在激励机制。

三、建议与展望

（一）建立多元复合医保支付体系

多元复合医保支付方式是指医保部门在医保基金实现市县总额预算的基础上，应用大数据技术，与定点医疗机构按病组、人数、床日、项目等多种复合付费方式支付，以实现不同服务形式的价值购买。一是核心要素调整机制，结合地方实际和临床需求，对医保支付中的病种分组、支付权重（分值）以及系数等核心要素进行动态调整；二是绩效管理与运行监测机制，评价医保基金的使用效率和支付方式对于医疗服务行为和费用的影响；三是完善协商谈判和争议处理机制，建立医保经办机构和医疗机构共同参与的协商机制，就医保支付方式和标准等内容协商谈判。

（二）通过医保战略性购买推进医药服务供给侧结构性改革

医保作为"战略购买者"，应对整个医药服务市场提出质量提升要求。深化药械集中采购改革，要坚持招采合一、量价挂钩原则，建立"省级统筹、省市联动、市级联合"的药械集中带量采购新模式，并推动构建长三角地区及全国性联盟采购机制，在全国率先建成商流、信息流、资金流"三流合一"的药械采购平台，以更大的规模效应降低交易成本。通过削减医药及医用耗材价格，一方面能够直接降低基层医疗卫生服务供给成本，另一方面能将有限的医疗资金更多地分配到医务人员服务费用之中，显著提升医疗卫生机构的软实力，增强基层医疗卫生机构对更高素质人才的吸引力。

（三）探索医保在构建医养结合模式中的支撑作用

县域基层是打造康养结合示范项目的重要前沿阵地，应以强化基层急救、全科医疗、康复和中医药等服务为重点，加大对基层的倾斜力度。在这个过程中，首先，通过"医保家付"政策的完善，将适宜居家失能人员的上门医疗护理纳入医保支付，解决医保无法支持患者居家上门医疗服务的问题，可以减轻参保人员的经济负担。其次，研究探索更加适合医养结合的"捆绑付费"（bundled payment）支付方式，预先将一系列包括急诊、住院，以及康复期间的护理等服务打包一次性支付，根据统筹区患者健康状况或者医疗照护服务成本进行调整，在降低医疗服务成本的同时发挥基层医疗照护机构在医养结合中的作用。

（四）以医保支付方式改革引导医疗资源合理配置

在支付方式上，针对不同等级医疗机构采取阶梯式报销比率和起付线，合理确定差额。区域内扩大同病同价的病组数，并进一步将点数向基层倾斜，促进分级诊疗。同时将部分慢病、特病和门诊费用纳入统筹范围，有效引导慢病、常规病患者到基层医疗机构就医。实行门诊按人头包干结合 APG 点数法付费改革，与住院 DRG 点数法形成总额预算闭环管理，以构建医保基金长效平衡机制。在对县域医共体实施总额预算进而支付到基层的方式上，建立"总额预算、结余留用、超支分担"责任共担机制。医保基金支出要向乡镇倾斜，合理提高医保基金对乡村医疗机构的总额预算指标，医保报销目录中可以增设农村地区适宜的卫生服务项目，逐步提高乡村医疗卫生机构服务性收入占比。

(五)"城市医联体＋县域医共体"布局完善医疗卫生服务体系

城市医联体要根据地缘关系、人口分布、疾病谱、医疗资源现状等因素,规划覆盖辖区内所有常住人口的医疗卫生服务网格。不同于基层治理体系中的网格,城市医联体的网格是重新规划的,而且以辖区内的医疗资源分布、居民健康状况为划分导向;一个网格内布局一个医联体,包括一家城市医院和若干社区医院。城市医联体与县域医共体的结合既可以进一步优化区域资源配置,也可以通过城市优质资源对县级医院的补充,持续提升医疗卫生服务能力。

湖州市因病致贫返贫防范长效机制研究[①]

杨一心　　何文炯　　胡晓毅

（浙江大学）

党的十九届五中全会描绘了全面建设社会主义现代化国家的宏伟蓝图,把全体人民共同富裕取得更为明显的实质性进展作为重要奋斗目标。2022 年召开的党的二十大进一步提出"中国式现代化是全体人民共同富裕的现代化"。浙江作为高质量发展建设共同富裕示范区,应在社会保障治理现代化、促进共同富裕方面提供更多可复制可推广的经验和举措。湖州市是习近平总书记"绿水青山就是金山银山"理念诞生地。长期以来,湖州高度重视民生保障事业发展,按照党中央、国务院和浙江省委、省政府的部署要求,扎实推动社会保障体系建设,特别是在解决因病致贫返贫问题方面做了诸多探索,积累了宝贵经验。

本研究赴湖州和浙江其他地区就因病致贫返贫防范工作开展了调研,采集了相关资料和数据,系统总结了湖州在推动医疗保障制度完善特别是解决重特大疾病医疗保障方面的做法和成效,对标共同富裕目标要求,提出了进一步完善因病致贫返贫防范长效机制的政策建议。

一、问题的提出

医疗保障是社会保障体系中的重要制度安排,肩负着减轻人民群众医疗费用负担的重要职责。经过改革开放以来几十年的发展,以基本医疗保险为主体,医疗救助为托底,补充医疗保险、商业健康保险、慈善捐赠、医疗互助等共同发展的医疗保障体系已经基本建立。然而由于基本医疗保险制度设计存在缺陷,多

① 本研究得到浙江省哲学社会科学规划项目"共同富裕视域下因病致贫返贫防范长效机制研究"(项目编号:24ZJQN053YB)的支持,在研究中得到湖州市医疗保障局提供的数据和资料支持。

层次医疗保障体系还不够完善,人民群众事实上存在看病贵、看病难问题。在脱贫攻坚阶段,有统计数据表明,建档立卡贫困户中因病致贫、因病返贫者的比例均在 42％以上。因此,罹患重病、大病已经成为制约共同富裕实现、低收入群体收入提升的障碍。2021 年,国务院办公厅印发《关于健全重特大疾病医疗保险和救助制度的意见》,提出要聚焦减轻困难群众重特大疾病医疗费用负担,建立健全防范和化解因病致贫返贫长效机制,强化基本医保、大病保险、医疗救助综合保障。在这样的背景下,各地根据当地基本医疗保险运行情况、财力状况、困难人群医疗费用发生情况等,因地制宜地探索解决因病致贫返贫防范问题。

(一)基本医疗保障是反贫困的基础性制度安排

现代社会是风险社会,风险无处不在、无时不有,任何社会主体都面临着各种各样的风险。某些风险事故一旦发生,就可能导致社会成员陷于贫困。市场经济条件下,社会成员所面临的绝大多数风险由自己通过适宜的风险管理计划加以处理,政府不必直接参与处置,只要为之制定相应的规则,创造适宜的条件即可。但是,某些风险与社会成员的基本需要紧密相连,而且难以依靠个人自身力量来处理,疾病风险就是其中典型的一种风险,这就需要采用社会化的互助共济方法来处理。同时又由于疾病风险的射幸性和社会个体认知的局限性,国家需要通过立法做出制度安排,为社会成员的基本风险提供基本保障,这是国家对疾病风险保障市场的一种干预,旨在确保满足社会成员的基本需要,并消除贫困。现代社会中,获得医疗保障已经被公认为社会成员的一项基本权利,成为一项人权。相应地,政府组织建立社会医疗保障体系,则被认为是提供基本公共服务。如果这些制度是健全并有效的,那么老百姓就不再对贫困有恐惧,全社会共同富裕就有了坚实的基础。

(二)现行重特大疾病保障制度安排

当前,我国基本医疗保障制度体系以基本医疗保险为主体,以医疗救助为托底,补充医疗保险、商业健康保险、慈善捐赠、医疗互助等共同发展。其中,基本医疗保险由职工基本医疗保险、城乡居民基本医疗保险两个项目构成。过去很长一段时间中,基本医疗保险重点聚焦住院待遇保障。大部分地区在医疗保障住院待遇设定中,会确定基金支付的起付线和封顶线、政策范围内基金支付比率。参保人员发生医疗费用后,按照各地医保基金报销规则,由医保基金和个人共同分担医疗费用。因此,按照现有规则,在封顶线的作用下,基本医疗保险制度事实上是一种医保基金责任封顶制。

随着"看病贵"问题逐渐显现,我国在 20 世纪初开始建立医疗救助制度,主要覆盖低保、五保人员(即后来的特困人员)等重点保障对象。通过资助参保、医疗费用救助等方式实现对救助对象的帮扶。医疗救助制度改革已经关注到"支出型贫困"人员的医疗救助问题,但仍缺乏制度化的、可操作的识别和救助办法。收入核查制度不健全加大了识别"支出型贫困"人员的困难,"因患大病规定范围内的医疗费用自负部分超出家庭承受能力,导致家庭实际生活水平低于当地最低生活保障边缘家庭标准的人员"的规定,意味着只有当疾病使人陷入"绝对贫困"之后才能获得救助,救助条件过于严苛,对"相对贫困"的救助还是真空地带。限额按比例救助的方式,对于"因病致贫"人员来说,常常是杯水车薪,无法根本性地解决因病致贫问题。

2012 年,国家又提出建立大病保险制度。大病保险的基金来源于基本医疗保险,其本质上是基本医疗保险制度的延伸,对医疗费用超过封顶线的患者提供"第二次的报销"。以浙江为例,2017 年,浙江省人力资源和社会保障厅印发《关于进一步完善大病保险制度的通知》,明确提出"根据大病疾病谱变化情况,结合大病保险基金承受能力,通过竞争性公开谈判,将大病治疗必需、临床疗效明确、群众需求较强、治疗费用较高的特殊药品,逐步纳入大病保险支付范围"。

综上,我国目前主要通过基本医疗保险、医疗救助、大病保险三重保障来解决重特大疾病保障问题。但事实上,由于报销目录范围小、实行基金责任封顶制,人民群众罹患重特大疾病后负担仍然较重。特别是部分中低收入家庭和个人仍难以负担大额医疗费用,"看不起病""举债治病""众筹治病""放弃治病"等现象时有发生,疾病医疗仍是广大群众难以去除的重大后顾之忧。与此同时,医疗保障资源使用效率不高,医保基金平衡压力逐步增大。因此,全民医保体系从"有"到"优"还有许多短板要补齐,在助力共同富裕方面还需要发挥更大作用。

(三)健全重特大疾病保障政策动向分析

2021 年印发的《"十四五"全民医疗保障规划》提出要健全重特大疾病医疗保障和救助制度。具体来看:一是建立救助对象及时精准识别机制。二是建立健全防范化解因病致贫返贫长效机制。强化高额医疗费用支出预警监测,依申请落实综合保障政策。三是规范就医服务管理。引导合理诊疗,促进有序就医,严控不合理医疗费用。四是完善基本医疗保险政策,夯实医疗救助托底保障,发展商业健康保险,健全引导社会力量参与机制,促进慈善医疗救助发展,规范发展医疗互助,稳步提高重大疾病患者保障水平,合力防范因病致贫返贫风险。可以看到,在国家"十四五"医疗保障规划中,提出了通过基本医疗保险、医疗救助、商业健康保险、慈善医疗救助等方式,引导社会力量等推动重特大疾病医疗保障制度完善,蕴含多渠道保障的思想。2021 年 10 月,国务院办公厅印发的《关于健全重特大疾病医疗保险和救助制度的意见》(国办发〔2021〕42 号)对这一规划部署进行了细化,对促进三重制度综合保障与慈善救助、商业健康保险等协同发展、有效衔接做出了具体规定。

2022 年 6 月,浙江省人民政府办公厅印发的《浙江省构建因病致贫返贫防范长效机制实施方案(2022—2025 年)》,充分贯彻国办发〔2021〕42 号文的意见,提出了健全主动发现机制、精准识别机制、梯次减负机制、保障兜底机制,推动多跨协同的"浙里病贫共济"应用场景打造,并分别提出到 2022 年、2025 年的具体目标。此外,浙江各地探索惠民型的商业补充医疗保险,在化解医疗保险费用方面发挥了一定作用。

在国家、省政府有关文件指引下,包括湖州市在内的浙江各地探索因病致贫返贫解决方案。比如,温州市实施"医保纾困·携手共富"工程,探索建立高额医疗费用化解机制,对于执行就医指导方案且经规范转诊的困难群众,在经基本医疗保险、大病保险、医疗救助、商业补充保险"四重医疗保障"后,自付金额仍超 5 万元以上者,由各地多渠道化解至 5 万元以下,确保全市困难群众综合保障率提高 5 个百分点,切实减轻困难群众医疗费用负担。同时,组建 5000 万元"慈善医疗救助共富基金",近 3 年投入 2400 万元,帮助超 600 名困难群众,有效防止因病致贫、因病返贫。比如,嘉兴市对特困人员、低保对象、低边对象,经基本医疗保险、大病保险、医疗救助、商业补充保险、慈善捐赠等多重保障后,将个人自付医疗费用化解至 3 万元以下、家庭自付医疗费用化解至 5 万元以下。主要筹资方式是"嘉兴大病无忧"共保体出一点、慈善公益捐一点、爱心企业赠一点,在县(市、区)红十字会建立医保暖心无忧专项基金,专项用于化解困难人员高额医疗费用负担。又比如,金华市针对困难群众个人及其家庭高额医疗费用,经三重制度、"金惠保"、其他部门和社会组织救助补助后,由"安心医保暖心基金"将困难群众个人自付费用化解至 5 万元以下,困难群众家庭自付费用化解至 6 万元以下。"安心医保暖心基金"由"金惠保"等资金筹集形成。2020 年至 2023 年 7 月,金华市共为 104 名困难群众化解高额自付医疗费用。

由此可以看到,各地在中央精神指引下,根据各自实际情况探索重特大疾病医疗保障问题,在保障对象、减负路径、筹资机制等方面存在一定差异,从而形成了不同的因病致贫返贫防范模式。而湖州在解决这一问题方面先行先试,积累了许多可复制可推广的经验。

二、湖州市防范因病致贫返贫主要做法和成效

长期以来,湖州市医疗保障工作走在全省前列。特别是在探索因病致贫返贫防范方面,有许多创新性做法。"率先在全省构建因病致贫返贫防范长效机制"在 2022 年入选湖州市第一批共同富裕最佳实践。本部分主要在向浙江省医疗保障局和湖州市医疗保障局采集医疗保障运行数据和有关资料的基础上,系统梳理湖州市基本医疗保障发展现状,总结湖州市因病致贫返贫防范主要做法和相关成效。

(一)基本医疗保障发展现状

近年来,湖州市认真贯彻党中央、国务院和省委、省政府关于深化医疗保障制度改革的精神,持续推进医疗保障制度建设和改革,推动医疗保障体系持续完善,在破解看病贵、看病难问题上取得了突破性进展。

到 2022 年,湖州市职工基本医疗保险参保人数为 167.3 万人,其中在职职工 123.04 万人,退休人员 44.26 万人,在职退休比为 2.78∶1。因此,与全省平均水平相比,湖州职工基本医疗保险参保结构老龄化程度较高。从整体上看,职工基本医疗保险基金运行较为平稳,基金收入为 78.62 亿元,基金支出为 61.00 亿元,当年收支结余为 17.62 亿元,累计结余为 92.45 亿元。其中,统筹基金累计结余为 60.12 亿元,统筹基金累计结余可支付月数为 15.85 个月。从待遇保障来看,2022 年,湖州职工实际住院基金支付比为 74.43%,略高于全省平均水平,在全省处于中游水平;目录内住院基金支付比为 84.60%,全市门诊基金支出占比为 36.76%。每单位(1%)住院报销比花费的人均住院基金支出为 20.30 元,略高于全省平均水平(19.28 元)。

到 2022 年,全市城乡居民基本医疗保险参保人数为 120.47 万人。当年实际住院人次为 16.27 万人。城乡居民基本医疗保险基金收入为 22.55 亿元,基金支出为 21.34 亿元,本年收支结余为 1.22 亿元,年末累计结余为 12.35 亿元。累计结余可支付月数为 6.95 个月,略低于全省平均水平。从待遇保障来看,全市城乡居民医保实际住院基金支付比例为 61.29%,略高于全省平均水平;目录内住院基金支付比例为 69.41%。全市门诊基金支出占比为 32.17%,高于全省平均水平(30.42%)。每单位(1%)住院报销比花费的人均住院基金支出为 21.57 元,略高于全省平均水平。

（二）因病致贫防范体系构建探索

经过近年来的持续努力,湖州市实现了医保政策制度的统一,群众的医疗保障待遇也得到不断提升。特别是惠民型商业补充医疗保险"南太湖健康保"推开之后,罹患大病参保人员的目录外医疗保障水平也得到了一定程度的提升。但困难群众的医疗费用负担一直没有得到根本性解决。为突破现有制度局限,提高社会力量救助帮扶精准性,巩固拓展医疗保障领域脱贫攻坚成果,湖州市医疗保障局会同财政、民政、慈善等部门研究起草了《湖州市因病致贫返贫防范长效机制实施方案》,经市政府常务会议审议同意后,成为全省首个以地市为单位、以市政府办名义印发的因病致贫返贫防范机制实施方案,在 2022 年 8 月印发实施,从而构建起纵向接力、横向互补、多跨协同的因病致贫返贫防范长效机制。

因病致贫返贫防范长效机制主要保障的是经民政部门认定的特困供养人员、低保家庭成员、低边家庭成员、支出型贫困家庭成员和区(县)政府规定的其他特殊困难人员,实现全费用全口径的闭环管理,确保资助参保率、救助落实率两个 100% 不松懈,确保年度内符合条件的困难群众救助不落一人、个人负担不超 1 万元。经过努力,2022 年度困难群众的医疗费用综合保障率达到 92.66%,从根本上解决了医保目录外费用的帮扶难点。在实践中,主要通过实施以下五大机制推动政策落地。

一是建立健全主动发现机制。当地健全依申请救助机制,努力增强救助时效性。建立健全因病致贫返贫双预警机制,将个人负担中普通人员 2 万元以上、医疗救助对象 5000 元以上的信息推送相关部门实施监测。做好跨部门间数据定期比对工作,健全动态调整机制。加强对救助落实的监测,实现人员参保状态智能纠错,确保参保全覆盖、待遇不中断。

二是建立健全精准识别机制。引导优先选择同质优价治疗方案;开展监测对象医疗负担常态化智能排查,分析处置异常费用,确保合理就医;构建医保立体防贫地图,动态呈现重点监测对象分布情况,实时掌控困难人员就诊和费用结构等信息,提升基金支出的综合预警能力。

三是建立健全梯次减负机制。基本医保应保尽保,全额资助困难群众个人缴费;大病保险倾斜减负,困难群众起付标准降低 50%,支付比例提高 10 个百分点,到 80%,无最高支付限额;医疗救助托底保障,合规费用按特困 100%、低保 80%、低边 70%、支出型贫困对象起付线以上部分 70% 救助;惠民保倾斜赔付,困难人员全额资助投保,医保目录内费用实行零起付线理赔。

四是建立健全慈善医疗救助兜底保障机制。构建跨部门协同联动救助机制,通过财政资金和慈善资金按比例共同出资组建"慈善医疗救助兜底保障基金",实现困难群众医疗费用全口径救助。困难群众在定点医院相关医疗费用按特困 90%、低保 60%、低边和支出型贫困 50% 分类实施专项救助,对经专项救助后特困、低保及低边个人负担超过 1 万元部分实施封顶救助。

五是建立健全就医引导机制。深入实施总额预算管理下的多元复合式医保支付方式改革,完善医保协议管理,抓实国家药品和医用耗材集中带量采购落地,引导医疗救助对象和定点医疗机构优先选择纳入基本医保支付范围的药品、医用耗材和诊疗项目,严控不合理费用支出。继续保持医保基金监管高压态势,加大对诱导住院、虚假医疗、挂床住院等行为打击力度。

(三)因病致贫防范措施实施成效

通过以上五大机制的构建,湖州市因病致贫返贫防范长效机制逐步落地,惠及罹患重特大疾病、医疗费用负担较重的群体。具体的成效包括:

一是实现从群众申报到主动发现的转变。医保部门牵头建立跨部门预警联动机制,变"人找政策被动救"为"政策找人主动救"。2022 年,医保部门推送的 1415 名高额医疗费用人员中有 494 人经民政部门认定后实施主动救助。同时,对因失业等原因中断职工医保的困难群众主动资助参加居民医保。2022 年累计有 215 名困难群众中断职工医保后享受主动资助,实现基本医保、医疗救助各项待遇不断档。

二是实现从扶贫救助到减贫防贫的转变。健全完善政府主导、多方参与的多层次共富型医疗救助对象保障体系,在强化"三重制度"保障的基础上,与惠民保、社会帮扶有效衔接。2022 年,累计资助 6.18 万名困难群众参保基本医保、大病保险和惠民型商保,资助金额达 3834 万元;有 2826 名困难群众享受大病保险待遇,报销金额达 4741 万元;"一站式"结算医疗救助金额达 6885 万元,惠及困难群众 61 万人次;有 8818 名困难人员获得惠民保理赔 654 万元,赔付率达到 188%,为普通参保人员的 2 倍,全年累计为困难群众增加支出费用 1.89 亿元,全市 3.9 万名困难群众综合保障率达到 92.66%。表 1 展示了 6 名参保人员个案,这些参保人员花费的医疗费用都在 10 万元以上。如果没有兜底帮扶保障机制,需要自付的费用较高。以参保人员 D 为例,19 万元医疗费用中,基本医保报销 87761.4 元、大病保险报销 44946.55 元、医疗救助 20796.05 元、惠民型商保"南太湖健康保"理赔 1269.81 元,通过兜底帮扶又解决了 25322.6 元。因此,在因病致贫返贫防范机制帮扶下,最终个人现金支付 10000 元,医疗费用综合保障率达到 94.74%。

表 1　湖州市因病致贫返贫防范政策惠及典型案例

序号	性别	困难类型	罹患疾病	医疗费用/元	个人现金支付/元	综合保障率/%
A	女	低保	宫颈恶性肿瘤	100765.6	10000.0	90.08
B	男	低保	胰腺肿瘤	129694.4	8654.5	93.33
C	男	低保	肺恶性肿瘤	138506.6	9820.3	92.91
D	男	低保	结肠恶性肿瘤	190096.4	10000.0	94.74
E	女	低保	急性淋巴细胞白血病	520600.0	9900.0	98.10
F	男	—	庞贝病	2438200.0	51800.0	97.87

三是实现从政府单一救助到社会多元帮扶的转变。通过机制实施,切实解决了医保目录外费用救助不到位、社会力量帮扶不精准的难题,实现政府引导下社会力量精准实施兜底救助保障。其中全市困难群众享受兜底保障基金专项救助 2675 万元,受益群众 3.57 万人;封顶救助 182 万元,受益群众 222 人。2023年年初,在省"智慧医保"项目组支持下,湖州实现兜底保障专项救助的"一站式"结算上线,困难群众在定点医院就医时可直接刷卡结算,无需垫资,真正解决了困难群众看病就医的后顾之忧,进一步解决好了共富路上困难群众的"提低"工作。

三、因病致贫返贫防范关键问题分析

随着医疗保障制度改革的纵深推进,医保制度托底功能发挥不足、救助帮扶不充分等问题显现,一部分大病重病患者反映负担较重。从促进共同富裕、更好发挥医疗保障制度再分配功能作用来看,要在努力精准调节不同收入人群费用负担上完善制度安排,筑牢中低收入家庭医疗托底保障防线。这里有若干问题需要进一步明确。

(一)对象识别:惠及范围向中低收入群体扩展

做好因病致贫返贫防范工作,首先要精准识别对象。根据目前政策,特别是医疗救助和大病保险政策,主要以是否发生高额医疗费用作为界定标准。根据《浙江省医疗保障局关于全力做好困难人员高额医疗费用化解工作的通知》等文件,目前全省各地将自付医疗费用超过 5 万元的困难群众(包括特困供养人员、低保家庭人员和低保边缘家庭人员)作为重点帮扶对象。根据统计,2021 年浙江省医保部门共救助困难群众 1112 万人次,资金支出 13.46 亿元,同时全年为 2662 名困难群众自付医疗费用超 5 万元部分化解 3561.72 万元,综合保障率超过 80%。当年,全省参加基本医疗保险人数为 5655 万人,因此,得到化解高额费用的困难人员占基本医疗保险参保总人数的 0.005% 左右,救助的人数规模是有限的。

我们采集了 2019 年湖州市本级职工住院费用微观数据(由于近年来医保数据全省集中统计,难以及时回流到各地,故仅以 2019 年为例)。2019 年,湖州市本级参保职工为 57.54 万人,其中在职职工 42.54 万人,退休人员 15.00 万人(参保抚养比为 2.84 : 1)。根据微观数据统计,发生住院费用的职工医疗保险参保人员为 70039 人,其中男性 32716 人,女性 37323 人。人均住院费用为 16905.96 元,人均统筹基金支出为 11508.53 元,因此统筹基金支付比率约为 68.07%。与此同时,年人均个人现金负担为 5889.13 元。图 1 展示了 2019 年湖州市本级职工基本医疗保险参保人员各年龄组人均医疗费用发生情况。可以观察到,随着年龄增大,人均医疗费用发生水平逐渐升高。

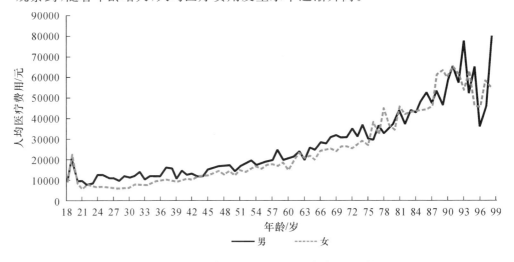

图 1 湖州市本级各年龄组年人均医疗费用发生情况

进一步地,我们可以考察经多重保障以后个人医疗费用自付情况。经统计,自付费用在 5 万元及以上人数为 788 人,占总住院人数的 1.13%;自付费用在 10 万元及以上人数为 139 人,占总住院人数的 0.198%。其中,从男性来看,自付费用在 5 万元及以上人数为 502 人,占男性总住院人数的 1.53%,而自付费用在 10 万元及以上人数仅为 85 人,占男性总住院人数的 0.26%。从女性看,自付费用在 5 万元及以上人数为 286 人,占女性总住院人数的 0.77%,而自付费用在 10 万元及以上人数仅为 54 人,占女性总住院人数的 0.14%。

建议进一步拓展兜底帮扶范围,以 10 万元作为个人责任封顶线。也就是说,自付费用在 10 万元以上的参保人群只要自付 10 万元,剩下部分由政府部门通过筹集其他资金加以化解。据此可以测算得到,需要为 139 人再化解费用达到 882.81 万元(需要注意的是,有 1 名参保人员实际个人负担达到了 131 万元)。这笔多化解的费用占 2019 年当年统筹基金支出比率为 0.569%。

假设再拓展兜底帮扶范围,将 5 万元作为个人责任封顶线。也就是说,自付费用在 5 万元以上的参保人群只要自付 5 万元,剩下部分由政府部门通过筹集其他资金加以化解。据此,可以测算得到,需要为 788 人再化解费用达到 2583.7 万元。那么,这笔多化解的费用占 2019 年当年统筹基金支出比率为 1.67%。

从上述测算分析来看,适度将兜底帮扶保障范围扩大,逐步实行基本医疗保险个人责任封顶制存在一定的可行性。当然,也要考虑到实行个人责任封顶制后,会使医疗保障需求进一步释放,可能也造成短时间内医保基金支出的快速增长。

(二)保障渠道:以三重保障为主但化解力度有限

目前通过基本医疗保险、大病保险和医疗救助三重保障,能够化解一部分的医疗费用,但是化解力度仍然有限,特别是对于高额医疗费用,部分家庭仍需承受比较大的负担。

我们梳理了湖州市 5 个通过兜底帮扶化解医疗费用的个案(表2)。可以看到,这 5 人的医疗总费用达到 107.97 万元。其中,基本医保基金支付 51.32 万元(支付比率为 47.5%),大病保险基金支付 24.67 万元(支付比率为 22.8%),医疗救助基金支付 9.48 万元(支付比率为 8.78%)。这三重保障总支付比率为 79.16%。由此看到,三重保障对医疗费用的化解作用还比较有限。

表 2　湖州市部分个案医疗费用化解明细

序号	医疗费用/元	基本医保/元	大病保险/元	医疗救助/元	惠民保/元	其他兜底保障/元	个人现金支付/元
A	100765.6	35329.4	29262.2	11445.0	2581.5	12147.5	10000.0
B	129694.4	82300.3	10167.9	13256.6	2533.4	12781.7	8654.5
C	138506.6	58936.1	20566.1	12384.8	19438.2	17361.1	9820.3
D	190096.4	87761.4	44946.6	20796.1	1269.8	25322.5	10000.0
E	520600.0	248900.0	141800.0	36900.0	11700.0	71400.0	9900.0

事实上,大病保险这个项目的定位并不清晰。在过去的一段时间内,大病保险作为基本医疗保险制度的延伸,发挥着提高报销水平、拓宽基本医疗保险目录的重要功能。但随着基本医疗保险制度功能回归到对大额医疗支出风险的化解上,基本医疗保险更加注重大病保障,基本医疗保险目录准入机制完善,大病保险的过渡性功能逐渐在减弱。作为将经办职能交予商业保险公司承办的一种尝试,未来大病保险在基本医疗保障制度中的定位和功能有待明晰。同时,基本医疗保险和医疗救助制度之间的衔接也有待加强,医疗救助目前局限于基本医疗保险目录范围内的医疗费用的救助,难以有效降低群众的医疗费用负担。

(三)保障资金:基本医疗保险基金可持续发展面临挑战

近年来,不少地区的基本医疗保险基金运行面临压力。随着经济进入新常态,基本医疗保险筹资增幅开始回落。目前,基本医疗保险政策范围内报销比率,尤其是职工医保的住院政策范围内报销比率已经处在较高水平。广大参保人员对基本医疗保险待遇持续增长还保持较为乐观的期待,要在维持原有的福利刚性的基础上,加大对重特大疾病的倾斜保障,不免会增加基本医疗保险基金可持续运行的压力。同时,制度人口结构逐渐老化,基本医疗保险制度抚养比逐渐下降,老龄人口的增加也会带来医疗保险基金支出上涨。因此,在这样的背景下,医保基金筹资端面临开源压力,要在现有待遇不下降的基础上再对部分人群倾斜加量保障,基金可持续运行压力更大。按照浙江省医保基金绩效考核办法,尽管湖州市职工基本医疗保险基金累计结余可支付月数位于 6~18 个月的最优区间,但横向比较来看,湖州市职工基本医疗保险基金累计结余可支付月数较低,自然在保持平衡上比其他城市更有难度。

此外,逐步缩小城乡居民医保和职工医保的待遇差距也是近年来实现医保公平的重要改革方向。城乡居民医保的筹资来源主要是财政和个人缴费,提高重特大疾病保障水平亦会加大财政和个人缴费负担。因此,提高基本医疗保障化解大额医疗费用风险的能力,要充分考虑基金和财政的承受能力,优化筹资结构,落实个人缴费责任。尽管湖州市城乡居民基本医疗保险基金累计结余可支付月数也位于 6~18 个月的最优区间,但也处于全省比较靠后的位置,未来城乡居民基本医疗保险筹资和基金运行都将面临压力。

特别需要说明的是,湖州市人口老龄化趋势明显。2020 年第七次人口普查数据显示,湖州市常住人口中,60 岁及以上人口为 71.87 万人,占 21.34%,其中65 岁及以上人口为 52.25 万人,占 15.52%。与 2010 年第六次全国人口普查相比,60 岁及以上人口的比重上升 5.13 个百分点,65 岁及以上人口的比重上升

4.63个百分点。事实上,户籍人口老龄化程度更高。未来10～20年,20世纪60—70年代出生人口将步入老年,这将对保障资金的支撑构成挑战。

(四)制度定位:大病保险和医疗救助亟待清晰

从大病保障的历史来看,一直以来,各地纷纷通过提高报销比例、降低起付线、提高封顶线等提高待遇,但仅仅改变这些参数无法解决大病保障的问题。大病保险目录制定、门诊特殊病种目录制定、门诊慢性病保障等一系列政策出台,意味着医保制度尝试识别真正的医疗弱势群体的范围及其需要。虽然大病保险药品目录的放开和门特、门慢病种遴选机制尚在完善过程中,但大病保险已经提供了医保基金对于共付段医疗费用一视同仁地赔付之外,引导医疗保险基金流向特定人群的可能性。它促使关注在共付段报销后仍有困难的人群,促进人群间医疗保险基金配置的结果公平。

目前,基本医疗保险制度及其衍生的大病保险制度,以及为基本医疗保险精准保障能力实行的门诊慢性病、门诊特殊病种政策、罕见病保障政策,从不同角度共同承担着化解群众大病医疗费用风险的重要功能。但是,重特大疾病患者的目录外医疗费用负担问题没有得到解决,基本医疗保险目录仍然排除了许多大病患者必需的药品和诊疗项目。重特大疾病患者的特殊医疗需求无法通过现行大病保险、医疗救助等制度解决。

(五)多方参与:社会力量参与机制不够健全

国务院办公厅印发的《关于健全重特大疾病医疗保险和救助制度的意见》强调鼓励社会力量参与,比如让慈善救助、商业保险、互助合作等措施发挥其自身优势,提供更多的互补性保障供给。这些年来,各地积极引导社会力量参与,但也面临着一些问题。

从各地实际调研情况来看,社会力量参与主要存在以下两方面问题。一是"惠民保"的可持续问题。目前各地主要依靠政府有关部门强势推动参保,但部分参保人的参保意识不够强。未来需要应对可能出现的"死亡螺旋"问题,即参保的健康人员陆续退出,剩下的大都是患病人群,那么该产品整体赔付率会越来越高,于是商保机构会提升保费来弥补亏损,而保费提升会使得健康人群加速退出参保,由此呈现一个螺旋下降的过程。二是慈善等保障渠道还未形成制度化保障。从新闻媒体报道可以看到,最近这些年,个人大病求助互联网服务平台已发展成创新的社会互助模式。平台通过移动互联网将原本存在于线下的民间"互助互济"行为线上化,打破时间、地域、空间限制。但事实上,慈善等救助方式仍然存在如法律政策支撑缺乏,救助内容片面,救助不够精准,救助组织缺乏有效联动以及公信力不强,信息整合不足,监管亟待加强等问题,影响了医疗救助的效率与水平。由于尚未形成制度化、机制化的保障措施,各地医疗保障局在化解困难人员高额费用时,往往被形容为"到处化缘"。

四、向共富型医疗保障体系迭代升级的政策建议

党的二十届三中全会进一步提出,推进基本医疗保险省级统筹,深化医保支付方式改革,完善大病保险和医疗救助制度,加强医保基金监管。《浙江高质量发展建设共同富裕示范区实施方案（2021—2025 年）》明确了"率先基本实现人的全生命周期公共服务优质共享,努力成为共建共享品质生活的省域范例"的发展目标,强调以推动精准化结构性改革为主线,完善社会保障制度。建议以完善因病致贫返贫防范长效机制为突破口,进一步拓展惠及面,推动向共富型医疗保障体系迭代升级。

（一）总体策略与方向

以持续减轻人民群众医疗费用负担为目标,本课题组提出"三步走"战略:

一是持续完善困难家庭三重保障梯次减负机制。基本医疗保险方面,要向重特大疾病保障倾斜。稳定基本医保中的门诊基金支出比重,把更多医保资源用于医药费用较高的疾病和医疗行为。建立健全医疗保障待遇清单动态调整机制。大病保险和医疗救助方面,要探索基金支付范围由合规费用向合理费用拓展,进一步加大对困难人群（特别是支出型贫困群体）的帮扶力度。加强罕见病保障制度建设。

二是实行以家庭为单位的医疗费用自付封顶制。针对基本医保难以完全发挥兜底保障作用的问题,建议学习发达国家地区经验,探索实行家庭医疗费用自付封顶机制。根据家庭收入情况,设定家庭负担最高限额,超出费用部分由其他渠道解决。近期可以考虑逐步做好家庭收入核查、家庭医疗费用支出统计等基础性工作,提升医疗服务标准化、规范化程度,为探索费用自付封顶制创造条件。

三是整合职工医保和城乡居民医保,建立起完善的多层次保障体系,从根本上解除全体人民疾病医疗后顾之忧。从中长期看,要不断缩小职工医保与居民医保两项制度差距,稳步迈向建立统一的基本医疗保险制度目标。进一步优化医疗费用自付封顶机制,推动法定医保制度从根本上解除人民群众疾病医疗后顾之忧,确保没有任何人因疾病医疗而陷入贫困或灾难性生活境地。商业健康

保险、慈善事业得到充分发展,更好满足人民群众多层次医疗保障需求。

(二)精准识别重特大疾病保障对象

目前,大部分地区只针对低保、低保边缘、特困供养人员等困难家庭化解高额医疗费用。事实上,还有部分医疗费用支出大额的群体被排除在保障之外,特别是困难边缘群体的困难程度反而更高。因此,建议一是根据经济发展和财力发展水平,保障范围适时向支出型贫困家庭或个人延伸。二是建立家庭高额医疗费用监测机制。建议参考浙江省大救助信息系统建设的经验,将参保人员所在家庭作为监测对象,联合银行、金融、住建等系统,对医疗费用较高的家庭给予更多关注和帮扶(可参照国际经验,将家庭收入的一定比率作为家庭灾难性医疗费用支出的标准),并及时做好数据回流工作。三是在兼顾高额医疗费用保障的同时,关注不同病种对家庭或个人的影响。事实上,疾病的间接经济负担在不同的病种表现不一样,对家庭造成的负担也不一样,因此需要探索对罹患某些大病家庭的额外补偿。通过以上措施,把真正需要帮扶的重特大疾病保障对象识别出来。

(三)基本医疗保险向大病保障倾斜

遵循保险基本原理,按照互助共济的原则,把更多的基本医疗保险资源用于医药费用较高的那些疾病和医疗行为,更好地发挥其在防止因病致贫返贫方面的作用。为此,需要扭转基本医疗保险制度福利化倾向,稳定门诊费用在基本医疗保险基金中支出的比重。特别是要加强城乡居民基本医疗保险保大病功能,将基本医疗保险资金更多地用于解决重大疾病和医药费用较高的疾病,逐步优化医疗保障资源配置。建立医疗保障待遇清单动态调整机制,推动基本医疗保险向大病保障倾斜。

在现阶段基本医疗保险有目录规制、医疗救助资金有限的情况下,可以通过提升大病保险筹资和待遇水平来提高参保人员重特大疾病医疗保障方面的获得感。建议根据本地实际情况确定适宜的保障水平。一是强化个人缴费责任。目前大病保险资金主要来源于基本医疗保险资金的划出,这并非长久之计,因为基本医疗保险基金的累计结余量在逐步减少,尤其是在人口老龄化影响下,这个结余量将进一步减少,因此要努力设法通过增加个人缴费的方式提升大病保险筹资水平。二是确定与筹资水平相适应的待遇保障水平。充分考虑各地基金的承受能力和医保付费方式改革进展,并结合各地基金管理能力,合理确定报销范围,在各项管理制度成熟的基础上,报销范围再由合规费用向合理费用拓展,避免过度医疗行为,确保基金风险可控。

(四)发挥好医疗救助托底作用

建议进一步明确医疗救助定位并完善制度设计。逐步改变医疗救助简单跟随基本医疗保险目录的方式,解决基本医疗保险目录范围外的合理费用,建立财政用于医疗救助资金投入的自然增长机制,进一步加大对困难人群(特别是支出型贫困群体)的帮扶力度。其一,从保障对象看,原先的医疗救助对象主要是低收入群体,若希望医疗救助有效承担"兜底"职责,则其保障对象还可能是中等收入群体,尤其是接近低收入但非低收入的那部分社会成员。其二,从保障的责任范围看,不能仅仅限于基本医疗保险目录范围(所谓政策范围内),而需要突破这一范围,即由医疗救助制度承担基本医疗保险所不保的那部分责任,使得参保病人的费用负担控制在其可承受的额度范围之内,使医疗救助与基本医疗保险形成有机的衔接。其三,从救助力度看,需要按照个人医药费用负担责任封顶的原则,大大提高救助力度,使社会成员的医药费用负担控制在一个明确的、有限的范围之内,从根本上解决因病致贫、因病返贫的问题,使之成为解决支出型贫困的主要制度安排。

(五)探索以家庭为单位的医疗费用自付封顶制

在重特大疾病保障领域,可以积极探索以家庭为单位的医疗保障政策。在当前试行困难人员个人医疗费用自付封顶的基础上,可以探索家庭医疗费用自付封顶制。事实上,在个人医疗费用自付封顶机制下,医疗保障制度能够报销的费用有限,对于很多不同经济水平的个人来说,统一规定封顶线存在不合理之处。就家庭责任封顶制来看,对实际发生的治疗费用按规定比例进行报销,同时设定家庭负担最高限额,家庭不再承担超出限额的费用,超出费用全部由其他渠道解决,能够增强制度的反贫困功能,推动因病致贫、因病返贫问题的解决。当然,试点这一机制需要先创造必要的条件,只有在家庭收入核查、家庭医疗费用支出统计等基础工作完成得比较扎实且医疗行为较为规范的基础上才可以探索。

(六)健全罕见病保障机制

考虑到罕见病及其医药费用规律把握的难度,罕见病保障范围可以从小到大,逐步扩展,但扩展须经过充分的论证。建议在将罕见病治疗费用逐步纳入基本医疗保险和医疗救助范围的同时,还应该将其纳入大病保险的责任范围。在认真研究罕见病及其医药费用规律的基础上,选择惠及面宽、总费用可控的若干罕见病种及其治疗项目、药品和耗材,先行列入大病保险的目录。建议充分利用现行的新生儿遗传代谢病筛查机制,将其与医疗救助机制有机结合起来,让确诊的患儿得到及时而规范的治疗。

(七)建立多渠道保障的稳定机制

目前除三重保障外,其他保障资源相对分散、保障力量不集中。建议一是持续做好普惠性商业医疗保险保障工作。按照"保本微利"原则,推动形成医保局与保险公司合力,实现参保人员"办理过程无感""待遇保障有感",进一步提升广大参保人员参保缴费意识,避免陷入"死亡螺旋"。二是整合慈善等社会力量。更好发挥第三次分配在推动医疗保障领域共同富裕方面的作用。要从困难群众医疗保障需求出发,探索建立医疗救助与慈善事业的衔接机制,使慈善资源作为医疗救助的重要补充。要在征得医疗救助对象同意的前提下,主动向慈善组织提供救助帮扶对象的慈善需求信息,帮助慈善组织减少查找环节,降低运行成本,提高工作效率。三是探索建立重特大疾病保障专项基金。积极搭建重特大疾病保障平台,动员社会力量,通过慈善捐赠和社会捐助等多渠道筹集资金,专项用于救助罹患重特大疾病后个人负担仍较重的困难家庭和个人。

参考文献

[1]董曙辉.关于大病保险筹资与保障范围的思考[J].中国医疗保险,2013(4):9-11.

[2]方豪,赵郁馨,王建生,等.卫生筹资公平性研究——家庭灾难性卫生支出分析[J].中国卫生经济,2003(6):5-7.

[3]封进,李珍珍.中国农村医疗保障制度的补偿模式研究[J].经济研究,2009,44(4):103-115.

[4]何文炯.大病保险制度定位与政策完善[J].山东社会科学,2017(4):65-69.

[5]何文炯.基于共同富裕的医疗保障体系优化[J].中国高校社会科学,2024(5):56-66,158.

[6]郝亚玮,董朝晖,卢岩,等.珠海市大病保险政策对不同医疗保险人群待遇差异的影响[J].中国卫生政策研究,2017,10(4):8-13.

[7]李庆霞,赵易.城乡居民大病保险减少了家庭灾难性医疗支出吗[J].农

业技术经济,2020(10):115-130.

[8]贾洪波.大病保险与基本医保关系之辨:分立还是归并?[J].山东社会科学,2017(4):70-75.

[9]江治强.城乡困难家庭的医疗负担及其救助政策完善——基于"中国城乡困难家庭社会政策支持系统建设"项目调查数据的分析[J].社会保障研究,2018(4):48-55.

[10]仇雨临,黄国武.大病保险运行机制研究:基于国内外的经验[J].中州学刊,2014(1):61-66.

[11]王超群,刘小青,刘晓红,等.大病保险制度对城乡居民家庭灾难性卫生支出的影响——基于某市调查数据的分析[J].中国卫生事业管理,2014,31(6):433-436,456.

[12]王琬,吴晨晨.制度缘起、政策争议与发展对策——大病保险研究现状与思考[J].华中师范大学学报(人文社会科学版),2019,58(1):31-37.

[13]王晓蕊,王红漫.基本医疗保障制度对于改善灾难性卫生支出效果评价[J].中国公共卫生,2017,33(6):901-904.

[14]王翌秋,徐登涛.基本医疗保险是否能降低居民灾难性医疗支出?——基于 CHARLS 数据的实证分析[J].金融理论与实践,2019(2):87-94.

[15]张正明,吴阿元,范馨,等.镇江市区居民医保重大疾病保障政策运行分析[J].中国医疗保险,2016(2):37-40.

[16]朱铭来,于新亮,王美娇,等.中国家庭灾难性医疗支出与大病保险补偿模式评价研究[J].经济研究,2017,52(9):133-149.

共同富裕背景下儿童养育教育服务体系研究

马高明

（浙江大学）

儿童养育教育体系涵盖儿童从出生到接受义务教育前的生命早期阶段。如何构建高质量的儿童公共服务体系，一直是各级政府考虑的重要议题。本研究尝试以当前儿童养育教育服务体系中最重要的议题作为分析对象，旨在通过对现状与原因的研究，为湖州市高质量发展与共同富裕提供相应的对策措施。

一、湖州市的优势基础

（一）湖州市具备较好的共同富裕发展基础

作为"绿水青山就是金山银山"理念诞生地，湖州在推进建设共同富裕示范区大场景中一直引人注意。2021 年，湖州市入选浙江共同富裕建设"缩小城乡差距领域"试点之一，安吉县同时入选"建设共同富裕现代化基本单元领域"试点名单，这说明湖州市在共同富裕方面有着非常扎实的基础。2021 年，湖州市城镇、农村居民人均可支配收入分别为 67983 元、41303 元，居全省第二位、第四位，城乡居民人均可支配收入比值为 1.65，较上年缩小 0.01，收入接近度居全省第三位，城乡居民收入差距连续 9 年缩小。尽管湖州市尚未出台任何关于儿童发展方面的共同富裕政策，但是管中窥豹，我们可以从城乡均衡中看到湖州市拥有较好的共同富裕发展基础。

（二）湖州市常住人口处于相对稳定状态

湖州市的人口发展趋势基本与全国保持一致。根据第七次人口普查，2020年湖州市常住人口为 3367579 人，共有家庭户 1197973 户，平均每个家庭户的人口仅为 2.53 人,较 2010 年六普时的 2.93 人减少了 0.40 人。在年龄结构上, 0～14 岁人口为 402018 人,占 11.94％;相比较而言,60 岁及以上人口的比重已 经达到 21.34％。2021 年,湖州市第一次出现人口负增长,当年出生人口为 2.1 万人,死亡人口为 2.2 万人,自然减少人口 0.1 万人,自然增长率为－0.3‰。到 2022 年,人口进一步自然减少 0.5 万人,自然增长率为－1.4‰。总体来说,湖州 市人口发展已处于相对稳定状态,但人口问题需要引起重视。

(三)湖州市已形成儿童养育教育政策框架

针对人口出生率持续下降,少子老龄化问题持续加深,湖州市在政策上发 力,形成了一系列儿童早期发展政策。首先是生育支持政策。2022 年 12 月,《中 共湖州市委 湖州市人民政府关于优化生育政策促进人口长期均衡发展的若干 意见》正式发布,旨在让总和生育率和人口自然增长率企稳回升。其次是托育服 务体系。2023 年 4 月,湖州市印发了《湖州市构建高质量托育服务体系实施方 案》,致力于通过九大行动解决"没地托""不敢托""托不起"的现实瓶颈,打造全 国婴幼儿照护服务示范城市和国家儿童友好型城市。最后是"一老一小"体系。 2022 年 9 月,湖州市将少子化与老龄化问题统筹考虑,出台了《湖州市"一老一 小"整体解决方案》,旨在全面建立养老托育服务体系。这些政策形成了较好的 儿童养育教育框架结构。

二、湖州市儿童养育教育服务面临的突出问题

与全省和全国的问题基本相似,湖州市在打造儿童养育教育服务体系中面 临着高质量发展的诸多挑战。本研究选取当前最受关注的儿童早期养育问题作 为研究对象,具体探讨当前面临的突出问题。

(一)儿童早期养育体系亟待建立

户籍人口出生数连年下降,短期难见反弹迹象。户籍人口出生率下降是个 老大难问题,全省很多地市都面临着同样的情况。尽管加上外来务工人员后,常 住人口总体处于平衡状态,但是户籍人口减少已经成为长期趋势。2017 年以来,湖 州市户籍人口出生数出现六连降。2016 年全市户籍人口出生数为 28258 人,2022 年 全市户籍人口出生数为 13434 人,较 2016 年减少 14824 人,减幅高达 52.46％。 出生人口持续减少的主要原因是育龄妇女数量的持续减少、生育观念转变和婚 嫁、生育、养育、教育成本高等综合因素,短期内很难通过政策实现逆转。

婴幼儿托位总量增长迅速,但结构性矛盾突出。经过数年的耕耘,截至2022年底,湖州市每千人口拥有3岁以下婴幼儿托位数已经达到3.56个。尽管这个数字与湖州市"十四五"规划纲要提出的"到2025年,每千人拥有3岁以下婴幼儿托位数达4.6个"的发展目标还有不小差距,但是从现有资源增量来看,总量规模问题已经得到有效缓解。当前的突出矛盾是城乡之间的需求存在巨大差异,城区托位难以满足需求,而农村托位存在大量空置。城区托位需求还存在季节性矛盾,秋冬时期托位闲置严重,而春夏时期又无法满足需求,导致托育机构运营存在明显的季节性旱涝问题。

家长托育意愿虽然较高,但安全与价格成拦路虎。尽管家长表现出较高的托育意愿,但是没有反映在最终的托育行为上,这主要由价格贵和安全性不高两个问题所致。现阶段的托育班收费价格普遍在5000元/学期以上,私立托班收费达7500元/学期以上,对于一般收入家庭来说依然偏高,再加上受老人在家帮忙照看孩子等传统育儿理念的冲击,很多家庭并不会考虑将3岁以下婴幼儿送到托育机构。与此同时,尽管目前也要求托育机构从业人员持证上岗,但部分资格证书门槛低、培训时间短、考核简单、含金量不高。由于没有编制和职称评定等岗位晋升通道,托育机构从业人员对职业发展缺乏稳定预期,流动性较高,更倾向于选择成长体系成熟且有稳定编制的公办幼儿园岗位。

(二)儿童早期情感发展亟须关注

除了托育问题,儿童早期情感问题也值得关注。目前,儿童早期的社会情感学习问题较大,甚至影响到了青少年心理健康。在推进儿童情感健康工作中,一些认识上的误区仍然阻碍着政策支持体系建设。

家庭照顾与正规照顾不应该是非此即彼的关系。大量研究已经表明,儿童早期情感问题会影响到孩子的长期发展,其主要原因是家庭关系问题,特别是与亲子关系、配偶关系等家庭结构和养育方式存在紧密关系。同时,第二层级的原因是非亲子的人际关系问题,相对易于理解的是在机构和家庭里面被忽视的状态,更为严重的问题是机构霸凌和家庭暴力的问题。婴幼儿时期的照顾缺失和忽视,以及青春期转型处理不当等,可能引发青少年和成人后的抑郁问题。因此,儿童早期情感健康是一个全社会的问题,必须用系统的观念去治理。

早干预早治疗与病耻感和治疗成本需要平衡。对于家庭来说,儿童早期发育迟缓状况会带来强烈的病耻感,绝大多数家长不仅无法接受孩子患病,而且也无法接受外界给孩子贴标签。因此,一些能够通过前期筛查并精准干预的方案大多无法发挥效力。与此同时,儿童早期干预的经济和时间成本高昂,由于早期干预的特殊性,咨询必须保持一个相对长的周期,且辅以针对性药物,对家庭来说是一个巨大的负担。这些治疗成本均无法进入医疗保障范畴,所以儿童早期情感问题往往伴随着经济贫困,形成恶性循环的代际传递。

三、共同富裕理念与儿童积极发展

儿童发展不是简单生长的过程,需要积极引导才能健康成长。后文将从宏观层面介绍儿童发展的共同富裕支持政策框架,为湖州市的发展思路与对策措施提供理论依据。

(一)儿童养育教育三大支持性政策回顾

儿童发展的支持性政策框架主要包括经济支持、时间支持和服务支持等三个方面:

经济支持包括与生育有关的津贴或免费服务政策、与儿童保健相关的免费政策、部分医疗补贴以及住房和税收支持政策等。生育保险起源于1994年劳动部颁布的《企业职工生育保险试行办法》,成熟于2010年颁布的《中华人民共和国社会保险法》,明确了保险费由企业按照工资总额的一定比例缴纳,企业缴纳的生育保险费作为期间费用处理,列入企业管理费用;职工个人不缴纳生育保险费。2017年,国务院办公厅印发《生育保险和职工基本医疗保险合并实施试点方案》,并在河北省邯郸市等12个试点城市实施。在此基础上,2019年3月,国务院办公厅印发《关于全面推进生育保险和职工基本医疗保险合并实施的意见》,按照"保留险种、保障待遇、统一管理、降低成本"原则,全面推进两险合并实施。

时间支持主要指的是产假、护理假、哺乳假以及育儿假等。2012年通过的《女职工劳动保护特别规定》规定女职工产假为98天,出现难产情况的,增加产假15天;生育多胞胎的,每多生育1个婴儿,增加产假15天。部分省市针对晚育者适当延长时间,最长的为6个月,只有女职工能享有。对于哺乳期的时间支持,该规定第九条明确指出,对于哺乳未满1周岁婴儿的女职工,用人单位不得延长劳动时间或者安排夜班劳动。用人单位应当在每天的劳动时间内为哺乳期女职工安排1小时哺乳时间;女职工生育多胞胎的,每多哺乳1个婴儿,每天增加1小时哺乳时间。除国家统一规定的产假、哺乳假之外,我国部分地区在《中华人民共和国人口与计划生育法》的授权下规定,符合计划生育政策的生育女性职工还享受30~90天的奖励假,配偶享有7~30天的护理假,即男性陪产假。

我国现行对家庭的服务支持政策,主要包括 2019 年以来国家及相关部门陆续出台的促进婴幼儿照护服务、托育服务发展的相关政策,尤其是国务院办公厅于 2019 年发布的《关于促进 3 岁以下婴幼儿照护服务发展的指导意见》、2020 年发布的《关于促进养老托育服务健康发展的意见》,国家发展改革委于 2019 年发布的《支持社会力量发展普惠托育服务专项行动实施方案(试行)》、2021 年发布的《"十四五"积极应对人口老龄化工程和托育建设实施方案》、2021 年发布的《中共中央 国务院关于优化生育政策促进人口长期均衡发展的决定》和新修订的《中华人民共和国人口与计划生育法》。2022 年 7 月,国家卫生健康委、国家发展改革委等 17 部门印发《关于进一步完善和落实积极生育支持措施的指导意见》,要求加快建立积极生育支持政策体系,实施公办托育服务能力建设项目和普惠托育服务专项行动,带动地方政府基建投资和社会投资。公办托育机构收费标准由地方政府制定,加强对普惠托育机构收费的监管。

(二)弱势儿童养育教育服务体系的形成

我国政策历来重视弱势儿童的权益,特别是孤儿、弃婴、流浪儿童等脱离家庭的特殊困难儿童,从新中国成立初期开始就为其提供资金保障。2010 年,我国相继发布《关于加强孤儿保障工作的意见》和《关于发放孤儿基本生活费的通知》,为全国孤儿发放基本生活费,同时对监护人领取、使用孤儿基本生活费以及孤儿养育状况提出相应要求,明确监护人应依法履行的监护职责和抚养义务,促进家庭复位。

对于其他困境儿童,国务院 2016 年发布《关于加强困境儿童保障工作的意见》,提出对于法定抚养人有抚养能力但家庭经济困难的儿童,如符合最低生活保障条件,纳入保障范围并适当提高救助水平。对于遭遇突发性、紧迫性、临时性基本生活困难家庭的儿童,按规定实施临时救助时要适当提高救助水平。对于留守儿童和困境儿童,民政部 2019 年在《关于进一步健全农村留守儿童和困境儿童关爱服务体系的意见》中指出,要加强家庭的监护主体责任,重点加强贫困农村留守儿童和困境儿童及其家庭救助帮扶。

2013 年和 2014 年,民政部相继发布《关于开展适度普惠型儿童福利制度建设试点工作》和《关于进一步开展适度普惠型儿童福利制度建设试点工作》,明确提出不仅要为困境儿童,还要为困境儿童家庭提供教育辅导、心理疏导、监护指导、政策咨询、能力培训、帮扶转介、定期探访儿童等服务。

同时,2018 年国务院发布的《关于建立残疾儿童康复救助制度的意见》以满足残疾儿童家庭需要为出发点,为城乡最低生活保障家庭、建档立卡贫困户家庭的残疾儿童和儿童福利机构收留抚养的残疾儿童、残疾孤儿、纳入特困人员供养范围的残疾儿童、其他经济困难家庭的残疾儿童提供救助。

(三)现有儿童养育教育支持性政策的不足

我国儿童发展的政策框架总体仍然处于起步阶段,还存在着政策体系不完整、管理方式不统一以及区域发展不平衡等问题。

首先,我国尚未形成独立的、专门针对儿童发展的综合性政策体系,在制度建设、政策手段以及具体服务方面还不完善。各部门之间分散管理,政策实施过程中缺乏整体性和关联性,进而影响了实施效果。从内容上看,现有政策主要集中在政策支持和经济支持方面,而在时间支持和服务支持上投入有限。在时间支持上,与西方国家相比,我国的育儿假期相对较短,无法支持年轻父母承担儿童早期发展的责任;全国还未形成对父亲陪产假的统一规定,一定程度上造成了女性在劳动力市场上遭受就业歧视。另外,育儿假的政策缺位造成亲职教育被忽视。虽然中国传统文化重视家庭教育的价值,但是目前在公共领域鲜有表现,并没有具体的政策和服务配套。

其次,儿童发展的支持政策分散在各个部门之间,呈现碎片化的特征。儿童发展公共服务的提供缺乏统一的部门组织:卫生健康部门主要负责 0～6 岁儿童基本公共卫生服务和 3 岁以下婴幼儿的托育服务;教育部门主要负责学前教育公共服务;民政部门主要负责处境不利儿童的社会福利,妇联组织为家庭提供科学育儿指导服务,推动全社会为妇女儿童和家庭服务。每个部门可以根据自己的职能制定相应的政策,但政策的整合能力以及资源的统筹能力存在欠缺。我国应该尽快形成针对儿童早期发展的明确的政策体系,整合目前碎片化的政策与资源体系,以儿童的最大利益为制度设计的出发点,在科学研究基础上设计一个支持政策框架。

最后,我国儿童发展的支持政策仍然存在着不充分、不平衡的问题。根据人力资本理论,儿童早期阶段的教育投资回报率最高,但是我国的财政投入与人力资本投资最佳时间结构几乎倒置。以学前教育为例,2021 年学前教育生均教育经费为 9505.84 元,占小学阶段生均经费的 76.8%、初中阶段的 53.5%、高中阶段的 50.5%、大学阶段的 42.1%。不仅如此,在我国,相较于 3～6 岁儿童的学前教育机构而言,0～3 岁儿童的托育机构尚处于起步阶段,国内很多地方基本处于空白状态。另外,亟待开发公共托育社会资源。托幼机构、妇幼保健机构、儿童福利机构、社区(街道)等服务于家庭和儿童的基层机构或组织,缺乏在政府统一部门组织下的联合行动,导致家庭很难在社区平台上获得集保育、教育为一体的综合服务。

四、共同富裕视角下完善儿童养育教育服务体系的建议

本研究从整体与专项两个角度来完善儿童养育教育政策体系。我们认为整体上最核心的建议就是整合现有政策,形成一套具有内在理论逻辑的儿童发展的家庭友好支持政策。这里重点涉及养育和教育的政策支持体系,其他方面则需要考虑比较具体的场景措施。

(一)建立健全家庭友好政策

构建性别平等的育儿假制度。职业女性和男性的留职带薪假从婴儿即将出生的时候开始计算,整体假期应为两年。相比于现在的产假,育儿假有三个方面的不同:一是育儿假向所有家庭照顾者提供,不仅包括母亲和父亲,还包括提供照顾服务的祖父母与外祖父母。假期以家庭为单位累计计算,成员相互可以进行替代。二是育儿假更加灵活,母亲产后也可以先回到工作岗位,在孩子0~3岁期间均可使用育儿假,为家庭成员提供最大便利。三是强制要求父亲也休假,防止出现就业市场上对女性的歧视。带薪育儿假能够确保父母或主要照护人与婴幼儿有足够的相处时间,这样才能满足儿童早期的健康、营养和发展需求。

完善婴幼儿早期照顾教育服务。让所有家庭都能获得从育儿假结束到儿童进入义务教育之间的可负担的优质婴幼儿照护与早教服务。该阶段的服务应该为2~6岁婴幼儿家庭提供,确保育儿假与照护服务之间的无缝衔接,从而保证真正的时间支持。托育服务应尽可能地社区化、单位化、在地化,如果家长能在工作间隙见到幼儿,这种托育服务才是真正有质量的。托育服务的核心不仅仅是硬件设施,更重要的是软件配套,应将早期健康与教育也逐步渗透到日常照护中,确保托育的质量。

出台差别化儿童津贴体系。儿童津贴是对经济相对困难或有特殊需求家庭的经济补偿支持,通常表现为一定数量的现金转账或服务券。一般情况下,儿童津贴适用于差别政策,即对那些弱势家庭提供充足的经济援助,防止因为家庭贫穷而让孩子继续承担弱势的代际传递。儿童津贴更能体现共同富裕的原则,对于人口均衡发展的价值却并不是特别大。因此,在该政策的实施过程中,一定要注意控制普惠边界,防止出现普遍福利而缺乏基本激励效应。

加强组织保障与政策整合。除上述领域外,最重要的是要建立儿童与家庭政策领导小组与工作专班,从组织领导层面来加强整个工作的统筹。该组织领

导应该基于地方政府一把手工程,且应该久久为功。与此同时,对以往各自为政的政策也要充分梳理,分析哪些政策有效,而哪些政策缺乏效果。同时,尽可能让政策发挥协同效应。

(二)优化调整婴幼儿托育服务体系

对于儿童发展的家庭支持性政策体系建设,一个最核心的问题是人口低生育率是否会成为未来中国较长期的新常态。假如这个问题的答案可以基本明确,那么我们的任务就应该放在如何加强现有儿童全周期公共服务上面,确保已生育家庭能够得到有效支持。基于上述考虑,我们提出如下对策建议。

预判人口新常态,夯实政策可持续发展根基。积极关注人口发展新趋势,综合判断未来较长时期内湖州市人口出生率将保持在较低水平。因此,一方面,地方需要出台积极生育政策,开展生育友好型社会建设,为努力提高人口出生率做充分努力。另一方面,也更重要的是,湖州应把主要精力放在为已生育家庭提供更好的支持,减轻这些家庭的生育、养育、教育负担。只有把已经婚育的家庭服务好了,才能更好地吸引尚未婚育的男女,真正形成良性循环。

研究顶层新设计,探索家庭整体性解决方案。在家庭内部,养老和托育问题同源于家庭发展问题,其解决方案具有共通之处,适合发挥政策集成效应,减少管理重叠。湖州市已出台《湖州市"一老一小"整体解决方案》,建立养老托育服务体系发展联席会议制度,定期开展情况通报和评估评价,推动重点任务、重大项目落地实施。未来,应形成一体规划、一体部署、一体推进的养老托育服务体系建设格局。

突出生命全周期,攻坚 6~24 月龄托育难题。当前,0~3 岁儿童早期发展的主要矛盾在 6~24 个月。根据湖州市调研,0~6 个月基本上处于母亲产假时期,家庭能够提供较好的照顾支持。而在 24~36 个月月龄,越来越多公办幼儿园正在提供托位。由于托幼一体化能够为家长提供既安全又实惠的照顾与教育服务,所以这种形式也能够得到家长的认同。因此,接下来应该全力攻坚 6~24 个月月龄的托育服务。湖州市主要依靠社会化机构与社区化照顾两种方式,未来还需要探索更多可行的方案。

聚焦城乡新需求,破解资源结构性配置矛盾。托幼一体化是儿童早期照顾与教育中非常重要的一个环节。随着人口出生率逐渐降低,幼儿园学位数也在逐渐释放。然而,城区学位依然非常紧张,导致托幼一体化比较困难。而农村则开始面临幼儿园学位闲置的问题,特别是托位,无法招到合适的幼儿。因此,有必要对城乡的需求进行差异化定位,如在农村开展支持隔代照顾的家访式教育活动,而在城市则要加快幼儿园相关设施设备的改造,为低龄化儿童提供便利。这项工作是当前湖州市的重点。

完善管理新机制,解决部门协调性工作难题。为解决各个部门协同的矛盾,湖州市正在制订托育服务发展规划和行动方案,将各部门的工作任务清单化、责任具体化、时间节点化。同时,构建托育服务规范化管理制度体系,形成托育服务规范化管理制度体系。

(三)构建儿童情感支持体系

高位谋划,打造领导支持体系。依托《中华人民共和国未成年人保护法》,湖州举全市之力为儿童构建情感健康成长的外部环境。第一,强化领导,建议该项工作由省领导长期负责,办公室设在综合部门;同时,建立常规协调机制,落实部门有机协同的职责体系。第二,启动规划,编制儿童早期情感健康三年行动方案,以核心目标和关键任务为抓手,提高各区县市领导的重视程度。第三,摸清家底,推动儿童早期情感调查,建立家庭教育、情感支持、早期诊断和干预等机制。最后,补强软肋,基于《中华人民共和国家庭教育促进法》,创新设立家庭事务部门,逐步承担起创新家庭干预政策的重任。

托底建设,夯实经济支持体系。建立健全儿童早期情感健康保障体系,完善医疗保险、医疗救济、慈善捐款、政府投入等多种经济支持体系。一方面,建立健全儿童情感健康经济救助体系,为低保、低边乃至低收入家庭提供专项经济救助,防止因病返贫,防止因贫不治。另一方面,依托慈善总会、红十字会等慈善团体,鼓励全社会为儿童早期情感健康与干预捐款,资助已经在册的情感发育迟缓儿童,提供治疗服务。加强政府投入,通过对医院、托育园和社区软硬件设施建设提供资助,鼓励其更快形成服务能力。

社区驱动,培育家庭教育支持体系。孩子的情感焦虑很大程度上来源于家长的焦虑,因此对家庭的支持能够有效改善亲子关系。第一,依托社区力量和社工队伍,探索建立家庭综合服务中心,为家庭提供小组咨询服务。第二,逐步建立家庭互助小组,引入家庭治疗模式,帮助家庭掌握削减压力的方法,为改善亲子关系奠定基础。第三,鼓励情感发育迟缓儿童与家长融入社区,在社区中建立健康安全的社交网络,在能力范围内承担社区志愿活动,逐步打开儿童融入社会的大门。第四,有条件的社区应该主动发起家庭教育活动,努力将儿童早期风险化解在预防之中。第五,政府应该从不同社区实践中汲取经验,每年召开社区家庭教育现场会议,形成典型模式并向外推广。

共同富裕背景下城乡差距指数研究

史新杰[1]　皇甫冰玉[1]　顾建蓉[2]　詹　鹏[1]

（1. 浙江大学—湖州市共同富裕研究中心；2. 湖州市统计局）

共同富裕包含"富裕"和"共享"两个维度，涉及城乡、区域和收入三大差距。实现共同富裕，最艰巨的任务仍然在农业、农村，最关键的群体依旧是农民，因此缩小城乡发展差距是实现共同富裕的主攻方向，也是浙江省高质量发展建设共同富裕示范区的三大目标之一。目前，相关研究对共同富裕整体指标构建关注较多，对如何在共富背景下解决城乡差距问题缺乏分析，存在理论层面的空白。从现实和理论层面来看，科学合理评估城乡发展差距是研判共同富裕进程的关键任务，同时也面临多重挑战：一是既要考虑共同富裕背景又要衡量城乡发展差距；二是既要有理论基础又要有实践支撑；三是既要区分城乡数据又要统筹时空数据。

2021年，湖州市成为浙江省"缩小城乡差距"唯一全市域改革试点市。作为"绿水青山就是金山银山"理念的诞生地和美丽乡村的发源地，湖州在缩小城乡差距的体制机制构建方面的实践具有典型性。本研究以湖州市为蓝本，多理论深化构建城乡差距指标体系，多部门联动获取城乡差距数据信息，具有两大贡献：一是在市域层面研判湖州市缩小城乡差距的成效、经验和问题，为后续工作提供科学指导；二是供全省、全国推广应用，横向评估城乡差距现状，纵向分析城乡发展趋势。

一、共同富裕背景下的城乡差距内涵

共同富裕最终是为了满足人民日益增长的美好生活需要，解决当前发展阶段存在的不平衡不充分问题。城乡差距是当前三大差距中最重要的组成部分，是在不同发展阶段中城镇和乡村之间出现的不平衡发展状况。结合《浙江高质量发展建设共同富裕示范区实施方案（2021—2025年）》，本研究将共同富裕背景下的城乡差距内涵概括为三个方面：城乡收支差距、生活环境差距以及公共服务差距。

（一）共享与发展的逻辑关系决定了居民收支是城乡差距的核心问题

共同富裕理论将共富内涵分解为"富裕"和"共享"两大要义，前者意为通过社会的高质量发展，使整体发展水平和收入水平达到一个更高层次；后者意为发展成果、发展机会和公共服务的共享等。富裕是实现共享的物质前提，共享是进一步实现富裕的激励基础。习近平总书记强调："农业农村工作，说一千、道一万，增加农民收入是关键。"[①]因此，居民收支是城乡差距的核心问题，进一步提高农民收入，进而提升其消费动能，是重中之重。

（二）一体化发展的现实需求决定了生活环境是城乡差距的重要方面

城乡二元结构理论反映了环境差异导致城乡产业和福利结构的分割，其中城乡公共卫生是生活环境差异最直接、最基本的体现；改善交通条件能够实现城乡之间互联互通，促进资源均衡配置和经济协调发展；网络和寄递也是目前推进数字乡村建设与县域产业流动的重要组成部分。党的二十大报告指出"坚持城乡融合发展，畅通城乡要素流动"，而生活环境的一体化发展是畅通城乡要素流动的重要保障。

（三）以人为中心的发展理念决定了公共服务是城乡差距的关键领域

阿马蒂亚·森的"可行能力理论"强调了人类发展的多维性和人力资本的重要性，而完善的公共服务体系是保障能力提升的关键。党的二十大报告指出，"深入贯彻以人民为中心的发展思想，在幼有所育、学有所教、劳有所得、病有所医、老有所养、住有所居、弱有所扶上持续用力"。《国家基本公共服务标准（2023年版）》进一步明确了基本公共服务的九大方面和二十二个类别，其中教育和医疗是最重要的基本公共服务，是推动人的全面发展的重要武器。对文化的关注

---

① 习近平在山东考察时强调　切实把新发展理念落到实处　不断增强经济社会发展创新力[N].人民日报，2018-06-15(1).

体现了不仅要让人民的钱袋子鼓起来,也要让精神"富"起来;"一老一小"是共同富裕的关键群体,因此养老和抚幼是共同富裕的关键维度。

二、城乡差距指标体系的探索

(一)指标设置原则

缩小城乡差距具有长期性、复杂性和艰巨性,指标体系的建立必须遵循以下原则:第一,指标体系的系统性。缩小城乡差距是一项系统的工作任务,必须充分考虑顶层设计、总体布局,紧盯关键领域,设置体系框架。第二,指标的科学性和有效性。既要确保指标选择有理可依,又要提高指标的有效性,即能够反映城乡差距的主要问题。第三,数据的可获得性。应尽量选取可直接获取的填报指标,并规范指标口径和取数渠道。第四,指标体系的开放性。从时间上讲,城乡差距的具体表现形式随城乡互动发展和时间的推移会有所变化;从空间上讲,城乡差距在不同区域(如发达地区、发展中地区、革命老区等)之间也会有所差异。因此,目标的确定、指标的选取以及权重的设置应当是开放的,与时俱进,因地制宜,便于在全省、全国推广。

(二)指标体系构建

在全面准确把握城乡差距内涵的基础上,根据以上原则,本研究构建了共富背景下的城乡差距指标体系。如表 1 所示,指标体系由"富裕水平"和"共享程度"两个维度组成,"富裕水平"为根据各省、市、区(县)与 OECD 国家的数据对比测算的发展水平,"共享程度"为衡量城乡生活差距的具体指标。

表 1　共同富裕背景下的城乡差距指标体系

维度	一级指标	二级指标	三级指标	备注	取数来源	省、市域	县域
富裕水平	富裕度	区域富裕度	人均 GDP/元	各地区人均 GDP/OECD 国家人均 GDP	统计年鉴	√	√
			OECD 国家人均 GDP/元		OECDstat	√	√
		群体富裕度	居民人均可支配收入/元	各地区人均可支配收入/OECD 国家人均可支配收入	统计年鉴	√	√
			OECD 国家人均可支配收入/元		OECDstat	√	√

维度	一级指标	二级指标	三级指标	备注	取数来源	省(市)域	县域
共享程度	居民收支	收入	居民人均可支配收入	乡村/城镇	湖州市调查队	√	√
		财产	居民财产性收入	乡村/城镇	湖州市调查队	√	√
		消费	居民人均消费支出	乡村/城镇	湖州市调查队	√	√
	生活环境	公共卫生	城乡同质化供水覆盖率	原值/目标值	湖州市水利局	√	√
		交通	行政村通双车道农村公路比例	原值/目标值	湖州市交通局	√	√
		网络	行政村 5G 通信网络覆盖率	原值/目标值	湖州市经信局	√	√
		寄递	行政村主要品牌寄递物流服务覆盖率	原值/目标值	湖州市邮政管理局	√	√
	公共服务	教育	义务教育学校专任教师本科以上学历比例	乡村/城镇	湖州市教育局	√	√
		文化	居民人均教育文化娱乐支出	乡村/城镇	湖州市调查队	√	√
		医疗	每千人口拥有执业(助理)医师数	乡村/城镇	湖州市卫生局 湖州市统计局	×	√
		养老	居家养老服务设施覆盖率	乡村/城镇	湖州市民政局	×	√
		抚幼	是否拥有育儿或托幼机构	乡村/城镇	问卷调查	×	√

(三)适用情况:不同富裕水平下城乡差距的重要性存在差异

在根据现有数据得到城乡差距指数(即"共享程度")后,并不能直接用它对比不同地区或不同时期的城乡差距。由于不同地区和不同时间的发展水平可能存在较大差异,单纯对比城乡差距指数可能会得到误判的结论。比如,某欠发达地区的城乡差距很小,可能只是因为城镇地区发展同样滞后,此时城乡差距不应该成为关注重点,地方政府更应该关注发展问题。也即,在欠发达地区,城乡差距的重要性程度较低;在发达地区,城乡差距的重要性程度较高。据此,本研究将用于跨地区和跨时期对比的城乡差距指数上升为"共同富裕背景下的城乡差距指数",该指标体系包括了表 1 中展示的"富裕水平"和"共享程度"。在指数运算上,它等于城乡差距指数乘以由富裕水平计算出的"在共同富裕背景下的城乡差距重要性指数"(简称重要性指数),重要性指数的具体构建方法见附录 1。

三、基于省、市和区（县）的实证分析

分别在浙江省、市层面以及湖州市的区（县）层面对 2020—2022 年共富背景下城乡差距指数进行测算，重要性指数基准值取浙江省平均水平，结果见表 2 和表 3，详见附表 1 及附表 2。

（一）省市层面

表 2　浙江省及浙北三市的共富背景下城乡差距指数得分情况

地区		共同富裕背景下的城乡差距指数 C	富裕水平 A	城乡差距 B	城乡差距一级指标具体得分		
					居民收支	生活环境	公共服务
	权重	100	100	100	54.27	17.95	27.78
浙江省	2020 年	60.54	28.34	60.54	21.36	15.56	23.62
	2021 年	61.41	31.40	61.41	21.62	16.19	23.60
	2022 年	62.59	29.16	62.59	22.15	16.61	23.84
嘉兴市	2020 年	68.33	29.31	68.06	27.92	16.59	23.55
	2021 年	68.79	32.50	68.48	27.96	17.21	23.31
	2022 年	70.19	30.11	69.92	28.81	17.78	23.32
湖州市	2020 年	66.04	27.38	66.30	26.24	16.82	23.24
	2021 年	67.07	30.51	67.31	26.38	17.42	23.51
	2022 年	68.00	28.45	68.20	27.02	17.59	23.58
绍兴市	2020 年	63.30	31.39	62.52	24.05	14.92	23.54
	2021 年	65.12	34.91	64.22	24.21	16.33	23.68
	2022 年	66.71	32.95	65.70	24.71	17.01	23.98

（1）从富裕水平看，浙江省与浙北三市得分较低，人均 GDP 和人均可支配收入仅占 OECD 国家的 30% 左右，说明与发达国家相比，浙江省的富裕程度并不高，实现共同富裕任重道远。其中，浙江省与浙北三市的 2022 年得分均有下降，主要原因在于 2022 年受疫情影响，中国经济增速放缓，与 OECD 国家的正常增速相比，富裕水平差距拉大。从地区来看，绍兴市富裕水平高于嘉兴市也高于全省，湖州市则低于全省，这与主要经济指标的全省排位趋势一致。

（2）从城乡差距看，城乡差距逐年缩小（得分越高，差距越小），浙北三市的城乡差距小于全省，其中，嘉兴市城乡差距得分最高，绍兴市最低。分领域看，主要有以下特点：

一是城乡居民收支差距问题突出。2022年，嘉湖绍居民收支得分从高到低依次是嘉兴、湖州、绍兴，三市均高于全省，其中嘉兴最高，为28.81分，但得分率也仅为53.1%，说明城乡居民收支差距普遍较大。其中，湖州与嘉兴的差距主要源于湖州农村居民财产性收入相对较低。

二是全域生活环境品质提升成效明显。从生活环境看，2022年，全省和三市得分率均在92.5%以上，说明城乡生活环境差距较小。其中，三市得分高于全省，嘉兴市得分略高于湖州市，主要差距在农村公路建设上。

三是城乡公共服务差距仍需关注。在公共服务领域，城乡义务教育教师配置均衡度较高，达到97%以上，其中，2022年，湖州市高于全省，嘉兴市和绍兴市低于全省。但城乡居民文教娱乐支出差距普遍较大，城镇是农村的2倍左右。

（3）结合富裕水平和城乡差距，从共富背景下城乡差距指数总分来看，2022年，嘉兴市为70.19分，湖州市为68分，绍兴市为66.71分，浙江省为62.09分，说明共富背景下嘉兴市城乡差距小于湖州市和绍兴市，且浙北地区城乡差距小于全省。

（二）区县层面

表3　湖州市各区（县）共富背景下城乡差距指数得分情况

地区		共同富裕背景下的城乡差距指数 C	富裕水平 A	城乡差距 B	城乡差距一级指标具体得分		
					居民收支	生活环境	公共服务
权重		100	100	100	54.27	17.95	27.78
吴兴区	2020 年	63.79	28.17	63.83	27.34	17.42	19.08
	2021 年	64.73	32.47	64.45	27.55	17.61	19.29
	2022 年	65.70	32.07	64.93	28.15	17.66	19.12
南浔区	2020 年	63.20	24.77	64.15	26.60	17.75	19.80
	2021 年	63.61	28.29	64.42	27.02	17.86	19.53
	2022 年	64.83	28.39	65.04	27.52	17.88	19.64
德清县	2020 年	64.14	28.80	64.02	29.01	16.56	18.44
	2021 年	64.94	32.29	64.70	29.19	16.98	18.53
	2022 年	66.70	31.71	66.02	29.73	17.29	19.00

续表

地区		共同富裕背景下的城乡差距指数 C	富裕水平 A	城乡差距 B	城乡差距一级指标具体得分		
					居民收支	生活环境	公共服务
	权重	100	100	100	54.27	17.95	27.78
长兴县	2020 年	58.72	28.12	58.78	22.15	16.67	19.95
	2021 年	60.31	32.46	60.05	22.44	17.25	20.36
	2022 年	61.71	32.69	60.84	23.05	17.47	20.31
安吉县	2020 年	59.77	24.17	60.82	24.77	16.56	19.48
	2021 年	61.14	28.14	61.96	24.67	17.14	20.15
	2022 年	62.36	27.52	62.78	25.25	17.50	20.03

从共富背景下城乡差距指数总分来看,2022 年,德清县以 66.70 的得分位居全市第一,其次是吴兴区(65.70 分)、南浔区(64.83 分)、安吉县(62.36 分)和长兴县(61.71 分)。

德清县富裕水平居全市第三,城乡差距得分第一。居民收支得分为全市最高,其中,城乡居民财产性收入差距最小,但农村公路建设存在短板,城乡医疗供给和文化需求差距相对明显。

吴兴区富裕水平居全市第二,城乡差距得分第三。居民收支得分仅次于德清县,生活环境也仅次于南浔区,不足之处在于城乡医疗供给和文化需求差距较大。

南浔区富裕水平居全市第四,城乡差距得分第二。生活环境得分最高,但城乡居民财产性收入差距较为显著,医疗供给和托幼服务差距也仍需关注。

安吉县富裕水平居全市第五,城乡差距得分第四。公共服务得分相对较高,其中城乡医疗供给差距最小,但城乡居民收入差距最大。

长兴县富裕水平居全市第一,城乡差距得分第五。长兴县总分虽排名靠后,但年均提高 1.5 分,增速全市最高,且公共服务得分最高,短板在于居民收支得分最低,财产性收入的城乡差距最大,消费支出差距大于全市。

四、在共富背景下城乡差距指数基础上建立动态监测体系

本研究提出的城乡差距指数是国内首个以共同富裕为背景的城乡差距评价指数,该指数评价方法具有较强的适用性,可以在浙江省和全国范围内推广。建议建立城乡共富动态监测系统,并在该系统基础上开展如下工作。

（一）动态监测各地区城乡共富进展

动态监测省、市、区（县）的城乡共富的发展态势，每年开展共富城乡差距指数研究，掌握现状、分析原因，为制定政策方向提供依据。

（二）为各地区推动缩小城乡差距工作明确主要抓手

可将指标结果作为衡量地区缩小城乡差距工作推进成效的重要标准，将部分指标值作为相关部门工作的考核依据，以此明确各地区缩小城乡差距工作的主要抓手，加快推动城乡一体化发展。

（三）评估具体案例的城乡共富效果

通过对具体案例在促进指标体系各指标效果上进行评估分析，清晰掌握具体案例的城乡共富效果，有助于提炼优质城乡共富案例，也有助于避免劣质案例鱼目混珠。湖州市有大量优质城乡共富案例，以城乡差距指数为评估标准，有助于筛选湖州市内优质案例，助力城乡共富模式提炼，清晰展示推广湖州实践成果，为全省乃至全国实现共同富裕、缩小城乡差距提供湖州经验。

需要指出的是，受指标数据的可获得性方面的制约和影响，目前的监测评价体系还存在一些不足之处，在指标体系的全面性、指标选取的有效性和指标口径的一致性等方面还有待完善。将来，在更理想的数据条件下，可在三个一级指标框架下，对已有的二级指标进行补充和完善，选择更有效的三级指标，以符合地方实际需求；也可在全省、全国范围内持续开展监测评价，进而实现城乡共富趋势研判。

附录 1：重要性指数的构建

重要性指数的构建需要考虑三个原则：第一，富裕水平与指数大小存在正相关；第二，富裕水平超过一定水平后，富裕水平每增加一单位，重要性指数增幅下降（即富裕水平对重要性指数的边际影响存在递减特征）；第三，与消费物价指数等统计指数类似，重要性指数也需要有一个基准对象，即重要性指数是相比某个基准地区（或基准水平）的相对大小。

重要性指数的计算方法包含三个步骤。

步骤 1：以中等发达国家的平均水平为参考，得到地区富裕水平的相对值。该相对值反映了各地区富裕水平与党的二十大报告提出的 2035 年目标的相对差距。本报告以 OECD 国家作为中等发达国家的代表。

$$富裕水平:A_i=\frac{1}{2}\times\left(\frac{人均可支配收入_i}{人均可支配收入_{OECD}}+\frac{人均\ GDP_i}{人均\ GDP_{OECD}}\right)$$

步骤 2:对富裕水平进行非线性变换,得到各地区城乡差距指数重要性水平。

$$重要性水平:\delta_i=\ln[A_i\cdot(e-\beta)+\beta]$$

其中,e 是自然数,β 是调节系数,取值范围在 $1\sim e$ 之间。重要性水平的取值范围在 $\ln(\beta)$ 至 1 之间,数值越大表示重要性程度越高。

步骤 3:将地区 i 的重要性水平除以基准地区的重要性水平,得到重要性指数。

$$\alpha_i=\frac{\beta_i}{\delta_{base}}$$

附表 1　浙江省及浙北三市指标计算结果

一级指标	二级指标	三级指标	浙江省 城乡比 2020 年	2021 年	2022 年	嘉兴市 城乡比 2020 年	2021 年	2022 年	湖州市 城乡比 2020 年	2021 年	2022 年	绍兴市 城乡比 2020 年	2021 年	2022 年
居民收支	收入	居民人均可支配收入/元	50.93	51.47	52.71	62.07	62.43	64.19	60.32	60.75	62.09	58.02	58.32	59.99
	财产	居民财产性收入/元	10.85	11.08	11.32	27.52	27.30	28.38	22.60	22.40	23.32	14.46	14.41	14.82
	消费	居民人均消费支出/元	59.55	60.24	61.74	67.29	67.39	69.30	64.77	65.33	66.66	63.57	64.24	64.88
		得分	21.36	21.62	22.15	27.92	27.96	28.81	26.24	26.38	27.02	24.05	24.21	24.71
生活环境	公共卫生	城乡同质化供水覆盖率	100.00	100.00	100.00	100.00	100.00	100.00	100.00	100.00	100.00	100.00	100.00	100.00
	交通	建制村道双车道农村公路比例	55.00	67.60	79.20	73.00	85.30	96.50	81.30	89.30	92.80	55.00	69.00	84.90
	网络	行政村通 5G 通信网络覆盖率	100.00	100.00	100.00	100.00	100.00	100.00	100.00	100.00	100.00	100.00	100.00	100.00
	寄递	主要品牌寄递物流服务覆盖率	95.35	95.10	88.63	100.00	100.00	100.00	92.79	100.00	100.00	71.10	97.70	92.94
		得分	15.56	16.19	16.61	16.59	17.21	17.78	16.82	17.42	17.59	14.92	16.33	17.01
公共服务	教育	义务教育学校专任教师本科以上学历比例	96.34	97.22	97.88	97.43	96.76	97.60	97.07	98.83	99.23	95.15	95.74	97.01
	文化	居民人均教育文化娱乐支出/元	51.48	48.58	50.05	47.20	45.78	43.53	43.86	42.56	42.35	53.90	54.13	54.63
		得分	23.62	23.60	23.84	23.55	23.31	23.32	23.24	23.51	23.58	23.54	23.68	23.98
		加权得分 B	60.54	61.41	62.59	68.06	68.48	69.92	66.30	67.31	68.20	62.52	64.22	65.70
		富裕度 A	0.28	0.31	0.29	0.29	0.33	0.30	0.27	0.31	0.28	0.31	0.35	0.33
		δ	0.79	0.80	0.79	0.79	0.80	0.80	0.79	0.80	0.79	0.80	0.81	0.80
		重要性指数	1.0000	1.0000	1.0000	1.0040	1.0045	1.0039	0.9960	0.9964	0.9971	1.0125	1.0141	1.0154
		最终得分	60.54	61.41	62.59	68.33	68.79	70.19	66.04	67.07	68.00	63.30	65.12	66.71

附表 2　湖州市及各区（县）得分情况

一级指标	二级指标	三级指标	全市 2020年	全市 2021年	全市 2022年	吴兴区 2020年	吴兴区 2021年	吴兴区 2022年	南浔区 2020年	南浔区 2021年	南浔区 2022年	德清县 2020年	德清县 2021年	德清县 2022年	长兴县 2020年	长兴县 2021年	长兴县 2022年	安吉县 2020年	安吉县 2021年	安吉县 2022年
		（城乡比）																		
居民收支	收入	居民人均可支配收入/元	60.32	60.75	62.09	59.89	60.25	61.46	61.91	62.60	63.69	61.64	62.01	63.36	60.57	61.52	62.94	59.98	60.07	61.45
	财产	居民人均财产性收入/元	22.60	22.40	23.32	33.13	32.70	33.84	13.81	14.34	15.12	35.95	36.15	36.80	3.28	3.54	3.96	17.81	17.29	17.70
	消费	居民人均消费支出/元	64.77	65.33	66.66	59.58	60.96	61.92	75.58	76.78	77.63	64.57	65.01	65.98	62.00	62.37	63.98	61.73	61.57	63.09
		得分	26.24	26.38	27.02	27.34	27.55	28.15	26.60	27.02	27.52	29.01	29.19	29.73	22.15	22.44	23.05	24.77	24.67	25.25
生活环境	公共卫生	城乡同质化供水覆盖率	100.00	100.00	100.00	100.00	100.00	100.00	100.00	100.00	100.00	100.00	100.00	100.00	100.00	100.00	100.00	100.00	100.00	100.00
	交通	建制村通双车道农村公路比例	85.90	89.30	92.80	92.40	93.30	94.20	97.80	98.20	98.60	75.10	80.80	86.90	81.80	86.10	90.60	77.50	84.00	91.10
	网络	行政村通信 5G 通信网络覆盖率	100.00	100.00	100.00	100.00	100.00	100.00	100.00	100.00	100.00	100.00	100.00	100.00	100.00	100.00	100.00	100.00	100.00	100.00
	寄递	主要品牌寄递物流服务覆盖率	92.79	100.00	100.00	94.35	100.00	100.00	96.65	100.00	100.00	95.17	100.00	100.00	86.35	100.00	100.00	90.64	100.00	100.00
		得分	17.05	17.41	17.58	17.42	17.61	17.66	17.75	17.86	17.88	16.56	16.98	17.29	16.67	17.25	17.47	16.56	17.14	17.50
公共服务	教育	义务教育学校专任教师本科以上学历比例	97.07	98.83	99.23	91.78	93.82	95.52	100.00	100.00	100.00	92.21	93.68	94.79	93.48	95.50	96.05	89.66	93.45	94.53
	医疗	每千人口拥有执业（助理）医师数/位	34.95	35.94	36.52	19.85	20.18	20.86	40.25	37.03	38.84	31.88	30.78	35.18	48.40	51.69	50.67	56.08	62.76	60.00
	文化	居民人均教育文化娱乐支出/元	43.88	42.56	42.34	34.82	36.81	37.27	100.00	100.00	98.02	34.93	38.34	39.65	57.05	56.94	56.92	63.40	57.27	58.66
	养老	居家养老服务设施覆盖率	100.00	100.00	100.00	100.00	100.00	92.90	100.00	100.00	100.00	100.00	100.00	100.00	100.00	100.00	100.00	91.10	91.10	91.10
	抚幼	是否拥有育儿或托幼机构（是=1,否=0）	68.59	68.59	68.59	100.00	100.00	100.00	42.17	42.17	42.17	68.59	68.59	68.59	59.95	59.95	59.95	49.73	49.73	49.73
		得分	19.24	19.41	19.48	19.08	19.29	19.12	19.80	19.53	19.64	18.44	18.53	19.00	19.95	20.36	20.31	19.48	20.15	20.03
		加权得分 B	62.53	63.20	64.09	63.83	64.45	64.93	64.15	64.42	65.04	64.02	64.70	66.02	58.78	60.05	60.84	60.82	61.96	62.78
		富裕度 A	0.27	0.31	0.28	0.28	0.32	0.32	0.25	0.28	0.28	0.29	0.32	0.32	0.28	0.32	0.33	0.24	0.28	0.28
		δ	0.79	0.80	0.79	0.79	0.80	0.80	0.78	0.79	0.79	0.79	0.80	0.80	0.79	0.80	0.80	0.78	0.79	0.79
		重要性指数	0.9960	0.9964	0.9971	0.9993	1.0043	1.0119	0.9852	0.9874	0.9968	1.0019	1.0036	1.0104	0.9991	1.0043	1.0144	0.9827	0.9868	0.9932
		最终得分	62.28	62.97	63.90	63.79	64.73	65.70	63.20	63.61	64.83	64.14	64.94	66.70	58.72	60.31	61.71	59.77	61.14	62.36

农业社会化服务赋能共同富裕的"湖州模式"研究

方师乐[1]　高叙文[2]　史新杰[2]

（1.温州商学院；2.浙江大学）

一、研究背景

"以新发展理念引领经济高质量发展"是习近平新时代中国特色社会主义思想的重要组成部分，"共享"是新发展理念的核心，是中国特色社会主义的本质要求。共享发展注重解决社会公平正义问题，坚持全民共享、全面共享、共建共享、渐进共享，通过共享与发展不断推进全体人民共同富裕。[1] 上述新发展理念在农村地区体现为构建小农户和现代农业发展有机衔接的体制机制，让小农户共享农业现代化的红利。

中国的实践表明，农业社会化服务能在一定程度上破解"人多地少"的禀赋约束，为小农经济再造和在小农经济基础上实现农业现代化提供可能性。[2] 2017年，党的十九大报告做出了"健全农业社会化服务体系，实现小农户和现代农业发展有机衔接"的重要指示。2021年，农业农村部印发《关于加快发展农业社会化服务的指导意见》，指出发展农业社会化服务是实现中国特色农业现代化的必然选择，是促进农业高质量发展的有效形式，并强调农业社会化服务是实现中国特色农业现代化的关键，对提高农业生产效率、推动乡村振兴进程、保障国家粮食安全具有重要意义。可见，着眼于现实国情、农情，促进农业社会化服务发展、完善农业社会化服务体系建设是学习贯彻习近平新时代中国特色社会主义思

---

① 李实.共同富裕的目标和实现路径选择［J］.经济研究,2021(11):4-13.

② 方师乐,韩诗卉,徐欣南.电商发展与农村共同富裕［J］.数量经济技术经济研究,2024(2):89-108.

想、构建中国特色农业现代化体系的重要内容。

湖州作为全省乃至全国共同富裕建设的先行区和示范区,在依托农业社会化服务平台建设助力乡村振兴、推进共同富裕的过程中,涌现出不少可借鉴、可复制、可推广的实践经验,其中包括"农合联＋行业协会＋农户""政府＋强村公司＋农户""政府＋合作社＋农户"等多种新型的产业组织模式。这些创新模式和做法在对传统的小农经济和农村工业化的改造过程中,实现了"联大带小""纵横交错"的包容性增长新路径,不仅促进了传统非农产业结构转型升级,以及农业生产体系、产业体系、经营体系现代化和农村人均可支配收入的极大提升,而且提高了农村低收入人群的要素供给能力,降低弱势群体参与经济建设、产业构筑的禀赋门槛,让他们共享经济发展、产业兴旺的时代红利,在发展中实现共享,在共享中促进发展。[①]

二、湖州推进农业社会化服务的政策演进

湖州在政策层面率先在全国开展农业社会化服务的推进工作,不断探索政府支持农业社会化服务的新思路、新模式、新举措。随着经济发展条件和国家宏观政策的变化,湖州近 10 年出台的主要文件中关于农业社会化服务的政策表述和要点也不断演变(表 1),本研究总结为如下三个方面。

从服务内容来看,湖州市农业社会化服务内容经历了由"全程社会化服务"向"农业生产性服务"转变的过程。2021 年《湖州市人民政府关于推进"双强行动"打造"未来农场"加快农业高质量发展的实施意见(2021—2025)》指出"推动农机企业向生产服务一体化转变"。同时,农业生产性服务业科技支撑不断强化、可持续发展观念不断深入、服务领域持续拓展,农服产业专业技术人才需求不断增加,数字技术赋能社会化服务趋势显著。从服务主体来看,湖州市农业社会化服务主体多元化、市场化特征愈加明显,而且经营性服务主体的重要性与日俱增。2023 年《湖州市人民政府办公室关于推进现代农资经营服务高质量发展的实施意见》强调"加快构建供销社主导、龙头企业牵引、各类农资经营服务主体联合合作的现代农资经营服务体系"。从服务形式来看,湖州市农业社会化服务形式逐渐从多样化向农业生产托管集中。

---

① 方师乐,卫龙宝,伍骏骞.农业机械化的空间溢出效应及其分布规律[J].管理世界,2017(11):65-78;史新杰,李实,陈天之,等.机会公平视角下的共同富裕[J].经济研究,2022(9):99-115.

表 1　湖州市关于"农业社会化服务"政策表述的演变（2014—2023 年）

时间	文件名称	涉及"农业社会化服务"的内容	关键词
2014	《湖州市 2014 年度政府信息公开工作年度报告》	培育新型职业农民，提升农业龙头企业，扶持新型农业经营主体。加快供销合作社综合改革，促进农技推广联盟与基层农业公共服务中心对接合作，继续实施一批新农村建设市校合作项目	加强与农业公共服务中心合作
2015	《湖州市 2015 年全市工作要点》	大力培育社会化服务组织。以农业"两区"为平台，大力培育社会化服务组织，开展农业生产全程社会化服务。积极推进农业社会化服务主体多元化、形式多样化、运作市场化，使农民享受到低成本、便利化、全方位的社会化服务；深化农机农艺融合，着力发展水稻机械化插秧、精量直播技术，大力推进农机社会化服务，加快粮食生产和主导产业机械化进程，水稻耕种收综合机械化水平达到80%以上	全程社会化服务；社会化服务主体多元化、形式多样化、运作市场化
2016	《湖州市 2016 年全市工作要点》	大力推进农业社会化服务。按照"主体多元、形式多样、竞争有序"的原则，积极发展专业服务公司、专业服务合作社、专业服务队等经营性服务组织，积极应对农业劳动力的转移和农业生产用工的矛盾。探索建立政府购买农业公益性服务模式，积极推广合作式、托管式、订单式等服务形式，提高服务效率。支持供销合作社开展社会化服务，加快形成综合性、规模化、可持续的为农服务体系，为千家万户农民提供生产保障	发展专业服务公司，探索服务新形式
2017	《关于深入推进农业供给侧结构性改革促进农业绿色发展的十条意见》	以主要农作物全程机械化为突破口，开展农机装备优化升级改造、农机化建设，强化农机与农艺、农机化与信息化融合，提升农机社会化服务能力	农机社会化服务、农机设备技术升级
2017	《关于印发 2017 年市本级现代农业奖补办法的通知》	开展县级农机购置补贴试点，推广先进农业机械和设施装备。支持农业机械保险，对农业生产经营主体购置补贴机具并购买农机保险，给予总保费50%的定额补贴	农机购置补贴、社会化服务
2018	《浙江省 2018 — 2020 年农机购置补贴实施意见》	对从事农业生产的个人和农业生产经营组织提供购机补贴，鼓励因地制宜发展农机社会化服务组织，提升农机作业专业化社会化服务水平	农机购置补贴
2019	《湖州市现代农业发展"十三五"规划》	大力推进农业社会化服务。按照主体多元、形式多样、竞争有序的原则，大力培育专业服务公司、专业服务合作社、专业服务队等经营性服务组织，为农业生产经营提供全程标准化服务。积极推广合作式、托管式、订单式等服务形式，提高服务效率。全面建成"三位一体"的合作经济组织体系，鼓励和支持农业企业、专业合作组织和家庭农场加入"农合联"	综合性、规模化、可持续的为农服务体系

续表

时间	文件名称	涉及"农业社会化服务"的内容	关键词
2021	《湖州市人民政府关于推进"双强行动"打造"未来农场"加快农业高质量发展的实施意见（2021—2025）》	深入推进"互联网＋农机作业"，农机作业环节补贴实现数字化监管。推动农机企业向生产服务一体化转变，重点培育发展"全程机械化＋"新型专业服务组织，推广"农机企业＋合作社＋农户""合作社购买、农民租用""自愿联合、机具共享""服务中心托管、农民使用"等模式	互联网＋农机作业；生产服务一体化；服务中心托管、
2023	《湖州市人民政府办公室关于推进现代农资经营服务高质量发展的实施意见》	加快构建供销社主导、龙头企业牵引、各类农资经营服务主体联合合作的现代农资经营服务体系。鼓励市、区县农资公司联合组建区域一体化农资企业，打造现代农业服务生态圈，突破农资行业同质竞争严重、经营主体分散、服务能力偏弱等瓶颈约束，提升综合服务能力	现代农资经营服务体系

三、湖州农业社会化服务发展的经济社会动因分析

湖州农业社会化服务的发生、发展有着深刻的经济社会动因。21世纪初，在快速城市化的发展浪潮下，大量农村劳动力涌入城市并进入非农行业，"谁来种粮"成为国家层面的现实问题，"谁来养活中国"也一度引起世界关注。虽然国家从战略高度提出了城镇化和农业现代化协调发展的总体方针，但短期来看，城市和农村的资源竞争是不可改变的，城市对于农村生产要素的"虹吸效应"造成短期内农村的凋敝也是必然的。

湖州也同样面临着城镇化、工业化背景下"谁来种粮"的发展困境。随着21世纪以来农村劳动力非农化进程加速，湖州各区县的农业生产条件发生深刻变化。快速城镇化导致农村劳动力流失现象严重，并且呈现出农村劳动力老龄化、女性化的趋势，同时用工成本上升。从图1可以看出，近20年来，湖州各区县的农作物播种面积都出现了不同程度的下降，尤其是作为农业主要产区的长兴县、南浔区、安吉县下降幅度明显。从图2的统计数据来看，虽然自2003年以来，湖州各区县的农村劳动力资源数未出现大幅度下降，但这其实是农村工业化兴起背景下就地工业化所产生的假象。这段时期，农村内部的产业结构出现调整，农产品加工业等存在于农村的第二产业开始发展壮大，而实际从事第一产业的劳动力数量大幅下滑以及农作物播种面积的明显下降趋势可以侧面反映这一现象。

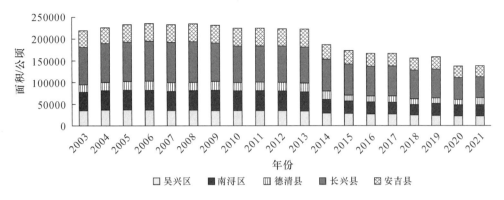

图 1　湖州各区县农作物播种面积(2003—2021 年)

数据来源:历年《湖州统计年鉴》。

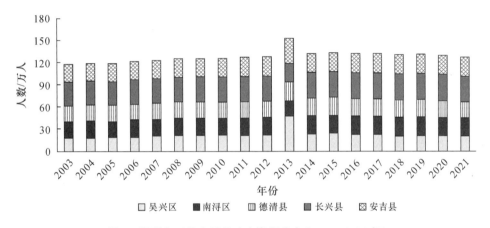

图 2　湖州各区县农村劳动力资源分布(2003—2021 年)

数据来源:历年《湖州统计年鉴》。

根据诱致性技术变迁理论,农业劳动力成本上升为农业机械对劳动力的替代创造了条件。但由于家庭联产承包制的实行及其长期稳定的制度安排,湖州农业规模经营水平较低。21 世纪初,湖州农户户均耕地面积不足 0.5 公顷,远远低于世界银行设定的小农户标准(2 公顷以下),属于典型的人多地少型资源禀赋区域。由家庭联产承包责任制引发的小规模与分散化问题,使部分学者将家庭经营视为阻碍规模经营的瓶颈,而推进农地的流转与集中成为实现农业机械化并最终实现农业现代化的必经之路。一些学者认为,在人多地少、土地细碎化的地区发展农业机械存在规模不经济的问题,即使农民使用机器生产,也不可能存在相应的专业化劳动力细分市场,在小农生产的基础上发展农业机械化是不可能的。

从统计数据来看,湖州的农业机械化发展态势良好,虽然小农户直接投资农业机械存在规模不经济的难题,但实现非农就业或创业的小农户和兼营农户更倾向于购买农业机械服务而并非直接投资农业机械。因此,在城镇化实现快速发展的同时,大中型农业机械服务迎来黄金增长期。其中以德清先锋农机为代表的农业机械跨区服务产业集群成为湖州农业机械化发展的一大亮点。2004年后,湖州的农业机械呈现出明显的大型化趋势(图3、图4)。虽然现实的资源禀赋限制了土地规模化,但以农业机械服务为代表的社会化服务新模式实现了"服务规模化"对于土地规模化的替代,成为湖州实现农业规模化生产的主要表现形式。与此同时,农业机械服务的出现催生了专门从事某一特定生产环节的农业机械服务组织,这是农业分工和专业化的雏形。由此可见,小农经济为快速城镇化背景下农业社会化服务的发生、发展创造了条件,形成极具特色的农业现代化实现路径,也为小农户和现代农业有机衔接提供了桥梁。

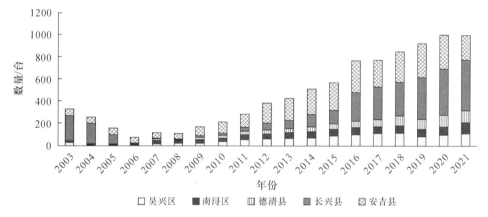

图 3　湖州各区县农用大中型拖拉机数量(2003—2021 年)

数据来源:历年《湖州统计年鉴》。

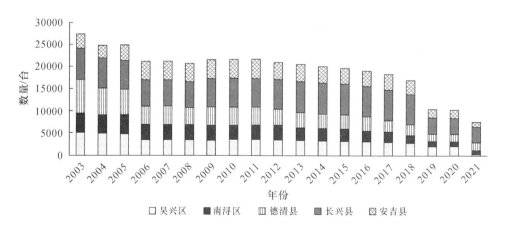

图 4　湖州各区县农用小型拖拉机数量(2003—2021 年)

数据来源:历年《湖州统计年鉴》。

对以上分析的总结就是,21世纪以来湖州以农业机械服务为代表的农业社会化服务快速发展离不开两个重要的经济社会动因:特定农村产权制度下诞生的小农经济和快速城镇化的浪潮。

四、农业社会化服务助力湖州乡村振兴、促进共同富裕的典型模式

湖州作为"两山"理念的发源地,大力发展乡村特色产业、唤醒乡村沉睡资源,以产业兴旺带动乡村振兴,走出了一条在产业结构转型升级中实现民富村美产业兴旺的小康之路。其中,构建全产业链的农业社会化服务体系,助力乡村振兴、促进共同富裕是极具湖州特色的农业现代化产业组织模式,成功为小农户融入现代农业发展搭建载体,在有效促进农业要素投入和全要素生产率提升的同时,实现了包容性增长。本研究在实地调研走访中总结了农业社会化服务助力湖州乡村振兴、促进共同富裕的典型模式。

(一)"农合联+专业农户+低收入农户","联大带小"促共富

长兴县依托农合联探索出了一条由产、供、销、技术和金融服务等深度融合的农业产业新路径,通过"联大带小"为中小农户提供"造血式"产业帮扶,提高农业经营性收入,有效破解了低收入农户"增收无门、致富无路、创业无技、发展无资"的困境。以县农合联为中心、专业产业农合联为联结、低收入农户为主体,深化生产、供销、信用"三位一体"改革,紧紧围绕"社户对接,助农增收"的主题主线,积极探索建立社户对接帮扶机制,实施"百社联千户"为主要载体的产业帮扶助农增收行动。在依托农合联提供社会化服务的模式中,长兴县坚持"政府主导,农户主体,精准施策,合力帮扶"原则,以产业帮扶为牵引,重点抓好"定对象、选产业、扶农户、教技术、销产品、补政策"等关键环节,全链条破解低收入农户增收难题。

一是首创"三有"认定标准,解决"对象怎么定"。"三有",即有劳动能力、有脱贫意愿、有勤劳习惯。通过村民代表大会推选、乡镇(街道、园区)审核认定的方式,将符合"三有"标准的低保户、低边户、支出型贫困户确定为重点扶持对象,并延伸至困难党员户、困难退役军人、困难大学生等特殊群体,实现帮扶对象层层筛选、精准识别。

二是依托各地产业优势,解决"产业怎么选"。依托各地优势产业兴建帮扶基地72个、总面积达3082.8亩。同时,按照"面积20亩以上、入驻低收入农户

10 户以上、持续帮扶 3 年以上"的标准,精选葡萄、芦笋、吊瓜、湖羊、特种水产等 13 个技术易掌握、效益较稳定、成效较明显的优势特色农业产业进行产业帮扶。

三是发展多元帮扶组合,解决"农户怎么扶"。紧紧依托各级农合联,坚持"四个并重",突出发展"产业＋就业"的双重帮扶模式,大力实施"芦笋＋湖羊""水产＋蔬菜"等多种产业帮扶组合,最大限度挖掘增收潜力。

四是探索结对培训模式,解决"技术怎么教"。探索农合联会员与低收入农户进行"一对一""一对多"结对,提供生产技术、田间管理、种子种苗等。建立县、乡两级技能培训体系,聘请有技术、懂经营的农业"土专家"开展技术培训,平均每年开班 50 次,培训低收入农户千余人。

五是拓展自销包销渠道,解决"产品怎么销"。整合农合联会员销售资源,实施产业农合联协议包销模式,通过覆盖沪、苏、浙、皖等地区 60 多个大中城市的销售网络,确保农产品卖得出去。同时积极承办农事节庆活动,通过企业爱心认购、供给知名超市等方式,确保农产品卖得好。

六是畅通"绿色金融"服务,解决"政策怎么补"。出台《助农增收二十条政策意见》,每年安排专项财政资金补助农户、帮扶主体。创新补贴价格指数险、气象指数险、"兴扶贷"贴息贷款等金融服务产品,保障产业发展,累计为 791 户低收入农户授信 3668 万元。

在这一发展模式中,专业农合联起到关键性作用。首先,在县供销社设立县级农合联,在乡镇设立以特色产业为依托的专业农合联,实现了覆盖范围广、组织结构全的"纵横交错"社会化服务体系。其次,专业农合联不依附行政单位,而是由产业带头人、合作社负责人、家庭农场主和种植专家等专业化、规模化的新型农业经营主体构成,以生产、销售和金融服务为主线"联大带小",在实现区域农业品牌共建共享、产业体系提质增效的同时,将低收入农户纳入生产经营范畴,真正践行了在共享中谋发展、在发展中促共享的共同富裕核心理念。专业农合联在实际运作过程中扮演了行业协会的角色,是对政府调控和市场机制的有效补充,利用其特殊的组织模式,为低收入农户提供产前、产中、产后一条龙服务,同时起到行业自律的监督示范作用,有利于区域公用品牌创设和产业长周期发展。

(二)"村集体＋社会化服务主体＋低收入农户",农业产业促共富

针对低收入农户共富渠道窄、增收能力差的现状,湖州大力发展村集体经济,依托集体经济平台优势,发展特色农业产业。但是村集体不具备专业技能,

带动低收入农户增收渠道有限。湖州多地以村集体为媒介引入社会化服务主体,例如新乡贤创办农业产业园、社会资本创建共富基地等形式,为低收入农户提供生产物资、技术培训、场地设施、销售渠道、融资服务和工作机会等,降低低收入农户农业生产经营门槛,拓展增收渠道。

长兴县和平镇稻蛙生态养殖共富基地占地 780 亩(包括城山村基地和吴村村基地),其中城山村基地原是一片老桃林,经济效益低下,桃林病虫害严重且处于粮食功能区内,吴村村基地 2020 年前一直处于抛荒中,经整治种粮后,粮食效益低下,土地租金远低于市场水平,种粮大户积极性不高。两处基地针对实际情况,结合当地黑斑蛙养殖的独特地理优势,利用稻和蛙的天然生态链进行共生种养,以较稳定的增收成效吸引带动周边村集体、社会资本和低收入农户参与基地建设并入股,进而推动和平稻蛙产业的发展壮大,为"扩中""提低"行动提供了样板参考。基地与湖州城投集团、和平城南工业功能区建立党群共富联盟,通过品质把控,依托企业的资源,为低收入农户拓展了销售渠道。基地的建设始终坚持以壮大村集体经济、提高中低收入人群的收入水平为着力点,采用"村＋企＋中等收入群体＋低收入群体"的合作模式,村集体经济年增收超 50 万元;鼓励低收入农户以"股金＋劳动"的形式参与基地运营,并设置爱心专岗 8 个,每年点对点帮扶低收入农户 17 户,户均增收 4.8 万元以上。

湖州通过激活村集体统筹功能,创建形式多样的新型农业社会化服务主体,开展土地规模经营实践,克服了小农户"散"的困境,践行了"统分结合"的创新经营模式。通过有效组织和动员村庄精英示范规模种植,克服了规模经营前期的农地细碎化问题,带动了小农户自组织整合土地生产要素。通过农业社会化服务的组织化供给,使小农户能够与现代农业社会化服务体系对接,为小农户创造了保护性发展空间。更为重要的是,以村集体为主导的农业社会化服务增强了村集体经济实力,进一步巩固了村级农业生产性公共服务供给能力,有利于构建小农户与现代农业衔接的长效机制。

(三)"村集体＋强村公司＋低收入农户",新型农村工业化助力产业振兴

近年来,湖州市以集体经济市场化改革为方向,借助新型农村工业化的东风,在全省率先创办强村公司,大力拓展村级集体经济发展的新路子、新模式,围绕资产盘活、产业发展、乡村经营、物业服务、工程承揽、劳务派遣等方面打造了强村公司六大典型模式。2022 年底,湖州市已组建强村公司 398 家,覆盖行政村 805 个,分红近 2 亿元,分红额占集体经济经营性收入的 10.6％,全市村级集

体经济年经营性收入 80 万元以上行政村占比达到 85%。

夹浦镇的纺织业历经 30 多年的发展,早已成为夹浦主导产业之一。夹浦镇拥有 106 家规上织造企业、11 家规上印染企业、3.7 万台喷水织机,75% 以上的家庭从事纺织工业及配套服务。家庭织机收入是较大部分老百姓的主要收入,但是自 21 世纪初,家庭织机织造面临环境污染严重、生产安全具有隐患、产品附加值低等多种问题,同时织机户口大部分为散户,如果让企业放开购买新机发展而压缩散户经营空间,会导致社会矛盾增加,严重制约传统纺织行业健康发展,而如果采用"一刀切"全部关停家庭织机的做法也将影响数万群众生计。近年来,夹浦镇以共同富裕改革为引领,以新型农村工业化为契机,依托各村乡贤力量,成功地打出了一套推动散户集聚、新建小微园、织机上楼、数字化改造、新型纺织终端引入的"组合拳",全面推进纺织产业链提档升级,为共同富裕示范区建设添砖加瓦。

一方面,立足群众需求,谋划家庭织机户出路。对村庄内家庭织机户给予三种路径:一是对出于年老体弱等各种原因不愿经营家庭织造者,由织机户主动提出,实施织造产能市场化置换,通过出资置换产能;二是通过现有四个工业园区闲置厂房盘活利用、园区企业"低改高"项目建设增加喷水织机容纳空间,吸纳喷水织机家庭户就近集聚入企;三是通过探索新建"一园多点"纺织小微企业园,吸纳喷水织机家庭户整村集聚入园。通过产业集聚实现共富效应,小微企业园为散户提供金融支持、技术指导和销售渠道,带动散户稳定增收,吸引周边村剩余劳动力就近就业超 1000 人,人均年收入普遍达到 15 万元左右。另一方面,产业聚集缓解了传统工业化中单兵作战模式的标准化低、市场势力弱、环境污染严重、规模效应差等问题,促进了全产业链协同发展,实现"建链、延链、补链、强链",形成纺织产业多元化发展的局面。

五、农业社会化服务助力乡村振兴、促进共同富裕的对策建议

全面推进乡村振兴,实现农业高质高效、乡村宜居宜业、农民富裕富足目标,为农业社会化提供了广阔的发展舞台。在快速城镇化的背景下,农村劳动力大量外流,农业规模化、专业化发展成为必然趋势,农业劳动生产率提升迫在眉睫。在新发展阶段,要时刻紧跟农业农村新产业新业态,同时认清"大国小农"在未来很长一段时间都将是我国农业发展的基本特征,为此要构筑以服务规模化为导向的具有中国特色的农业生产体系、产业体系和经营体系,着眼于增强农业竞争力和建设强势农业,提升有中国特色的农业社会化服务体系建设的质量和要求。

（一）完善农业社会化服务体系、加大政策扶持力度

以专业化、信息化、模块化为特征的农业社会化服务新型经营主体推动土地的适度规模化经营，发挥农业服务化的技术外溢效应。构建以政府为引导、市场为主体、行业协会普遍参与的多层次农业社会化服务体系。在顶层设计层面构建完整的农业社会化服务政策体系，将项目整合交由基层农业农村部门操作，构建由下到上畅通的信息反馈机制，进而形成项目合力，最大力度地推动农业社会化服务发展。通过设立专项资金或者税收减免的方式，增加对农业社会化服务供给主体的补贴力度，鼓励社会组织参与农业社会化服务的供给工作；同时发挥科研院所的作用，鼓励科研工作者投入农业工作，开展与农业相关的课题，发展农业生产技术，提高农业生产效率。针对湖州的特色优势农业产业，建立专业农合联性质的社会化服务主体，同时打通信用、生产、营销和销售全服务流程，实现多部门联动的服务体系网络。

（二）完善土地流转市场、规范市场化运作

保障农业社会化服务主体的土地需求，通过政府牵头、统一流转的方式，降低土地流转的交易成本，促进农业生产规模朝着适度的方向发展；同时构建有利于农户及时获取农业社会化服务的信息网络，实现服务价格公开透明，保证市场机制在各类资源分配时起到主导作用；在相应的互联网平台上也要严厉打击各种恶意抬高价格或压低价格的行为，保护供需双方的合法权益。

（三）加强对多方主体的技能培训

构建运作高效、机制健全的农业社会化服务体系关键在于培育一批素质优良、专业性强的新型农业生产经营主体，要加强对体系内重点人员的培训工作，培训资源重点向农合联、种养大户、家庭农场、农民专业合作组织倾斜，将这些组织中潜力大、受教育程度高、富有农村情怀的年轻人作为重点对象，实现培训资源的最大化效用。前期要做好市场调研工作，深入一线了解服务组织和农户的现实发展困境和培训需求，合理安排培训内容和方式。除一般的农业技术外，根据新的形势，主要从农业新技术、生态农产品生产、食品质量安全、企业经营管理、市场营销、农业社会化服务领域的知识和技能上设计培训内容，并采用相应的培训方式。同时要积极推动低收入农户的人力资本积累，变"供血"为"造血"，实现可持续发展。通过开设公益培训班，培训农户的农业生产技术或者其他各种类型的服务技能，帮助流转土地的农户更好地融入组织生活、创造社会价值。

（四）以数字化发展推动农业社会化服务平台建设

积极推进服务供给主体入驻网络平台，为农业全产业链提供社会化服务，实现农业社会化服务内容、方式和手段创新，推进信息化、智能化同农业社会化服务深度融合。积极引导农业社会化服务主体数字化转型，将数字服务纳入社会化服务范畴，给予政策性补助，鼓励由具备资质的农业企业牵头定制 App、微信小程序等数字网络平台，将作业农机、网络营销、金融服务等农业社会化服务关键环节纳入数字化管理，提高服务效率，优化资源配置。引导社会资本参与数字化服务平台建设。加强数字化农业人才培养。

（五）差异化支持不同服务主体以发挥比较优势

政策上要注重发挥不同类型服务主体的比较优势，引导它们分层发展、分类发展、融合发展，做到优势互补、协同协作、网络联结。在贴近小农户的生产环节，要视具体情况，以现有服务主体结构为基础，鼓励农业服务户、服务专业户、家庭农场、农民合作社、农业服务企业、集体经济组织等有效竞争、公平发展；在组织统一作业、联系产业链前后端市场主体等环节，优先扶持集体经济组织、合作经济组织以发挥其中介服务功能；对于产业链前后端和资本密集型、技术密集型的经营性服务，优先扶持专业服务公司、产业化组织等提供服务；注意发挥供销社等传统服务组织和公益性机构创办的服务实体、大型企业集团等搭建服务网络、服务平台的资源整合优势，形成区域综合或产业链集成服务能力；注重让公益性服务体系发挥对公共性、基础性服务的兜底作用和对经营性服务发展的支撑作用。

关于发展壮大村级集体经济，促进农业增效和农民增收的研究

李红伟　　王时东　　杨彦好　　朱胜清　　吕玉珍

［湖州市发展规划研究院（湖州市经济信息中心）］

发展壮大新型农村集体经济，是党中央对深化农村改革提出的一项重要任务，也是实现乡村全面振兴、促进农业增效农民增收的"着力点"。近年来，湖州灵活运用"建设强村公司""飞地抱团"等方法，村级集体经济发展模式不断丰富、机制不断创新，走出了一条村强民富的集体经济增收之路。为深入挖掘整理、认真总结提炼湖州农村集体经济实践经验，为全国提供可借鉴、可推广、可复制的湖州经验，并继续探索新型农村集体经济发展路径，促进农业增效农民增收，中共湖州市委社会建设委员会与浙江大学—湖州市共同富裕研究中心形成了专题研究报告，供决策参考。

一、理论认知

（一）新型农村集体经济相关概念

2016 年 12 月中共中央、国务院印发的《关于稳步推进农村集体产权制度改革的意见》中正式提出"新型农村集体经济"概念，指在农村地域范围内，以农民为主体，相关利益方通过联合与合作，形成具有明晰的产权关系、清晰的成员边界、合理的治理机制和利益分享机制，实行平等协商、民主管理、利益共享的经济形态。

相对传统农村集体经济，新型农村集体经济具有如下特征：一是资产投入实现"三清"：集体资产清，人员资格清，产权关系清。二是运行机制实现"三新"：股份合作经营方式新，现代企业管理制度新，按股分红利益联结机制新。三是经营效果实现"三个起来"：农民被组织起来，资源被整合起来，产业被发展起来。

新型农村集体经济概念提出后,湖州各地结合时代所趋、发展所求、地方所需,探索形成强村公司、飞地抱团等特色模式。2015 年,湖州市南浔区成立了浙江省第一家强村公司,按照"产权清晰、收益归村"原则,根据每个村的地理位置、资源禀赋、经济实力等条件,依照《中华人民共和国公司法》有关规定,由村集体经济组织独资、多村联合投资等形式打造市场化运营的现代企业。与传统专业合作社相比,强村公司在经营范围、经营渠道上有更大拓展。创新推出的飞地抱团模式依托各类园区、特色小镇等平台,将财政扶持资金、村自筹发展资金、存量建设用地等资源集中配置到条件相对优越的区域,对跨村、跨乡(镇)、跨县联合建设或购置物业等可持续发展项目,实行统一运营管理,实现资源互补、优势互补、多方共赢的集体经济抱团致富。

(二)新型农村集体经济相关政策脉络

党的十九大以来,《中共中央 国务院关于实施乡村振兴战略的意见》《乡村振兴战略规划(2018—2022 年)》《中华人民共和国国民经济和社会发展第十四个五年规划和 2035 年远景目标纲要》以及 2021 年、2022 年中央一号文件等中央政策文件反复强调发展新型农村集体经济。党的二十大报告提出:"巩固和完善农村基本经营制度,发展新型农村集体经济,发展新型农业经营主体和社会化服务,发展农业适度规模经营。"发展新型农村集体经济被提升至国家战略层级,成为推进农村农民共同富裕的重要抓手。

在国家战略指引下,湖州市积极探索发展集体经济新机制、新模式,在《湖州市乡村振兴战略规划(2018—2022 年)》《湖州市农业农村现代化"十四五"规划》《关于实施村级集体经济强村计划助力共同富裕的若干意见(2022—2025 年)》等文件中均强调壮大村级集体经济及实现形式(表 1)。深入实施多轮"三年强村计划",拓展村级集体经济发展新模式。

表 1 近年来发展新型农村集体经济的相关政策

年份	国家政策文件	政策内容	湖州市政策文件	政策内容
2018	乡村振兴战略规划(2018—2022年)	深入推进农村集体产权制度改革,发展多种形式的股份合作。鼓励经济实力强的农村集体组织辐射带动周边村庄共同发展	湖州市乡村振兴战略规划(2018—2022年)	实施新一轮"三年强村计划",拓展村级集体经济增收渠道
			关于实施村级集体经济三年强村计划的意见	增强村集体经济组织造血功能,推进村级集体经济持续较快发展

续表

年份	国家政策文件	政策内容	湖州市政策文件	政策内容
2021	中华人民共和国国民经济和社会发展第十四个五年规划和2035年远景目标纲要	深化农村集体产权制度改革,完善产权权能,将经营性资产量化到集体经济组织成员,发展壮大新型农村集体经济	湖州市国民经济和社会发展第十四个五年规划和二〇三五年远景目标纲要	建立集体经济发展成果共享机制,实施新一轮村级集体经济三年强村计划,增强村集体经济造血功能
2021	中共中央 国务院关于全面推进乡村振兴 加快农业农村现代化的意见	2021年基本完成农村集体产权制度改革阶段性任务,发展壮大新型农村集体经济	湖州市农业农村现代化"十四五"规划	发展"飞地抱团"项目,健全村集体经济收入稳定增长机制
2021			关于推进"双强行动"打造"未来农场"加快农业高质量发展的实施意见（2021—2025年）	打造引领现代农业高质量发展的新型农业生产主体和生产模式
2022	中共中央 国务院关于做好2022年全面推进乡村振兴重点工作的意见	巩固提升农村集体产权制度改革成果,探索新型农村集体经济发展路径	关于实施村级集体经济强村计划助力共同富裕的若干意见（2022—2025年）	深入推进以集体经济为核心的"强村富民"乡村集成改革,拓展村级集体经济发展模式
2022	党的二十大报告	巩固和完善农村基本经营制度,发展新型农村集体经济,发展新型农业经营主体和社会化服务,发展农业适度规模经营		

二、湖州的实践探索

(一)发展脉络

(1)从经营企业到经营村庄(2001—2007年)。为激发企业活力,2001年,湖州市率先完成集体企业产权制度改革。同年,湖州在浙江省率先实施村庄环境整治。2003年根据全省部署启动"千村示范、万村整治"工程,2006年启动新农村建设,全市建成一批全面小康示范村和环境整治村。这一阶段,通过深化集体经济改革,提升农村环境整治水平,村级集体经济发展从单纯的企业经营向村庄经营转变。

（2）从美丽乡村到村强民富（2008—2014 年）。2008 年，湖州在全国率先推进美丽乡村建设，探索农村集体土地连片集中流转，发展生态经济、旅游经济，涌现出洋家乐、民宿等业态，实现资源变资产、资金变股金、农民变股东。2012 年，启动首轮强村计划，强化扶持村级集体经济。2014 年，全市 80% 的区县创建为省级美丽乡村先进区县，市级美丽乡村覆盖面达 70%。这一阶段，全市农村居民人均可支配收入从 2008 年的 10751 元提升至 2014 年的 22404 元，实现翻一番以上。

（3）从专业合作社到强村公司（2015—2020 年）。为持续增强村集体经济造血功能，2015 年，湖州市南浔区以村股份经济合作社投资入股形式，组建全省首家强村公司，通过土地、资金、闲置厂房等要素入股，有效对接外来资本，村集体造血功能显著提升。这一阶段，村均经营性收入从 2015 年的 45.9 万元提升至 2020 年的 134.33 万元，实现 2 倍多的增长。

（4）从点上富裕到共同富裕（2021 年至今）。2021 年，浙江省启动高质量发展建设共同富裕示范区，湖州入选全省唯一全市域缩小城乡差距试点。以强村公司 2.0 为抓手实施第五轮强村计划，推动经济薄弱村以"抱团取暖"方式合资成立股份公司，共同开发、统一管理、统一收益分配，在全省率先全面消除集体经济年经营性收入 50 万元以下的欠发达村。2022 年，城乡居民收入倍差缩小至 1.61，为全国城乡差距最小的地区之一。

（二）八大典型模式

近年来，湖州以强村富民为落脚点，通过租赁、参股、联营、股份合作的方式，探索赋予农民更多财产权利、激活各类生产要素潜能，形成了在全省乃至全国可复制、可借鉴、可推广的八大典型模式（典型案例详见文后附录）。

1. 强村公司法

根据各村地理位置、资源禀赋、经济实力，依照《中华人民共和国公司法》有关规定，以村集体经济组织独资、多村联合投资等形式，组建市场化运营强村公司，有效破解村级平台能级低、对人才等要素吸引力不强、难以形成规模集聚效应等问题，实现村集体经济健康可持续发展，有较强的借鉴性和普适性，适合全国推广。2021 年，全市 253 家强村公司共产生利润 2.5 亿元，带动近万农户就业，人均年增收 2 万元以上。2022 年，南浔深化强村公司取得阶段性成效，成立强村富民集团，探索"集团化实施、共享化运营"模式，强村富民集成改革迈出新步伐。

2. 飞地抱团法

对一些本地资源较少、区位条件较差的村,引导其打破行政区域界限和要素流动障碍,采用"土地＋资金""强村＋弱村"等形式,共同建设集体经济"飞地"项目,实现抱团取暖、利益共享、共同富裕。区位交通落后、资源禀赋不具优势和经济发展相对落后地区可通过探索山海协作、东西部扶贫的跨省市"飞地"抱团模式,实现先富带动后富、区域联动发展。全市已实施"飞地抱团"发展项目84个,村均增收30余万元。

3. 未来农场法

未来农场法可通过土地租金、入股分红、劳动工资、帮扶结对等模式,促进农民就业增收,增加农村集体经济收入,适用于农业资源富集地区。截至2021年底,全市已建成区县级未来农场74家、市级未来农场20家、省级未来农场5家,其中省级未来农场认定数量居全省第一。未来农场共联结村集体31个、农户5336户(低收入农户621户)、普通农业主体593家,吸纳农村劳动力2930人,促进就业增收约1.3亿元。

4. 产业带动法

将加快村级集体经济发展与推进农业两区①建设、提升现代农业发展水平、发展块状经济相结合,是具有优势资源禀赋地区强村富民的典型机制,也适用于资源枯竭型地区发展壮大集体经济。近年来,湖州依托各村自然禀赋和产业基础,实施乡村产业"八业千亿"②培育工作,打造一村一品、一乡一业、一县一色,如菱湖成为全国著名的淡水鱼重点产区,淡水鱼产量和产值占浙江省的1/3;安吉白茶2021年品牌价值为45.17亿元,连续12年跻身中国茶叶区域公用品牌价值十强,可带动每年村集体增收超150万元、农户增收超2000元。

5. 美丽撬动法

立足生态资源优势和美丽乡村建设,重点发展乡村休闲旅游促进集体经济增收,把"绿水青山"变成"金山银山",适用城市郊区、名胜景区周边、依山傍水临草自然生态区等地。近年来,湖州围绕打造"乡村旅游第一市"品牌,形成了"景区＋农庄""生态＋文化"等多种模式,德清"洋家乐"、长兴"上海村"、安吉"亲子游"、南浔"渔家乐"等享誉全国。2021年,湖州市接待乡村旅游游客5400多万人

---

①　农业两区:粮食生产功能区和重要农产品生产保护区。

②　湖州市"八业千亿"乡村产业体系:做强现代种养产业,做精乡土特色产业,做深农产品加工业,做大乡村商贸流通业,做活乡村休闲旅游业,做优乡村新型服务业,做广乡村数字产业,做实农资农机产业,力争"十四五"末乡村产业总产值突破2000亿元。

次,乡村旅游经营收入 137 亿元,占浙江省的 26%,居全省第一。

6. 资产盘活法

在符合法律和政策规定的前提下,引导村集体对闲置或低效使用的办公用房、老校舍、厂房等资产,通过资产发包、租赁经营、自主开发等方式盘活,可有效解决归属不清、流转不畅、项目建设周期长等问题,适用于有闲置资产、资产盘活改革有一定基础的地区。如南浔区北港村改造提升低效的原自来水厂、原森奇活性炭厂地块,"化零为整""腾笼换鸟"打造临漾地块、引进优质项目,2021 年村集体收入 844 万元,经营性收入 402 万元,村集体经济由亏空跃居全镇第一。

7. 服务创收法

通过成立劳务公司等组织,为企业提供劳动力或中介服务,为金融、保险、广电、通信等部门提供代理服务,向农民提供技术、物资、流通等中间服务,壮大村集体经济。服务创收法可根据乡村条件"量身定制、定向打造",具备形式多样、门槛较低、可复制性强等优势,适用于劳动力资源富余地区、区位条件相较不发达地区。如安吉县高禹村由村股份合作经济合作社出资成立天禹物业管理有限公司,承接小微企业园物业管理、北园区保洁等业务,带动 100 余名村民就业,村集体固定收入由 2010 年的 13.5 万元增长到 2021 年的 585 万元,村集体资产也由原来的 500 万元增长到 1 亿多元。

8. 土地整治法

发挥村集体经济组织"统"的作用,引导欠发达村优先开展全域土地综合整治,将节余土地指标有偿调剂收益补助村集体。土地整治法可解决农村用地碎片化、人居空间布局无序化等难题,让存量土地资源真正成为收益性资源,具有较强的可操作性。近年来,湖州创新推广"坡地村镇""点状供地"发展新模式,2021 年全市新增集中连片耕地 3000 余亩,盘活低效建设用地 3500 余亩,通过土地资源吸引优质"造血"项目,每年可增加村集体经济经营性收入 30 余万元。

(三)仍需突破的问题

1. 村集体经济造血功能有待进一步强化

大部分村级集体经济收入形式单一,缺乏核心竞争力,"特色牌"亮点不够多。2021 年全市乡村经营性收入占村级集体经济总收入比重已接近 50%,但村集体经济发展后劲不足。农业经营组织化程度有待提高,产供销一体化链条还未形成,区域性农业龙头企业数量偏少,抗风险能力弱。农业产品层次低,农产品品牌创建、运营推广能力尚有不足,存在同质化竞争激烈、发展路径单一等问题。

2. 富民增收多元化渠道有待进一步拓展

2021 年农村居民工资性收入占可支配收入比重高达 65.3%，随着企业转型升级、机器换人步伐加快，农民面临结构性失业和政策性失业双重压力，工资性收入增长速度和空间受限；经营性收入受农业产业化程度不高、农产品附加值低等制约，增长活力有待激发。另外，乡村旅游、民宿经济等对农民增收的支撑作用不强，调查显示，乡村旅游收入占农村居民收入比例仅 2% 左右。

3. 要素支撑保障有待进一步加强

从"人"的角度看，专业技术人才、职业管理人才、运营人才缺乏，"一肩挑"后领头雁的综合能力和素质亟须提升，年轻后备力量缺乏；从"地"的角度看，现代农业配套设施用地和乡村新产业、新业态用地难以得到满足；从"钱"的角度看，农村金融支撑尚显不足，稳定多元的资金投入渠道有待拓展。

4. 体制机制有待进一步深化

村级集体经济发展长效机制尚未健全，如村集体经济合作社真正经营范围较局限、经营渠道不够顺畅。集体经济反哺惠民的体制机制还未健全，广大村民在乡村医疗教育、基础设施等公共服务领域的获得感、认同感与集体经济收入不匹配。做大蛋糕和切好蛋糕的问题还未完全解决，利益联结共富层次和模式有待深化，企业、村、农户之间的闭环管理"利益共同体"尚未完全构建。

三、迭代思路

(一)总体考虑

以习近平新时代中国特色社会主义思想为指导，以缩小城乡差距、促进共同富裕为目标，充分发挥市场在资源配置中的决定性作用和更好发挥政府引导作用，深化农业供给侧结构性改革，深入推进以新型集体经济为核心的"强村富民"乡村集成改革，进一步完善新型农村集体经济运营、管理、监督机制，打造"村村富裕、家家入股、人人分红"的新型村级集体经济发展的湖州模式，努力形成一批具有推广价值的标志性成果，为全国、全省提供借鉴示范。

(二)迭代创新发展模式,促进农业增效、农民增收

1.做强强村公司,引领乡村全域共富

一是推进强村公司集团化运作。组建强村富民集团,探索建立"国有股权、集体股权、村民股权+集体资源、村民资产、国有资本"融合经营机制,开展多元化、项目化经营,不断壮大集团规模。二是全市域推广强村公司创新做法。鼓励各地规范运营一批产权清晰、收益保障、资产增值的县级、乡镇级"强村富民公司",推进片区村域资源统一规划布局,开展特色产业、绿化管护、物业管理等经营活动。三是推进公司红利反哺乡村建设和农户增收。支持强村公司投资乡村基础设施和教育医疗等公共服务设施,推动红利惠及乡村居民。鼓励农户入股技术、土地、劳动力等,通过租赁收益、股权分红、承包经营、就业岗位等增收致富。

2.发展飞地抱团,推进产业连片发展

一是重点支持薄弱偏远村发展飞地抱团。推进"强村带弱村",整合"空心化"村与薄弱村,依托产业平台、特色小镇等优势区块,优先支持位置偏僻、资源匮乏、增收渠道有限的村通过异地联建或联购物业资产等方式参与飞地抱团发展项目。二是推进飞地抱团与土地综合整治有机结合。开展跨乡镇全域土地综合整治,鼓励有条件的村将农村土地综合整治节余指标按收储价投资入股飞地抱团项目。三是扶持低收入农户入股飞地抱团项目。鼓励通过政府拨一点、慈善补一点、家庭筹一点等多渠道筹资方式,将抱团持股股东从村集体经济组织拓展至低收入家庭。

3.激活"沉睡"资源,增加农民财产性收入

一是构建市区县一体化推进格局。组建市属二级国有控股"两山"生态资源运营公司,各区县平台公司出资入股,建立分级运营机制和项目联合招商机制,以股权关系为纽带打造全市生态资源转化共同体。二是提升生态资源资产配置和转化能力。推进市域范围重要生态资源资产统一确权登记,形成生态资源资产清单,其中可供开发的由"生态资源转化共同体"负责运营。构建生态产品评估、咨询、推介全链条交易体系,打造区域性生态产品交易中心。三是推进生态资源惠民富民。深化"竹林碳汇""湿地碳汇"等模式,引导村集体加入"生态资源转化共同体"产业链,推动农户、村集体、平台公司、金融机构等多方受益。强化品牌赋能,推动重要生态产品纳入湖州绿色共富区域公用品牌,实现生态产品增值溢价。

4. 深化产业创强，打造现代农业全产业链

一是提高农业主导产业综合竞争力。依托农业产业化联合体，推动主导产业品种培优、品质提升和标准化生产，形成水产品、畜产品、茶叶与林产品、蚕茧等一批农产品优势区。二是推进一二三产业融合发展。支持村集体参与建设农产品分拣包装、贮藏保鲜、精深加工、冷链物流等设施，发展中央厨房、会员定制、体验农业等融合型新业态，提升农业经济效益。三是做强区域公用品牌。支持村集体借力"吴上兴鲜""南浔知味"等区域公用品牌，精准对接产业链上下游、产供销需求，发展直供、直采、订单等模式，提高农产品附加值。

5. 推广村庄经营，创新发展服务型经济

一是培育乡村旅游新业态。强化"大村庄"概念，通过打造组团式未来乡村等模式，推动有条件的地区连片跨村域发展露营经济、夜间经济等新业态，拓展农业经济功能和生态功能。二是打造乡村总部经济基地。鼓励村集体通过自营、入股、合作等多种方式，盘活农村闲置宅基地和闲置农房，打造"推窗见景、出门见园"的乡村总部基地，吸引文创、设计、农旅等企业集聚。三是发展乡村新型服务组织。鼓励组建物业公司、产业服务公司、农业经营公司等新型服务组织，承接劳务输出、育种育苗、企业后勤、设施建设等业务，创新农产品营销、农机服务、农业科技、金融保险等新型服务。四是大力发展直播经济。支持村集体积极开办电商直播间，健全电商、集体经济企业、合作社互惠互利的长效机制。积极培养一批农播、村播技能人才，提升一批电商专业镇和电商专业村。

6. 坚持科技赋能，推动现代农业提档升级

一是大力推广"产业大脑＋未来农场"模式。探索"渔业大脑＋未来渔场""湖羊大脑＋未来牧场"等发展模式，打造农产品数字化生产、产销对接、快速配送等场景。建立"未来农场＋合作社＋农户""未来农场＋公司＋家庭农场"等利益联结模式，提高未来农场亩均产值。二是深入实施农业"双强行动"。聚焦绿色生产、智慧高效农业等方向，支持未来农场与科研院所共建新型研发平台，开展关键核心技术和智能装备攻关，推动农业科技成果转化应用。三是加快培育科技型农业经营主体。深入实施千家经营主体培育工程，发展农业产业化联合体。鼓励科技人员、大学生到未来农场创业，引导农业科研院所、民营科研机构通过合作共建、技术入股等方式参与未来农场项目建设。

（三）深化乡村集成改革，规范村级集体经济运营管理

1.深入推进农村集体产权制度改革

一是全面明晰农村集体资产权属，保障成员权益。巩固集体产权制度改革成果，完成村级集体经济组织登记赋码和证书发放工作，将农民集体收益分配权落到实处。深入推进乡村公共空间治理，及时清理收回被违法违规侵占的集体资产资源，严格按照资产归属确权。二是深化农村集体产权制度改革，释放资产活力。深化"三权到人（户）、权随人（户）走"改革，推进进城落户农民依法自愿有偿退出土地承包权、宅基地使用权、集体收益分配权。整合农村产权交易平台与公共资源交易中心，探索股权流转、跨社参股等农村集体资产股份权能实现新形式。三是深化"三地"联动集成改革，激活乡村资源。鼓励各类市场经营主体通过转包、租赁、入股等方式取得承包地经营权。稳慎推进农村宅基地制度改革，探索"三权分置"等盘活利用方式。深化农业"标准地"改革，完善农业"标准地"政策、操作、支撑体系。

2.创新集体经济运营机制

一是融合推进"三股"红利共享。推动"政府＋国有平台＋社会企业＋村集体＋村民"五级联动，建立国有股权、集体股权、村民股权共同参与的经营管理机制，通过搭建平台、村企结对、投资入股、保底收购等模式深化利益联结机制。二是鼓励社会资本参股共建共享。支持有条件的集体经济组织在确保集体所有制性质不改变、集体资产不流失、成员权益不受损的前提下，与工商企业、农民合作社等各类经济主体探索发展混合经营，提升市场化运营水平。三是搭建"三位一体"共富联盟。联合集体经济组织、高校院所、金融机构，组建"共富联盟"，在土地资源、技术研发、示范应用、市场开拓、金融保障等方面创新资源优化组合，推动产业链做大做强。四是开发公益性岗位。鼓励集体经济组织领办创办劳务合作社（联盟），建设产业发展扶贫基地，开发乡村公益性岗位，积极吸纳低收入农户、弱劳力、半劳力就业。

3.加强农村集体资产监督管理

一是完善集体经济组织内部治理机制。健全内部管理制度，加强村级集体经济民主管理，完善集体经济组织成员（代表）大会、理事会、监事会等内部治理机构。深化"阳光村务"，健全村民参与农村集体"三资"日常监管和民主决策长效机制。二是健全集体经济组织财务监管制度。建立三资监督管理办公室，稳步提升会计核算专业化水平，规范集体经济组织财务管理。加强村级债务风险

评估和监控，建立健全集体经济组织负责人任期和离任审计制度，有效防范化解村级债务风险。三是加快推进集体资产数字化管理。加快省集体经济数字管理系统推广应用，依托平台探索完善集体资产监管预警功能，根据农村产权交易、经济合同履行等情况划分不同风险等级，实现分级预警。

（四）完善政策支持体系，优化村级集体经济发展环境

1.完善人才引进与激励机制

一是引进培养集体经济人才。提拔优秀中青年人才担任党组织书记，选拔优秀年轻苗子进"两委"班子。健全"两进两回"机制，引培一批乡村职业经理人、乡村运营师等新型经营人才，推进集体经济市场化经营。二是实施素质提升工程。加大乡村干部经营管理理念、能力等培训力度，组建集体经济发展专家团队，为村级集体经济发展提供专业的规划指导、管理咨询和技术支持服务。三是完善结对帮扶机制。以"党群创富"、未来农场等共富班车为载体，深入开展"百贤百企兴百村""双百结对·同心共治"等系列活动，采取产业带动、项目联建、消费增收等形式，助力发展村级集体经济。四是完善乡村经营的激励制度。建立完善村干部、外来下乡人才等主体参与村级集体经济奖励机制。让农业科技人员、科技特派员等能够以知识产权、技术等入股项目，按股份获取相应收益。

2.统筹村庄规划和用地保障

一是统筹推进乡镇国土空间规划和村庄规划。坚持城乡融合、因地制宜，全市安排不少于5%的新增建设用地指标，重点保障乡村发展项目用地，合理安排农业"标准地"用地需求。二是有序推进农村土地综合整治。整合归集零散存量建设用地，盘活闲置宅基地，支持集体经营性建设用地入市。促进耕地、林地经营权规模化、规范化流转。推进"坡地村镇"点状用地政策，促进农旅产业融合发展。三是加大经济薄弱村支持力度。支持经济薄弱村对闲置、低效的存量建设用地进行复垦，优先安排申报全域土地综合整治示范项目和农业"标准地"项目。保障集体物业抱团发展项目用地指标。

3.健全涉农资金统筹整合机制

一是完善乡村振兴专项资金。调整土地出让收益用于农业农村的比例，达到50%以上，争取地方政府债券用于乡村振兴。充分发挥财政资金的引导和激励作用，有效扩大社会资本投入农业农村。二是大力推进农村绿色金融改革。推进农业"标准地"使用权和农业生产设施产权抵押贷款试点，支持金融机构探索将集体经营性建设用地使用权、物业资产、资源收益权等纳入抵质押物范围，

拓展集体经济组织融资渠道。三是创新科技成果转化政策。推动高校院所在湖州设立技术转移机构、院士专家工作站等智力集聚平台。建立"1 名首席专家＋1 个专业团队＋N 个乡村主体"的"1＋1＋N"现代农业产学研联盟 2.0,打造"市校合作乡村振兴示范带"。

附录:典型案例

一、强村公司法——南浔区善琏镇

强村公司指的是按照"产权清晰、收益归村"原则,依照《中华人民共和国公司法》,由村集体经济组织独资、多村联合投资等形式打造的现代企业。典型代表为湖州南浔湖笔小镇新农村发展有限公司。

1. 基本情况

善琏镇属于南浔区农业乡镇,村集体经济基础较差。2019 年,全镇 15 个村股份经济合作社联合出资组建湖州南浔湖笔小镇新农村发展有限公司,通过规模化、产业化经营,带动村集体经济发展。

2. 主要做法

一是完善组织架构,打造专业化强村公司。形成"主要领导＋分管领导"工作格局。设立董事会、监事会,各由 3 人组成,相关成员由镇党委提出建议人选,股东大会表决通过。专业化打造绿化养护、河道保洁、物业管理 3 个项目班组。二是整合零碎资源,带动村集体增收致富。有效整合各村碎片化、低效化资源,推动农户资产与社会资本有机衔接融合。承接光伏发电、河道保洁、公路养护、物业管理等项目。如光伏电站项目现共有总装机容量 7.1 兆瓦,年发电收益达 600 万元以上。三是增强造血功能,聚焦低收入农户帮扶。公司实行入股分红制,通过与村集体联合投资建设养殖小区,租赁给养殖户的"公司＋农户"模式,带动低收入农户增收。万头湖羊"羊光互补"共富项目已开建,61 户低收入农户以设施用地入股。

3. 实际成效

实现"村村成股东、村村有分红"。2021 年,公司实现营业额超 4000 万元,分红超 600 万元,助力各村率先实现经营性收入 100 万元以上的目标,共同富裕的路子越走越宽。

二、飞地抱团法——长兴县太湖街道王浜头六村

飞地抱团指的是打破村域边界限制,各村以入股的形式联合跨区域建设开发,统一运营、获取收益,实现了不同村集体经济的抱团发展。既有弱村抱团,也有强村、弱村抱团,包括飞地物业、飞地农业、飞地市场等模式。典型代表为长兴

县太湖街道王浜头六村。

1. 基本情况

抓住全县整治喷水织机散户机遇,王浜头居委会与钱家土斗、八字桥、官土斗、祥符土斗、沉渎港五个村社合力筹资 5000 余万元,在王浜头老工业园区以北建设循环经济产业园。占地面积 26.77 亩,建有六幢两层标准厂房,建筑面积 2.4 万平方米,建成当年首批引入 550 台喷水织机。

2. 主要做法

一是强弱联合共建产业园。采取"土地＋资金""强村＋弱村"形式,按出资比例共同成立股份有限公司进行项目建设。三个一类村带动两个二类村、一个四类村,打造强村"孵化器"。二是坚持市场运营管理。六村联合成立长兴聚新实业投资有限公司,具体负责园区的招租、运营、管理等,街道参与监督指导。三是坚持党建引领。党组织是核心、人才是关键、资源是力量,把有思路、懂技术、善经营、会管理的高素质人才选配到村级"两委"班子,把发展壮大村级集体经济纳入村干部年终绩效考核。

3. 实际成效

产业园六幢厂房共 2.4 万平方米已全部完成招租,为六个村(居)每年增加集体经济收入 400 多万元,年稳定收益率达 9%。

三、未来农场法——长兴县吕山乡

未来农场是指应用新一代信息技术装备与管理理念,系统性地对农业生产管理、经营模式、分配体系优化重构,旨在进一步提升农业综合效益和产业竞争力,探索建立与村集体、农户等的利益联结机制,促进共同富裕的农业现代化新型组织。典型代表为长兴县吕山乡。

1. 基本情况

吕山乡位于长兴县东南部,被誉为"浙江湖羊之乡"。建设了全省规模最大、标准化程度最高的湖羊养殖基地——湖羊养殖循环产业园,占地 700 亩,年存栏最高可达 5 万头、出栏 6 万头,年产值可达 1.5 亿元,被列入湖州市首批市级未来农场创建对象。

2. 主要做法

一是建立"政府主导＋九村联建＋公司运营"的模式。吕山乡党委政府借助湖羊全产业链发展优势,引导区域内九个村与美欣达集团合作,建设吕山乡湖羊智慧循环产业园,并由天下牧业公司运营管理。二是数字赋能。采用数字芯片等方式,推出"一羊一档案",实时监测湖羊健康状况,实现湖羊存出栏量、温湿度、通风情况等数字化管控。三是探索利益联结机制。建立"未来农场＋合作社＋农户"等利益联结模式,进一步激活集体经济发展动力、提升低收入农户增收能力。

3.实际成效

2021年湖羊智慧循环产业园年产值已达1.5亿元,助力相关入股行政村的村级集体经济年增收900万元,实现村均分红增收100万元以上。

四、产业带动法——吴兴区妙山村

产业带动指的是利用市场化机制,因地制宜发展生态农业、乡村旅游、电子商务等乡村产业,以产业兴旺反哺村集体经济,带动村级持续增收和村民美好生活。

1.基本情况

妙山村位于吴兴区西部,区域面积9.07平方公里,共有11个自然村、17个村民小组,总户数500户,总人口1420人。先后获评省美丽宜居示范村、省森林村庄、省"一村万树"示范村,省、市级民主法治村,妙山村景区还获评国家AAA级旅游景区。

2.主要做法

发挥山美水美的自然生态优势,积极发展旅游业来带动村强民富。一是夯实旅游发展基础环境。开展绿化造林、茶园生态复绿等行动,打造山水妙境、桃园花溪、稻花鱼田等"新妙山十景"。开展旅游业"微改造、精提升"行动,打造5D特色餐厅等"网红"打卡地。二是精心引育优质旅游项目。抢抓"坡地村镇"政策,依托生态优势,挖掘茶禅文化底蕴,优中选优,先后引进慧心谷、长颈鹿庄园、廿舍度假村、野界营地等文旅项目,总投资30亿元。三是拓宽旅游致富面。创新土地入股、环境入股、资产入股三种资产资源盘活模式,拓展村集体经济经营性收入渠道。培育扶持民宿、农家乐发展。文旅项目的落地,让村民们实现了"在家门口就业"。

3.实际成效

2021年共接待游客42.8万人次、实现旅游业收入1.3亿元。旅游产业开发红利不断释放,妙山村实现了从2013年村集体经济负债200余万元向2021年经营性收入212万元的华丽蜕变,农民人均可支配收入达到41000元。

五、美丽撬动法——安吉县剑山村

美丽撬动法指的是与美丽乡村建设有机融合,因地制宜发展乡村体验、特色民宿、露营等美丽经济新业态,促进村集体壮大、农民增收、一二三产融合发展,以安吉县剑山村为代表。

1.基本情况

安吉县剑山村坐落于灵峰国家级旅游度假区内,面积 6.9 平方公里,辖 14 个村民小组 502 户 1695 人。荣获全国一村一品示范村、中国人居环境范例奖等,是安吉县首批省 A 级景区村庄,入选浙江省美丽乡村夜经济精品线。

2.主要做法

一是扮靓美丽乡村。剑山村以争创中国美丽乡村精品示范村和省级美丽宜居试点为契机,改造房屋外立面,新建景观绿化,开展农村生活污水综合治理,在全县率先实现"五线下地",村庄环境焕然一新。二是发展美丽经济。成功引进蔓塘里"大地之光·艺术公社"项目,开发夜游经济。2020 年"蔓漫美术馆"、2021 年戏楼咖啡馆、热气球蔓塘里飞行基地等相继进入。2021 年旅游人次达 30 万,夜游游客比例达 88%。三是激活闲置资源。把茶山、林地、房屋等闲置资产变成项目开发的有机组成,"村+工商资本+农户"模式落地,实现整村经营,带动村集体经济壮大和村民创业致富。

3.实际成效

剑山村从美丽环境向美丽经济转化,实现了从建设、管理到经营的迭代升级,从 2008 年村集体经营性收入不足 70 万元转变到 2021 年村集体经营性收入超过 738 万元。闲置农户房屋通过租赁形式盘活,参与的农户平均每户得到年租金近 9 万元。

六、资源开发法——德清县三林村

资源开发指的是在保护性开发理念的指导下,深度挖掘村内山水、田园、生态、景观等各类资源,以合适的利益共享机制,进行规划、开发和运营,提升资源市场化价值,增加村集体经济收入。以德清县三林村为代表。

1.基本情况

三林村位于德清县禹越镇西北部,是第五届全国文明村、德清县首个打造美丽乡村田园综合体的村庄。面积 6 平方公里,总人口 3936 人,下设 37 个村民小组。属于典型的平原水乡,村庄河道成网、鱼塘成片,水鸟、鱼虾、两栖类动物数量众多,生物多样性丰富,栖息着上万只鹭鸟,有白鹭、灰鹭等60多个品种。

2.主要做法

一是依托优势资源,开发大景区。按照AAA级旅游景区标准规划建设,在保留村庄原有"孝贤文化"的基础上,打造以"精致水乡 白鹭天堂"为旅游发展主题的田园综合体。形成"水、鸟、林、人、农、鱼"相互依存、共美共乐的三林特色生态系统。二是引入运营团队,发展多元业态。引入众创团队开展乡村运营等工作,建成首个乡创创客基地,引进文创、民宿、农村电商等新业态创客团队16家。三是创新机制,建立共富模式。建立"参股合作、共同开发"(村集体参股40%)利益联结模式,共同对村庄产业进行合作运营。带领全村人民发展经济,走共同富裕之路。

3.实际成效

2021年三林村实现村级集体经济收入379.8万元,其中经营性收入206.54万元,居民人均可支配收入4.65万元。

七、服务创收法——安吉县高禹村

服务创收指的是遵循市场规律,村集体以独资或者合资形式设立各类服务实体,开拓卫生保洁、物业管理、绿化养护、农田托管等经营领域,通过服务创造收益,实现村集体经济创收。以安吉县高禹村为典型。

1.基本情况

高禹村位于安吉县天子湖镇北部,总面积15.8平方公里,辖47个村民小组,总人口6016人,外来常住人口1.2万人。高禹村积极探索村级发展新模式,因地制宜开展服务创收,集体经济实现了以房租收入为主向多种方式转变。先后荣获湖州市先锋示范村党组织、浙江省文明村等荣誉称号。

2.主要做法

一是发展物业服务。由村股份合作经济合作社出资成立安吉县天禹物业管理有限公司,承接小微企业园物业管理、北园区保洁等业务,带动了100余名村民就业。与省南湖监狱签订共富发展框架协议,提供物业保洁、车辆运输等方面的服务,打理监狱周边3000多亩农田,为村集体带来30万元收入。二是发展养老和托育产业。建起全省最大的村级养老中心,除满足本村养老需求外,还面向社会提供托养服务。吸引社会资本投入,与安吉新爱婴早教中心合作开设托育服务,成立安吉天禹托育中心,预计每年为村集体增收20万元。三是建设共富产业园。计划投入5000万元在集镇中心建设共富产业园,为村民提供家宴服务,植入餐饮、酒店、直播带货等业态。

3.实际成效

村集体固定收入由 2010 年的 13.5 万元增长到 2021 年的 585 万元,村集体资产也由原来的 500 万元增长到 1 亿多元。

八、土地整治法——德清县东衡村

土地整治法指的是鼓励符合条件的村庄积极开展全域土地综合整治,以土地再开发、结余指标收益等形式获取相关收益,并纳入村集体经济收入。典型代表为德清县东衡村。

1.基本情况

东衡村地处德清县洛舍镇南部,村地域面积 10.4 平方公里,现有 778 户人家,总人口 3100 余人。集体资产从 2013 年的 200 万元增长到了现在的 3 亿元,村集体经济连续多年位列湖州市第一。荣获全国生态文化村、全国民主法治村、浙江省美丽宜居示范村、全国文明村等荣誉称号。

2.主要做法

一是全力开展土地综合整治,点燃发展引擎。先后成功入选省级农村土地综合整治试点、国家级全域土地综合整治试点,复垦利用废弃矿地和闲散用地、矿坑回填积累了 1 亿元的村级收入,复垦形成 2000 多亩优质耕地。二是因地制宜发展特色产业,塑强造血功能。乘着集体经营性土地入市的东风,在 700 亩回填矿坑土地上,利用复耕矿地异地置换建设钢琴产业众创园,建造标准厂房 24 万平方米,引入以钢琴制造为主的相关企业 30 多家,每年形成固定的租金收益。引进鱼菜共生项目,实现每年固定回报收益 100 万元。三是推行规模化经营,村民变股民。成立土地股份合作社,整理可用土地 1600 亩,全面实施生态恢复,并规划建设现代农业观光园。全村土地 100%流转,由村集体转包出租,村民每股按 684 元入股,如今每股高达近 20000 元,实现了土地集约和规模化经营。

3.实际成效

2011 年,东衡村集体经济负债高达百万元,到 2021 年,总收入达到 3175 万元,且连续五年位列湖州全市第一。村民人均可支配收入达到 6.2 万余元。

普惠金融助力农村居民共同富裕

王陈豪[1,2]　柴闫明[3]　赵小漫[1]

（1.浙江大学；2.浙江工业大学；3.中国工商银行）

共同富裕是社会主义的本质要求，是中国式现代化的重要特征。中国已全面建成小康社会，但当前不平衡、不充分的发展阻碍了共同富裕的实现，提高居民收入、缩小收入差距，成为实现经济高质量发展的重要问题。普惠金融具备"为人民服务"的特征，强调每个人都有享受金融服务的平等机会。2015年，习近平总书记在中央全面深化改革领导小组第十八次会议上强调，"发展普惠金融，目的就是要提升金融服务的覆盖率、可得性、满意度，满足人民群众日益增长的金融需求，特别是要让农民、小微企业、城镇低收入人群、贫困人群和残疾人、老年人等及时获取价格合理、便捷安全的金融服务"[①]。2022年，中央全面深化改革委员会第二十四次会议再次强调，"要始终坚持以人民为中心的发展思想，推进普惠金融高质量发展"[②]。大力发展普惠金融，是促进国民经济发展的重要路径，也是实现共同富裕的重要举措。一方面，普惠金融能拓展增收渠道，助推农村共富进程；另一方面，普惠金融能保障财产安全，巩固农村共富成果。本文以湖州市为例，首先评估湖州市城乡居民的收入水平及结构，判断居民金融服务需求。其次分析湖州市商业银行下沉情况，厘清各区域金融资源分布。最后总结湖州市促进普惠金融服务的典型案例，并提出进一步提升普惠金融服务的政策建议，以期为推进普惠金融工作提供参考。

---

① 习近平主持召开中央全面深化改革领导小组第十八次会议强调 全面贯彻党的十八届五中全会精神 依靠改革为科学发展提供持续动力 李克强刘云山张高丽出席［EB/OL］.新华社.（2015-11-09）［2024-11-11］. https://www.gov.cn/guowuyuan/2015-11/09/content_5006497.htm.

② 习近平主持召开中央全面深化改革委员会第二十四次会议强调：加快建设世界一流企业 加强基础学科人才培养［EB/OL］.新华社.（2022-02-28）［2024-11-11］. https://www.gov.cn/xinwen/2022-02/28/content_5676110.htm.

一、湖州市城乡居民的收入特征

居民收入是共同富裕的必要衡量方面①,也是评价个人福祉的重要维度。本文从可支配收入和财产性收入两个视角分析湖州市城乡居民收入特征。可支配收入是用于居民消费支出和储蓄的总和,能直接反映居民收入水平。现阶段,普惠金融提高了信贷资源的可得性和便利性,进而降低城乡居民融资成本,促进居民创业,提升农业产能,对可支配收入增长具有重要意义。财产性收入是居民收入的重要组成部分,也是居民增收的重要发展方向。一方面,在增加居民财产性收入的同时,普惠金融有助于优化社会资金流动,促进企业创新发展,推动技术进步和生产效率提高,从而助力经济高质量发展。② 另一方面,普惠金融有助于调节财产性收入分配差距,避免因财产性收入的不均衡分布导致"富者更富、穷者更穷"现象,有效控制收入差距,促进共同富裕目标的实现。

(一)可支配收入水平整体较高

近年来,湖州市城乡居民可支配收入水平稳步提高。2017—2022 年,城镇居民可支配收入从 49934 元增长至 71044 元,累计增幅为 42.3%。同期,农村居民可支配收入增长更为明显,从 28999 元增长至 44112 元,累计增幅高达52.1%。此外,区域间可支配收入分布较为均衡。2017—2021 年,城镇居民可支配收入方面,平均年收入水平最高的是吴兴区,人均达到 60428 元,平均年收入水平最低的是安吉县,人均也达到了 56615 元;农村居民可支配收入方面,平均年收入水平最高的是德清县,达 35897 元,平均年收入水平最低的是安吉县,达 33425 元。

(二)财产性收入增长积蓄强劲潜力

湖州市城乡居民财产性收入水平整体较高。在 2021 年,湖州市城乡居民财产性收入分别为 6629 元和 1485 元,是全国城乡居民的 1.31 倍和 3.17 倍,远高于全国城乡居民平均水平。湖州市城乡居民财产性收入占可支配收入的比重分别为 9.8% 和 3.6%,其中,湖州市农村居民财产性收入占比高出全国农村 1.1个百分点。

---

① 刘培林,钱滔,黄先海,等.共同富裕的内涵、实现路径与测度方法[J].管理世界,2021,37(8):117-129.

② 李逸飞.面向共同富裕的我国中等收入群体提质扩容探究[J].改革,2021(12):16-29.

尽管湖州市城镇居民人均财产性收入水平、占比和增收贡献率均明显高于农村居民,但与全国其他农村地区相比,湖州市农村居民拥有更高的可支配收入、财产性收入。此外,数据分析显示湖州市农村居民财产性收入的增加对可支配收入的提升起了显著的作用,为缩小湖州市城乡收入差距积累了强劲潜力。

总的来说,当前我国居民财产性收入水平普遍不高,金融推动共同富裕的重点在于推动居民收入增长,尽管湖州市农村居民财产性收入占可支配收入的比重不超过 4%,但绝对水平不断提高,普惠金融的发展仍应以增加居民收入为主,居民财产性收入仍有较大的增长空间。

二、湖州市金融资源下沉情况

商业银行是我国金融业最重要的组成部分,为政府、企业和居民等市场主体提供了广泛的金融服务,在促进经济发展、推动共同富裕等方面发挥着举足轻重的作用。近年来,在推进金融供给侧结构性改革、构建国内经济大循环的背景下,银行业在我国农村经济发展中的作用日益凸显。

(一)商业银行资源丰富且分布相对均衡

总体而言,湖州市各区县居民能够较为轻松地获得商业银行服务。吴兴区是湖州市经济最为发达的地区,其商业银行资源也最为充裕,银行网点数量最多且距离居民最近。德清县的人均商业银行资源最为充足。安吉县山区较多,银行网点相对较少,居民前往最近银行网点的平均距离也较长。

商业银行在湖州市各区县的分布相对均衡,较好地满足了不同人口密度区域的金融服务需求。然而,仍需提高网点分布的精准度,进一步缩短居民前往最近银行的距离,减小区域间商业银行资源分配差异。具体而言,吴兴区资源丰富但下辖的妙西镇等个别区域资源较少。安吉县资源较好但分布差距较大,杭垓镇等个别区域商业银行网点数量较少。长兴县、德清县和南浔区的资源较好且分布相对均衡。综上所述,湖州市各区县的商业银行资源分布情况总体较好,但在以山区、农村为主的部分区域,金融资源的供给和分布情况存在改善空间。

(二)非法金融行为主要发生在金融资源较少的地区

2022 年下半年湖州市各区县的非法金融行为上报情况显示,吴兴区和南浔区鲜有出现非法金融活动,而安吉县、德清县和长兴县在总体上上报非法金融行为数量较多。正规金融机构服务不足是非法金融活动层出不穷的重要原因。商业银行可以通过加强客户身份认证、完善风险控制管理和加强合作等手段有效遏制非法金融活动。

以湖州市数据为基础的回归分析结果显示,正规金融资源能够明显抑制非法金融活动。银行数量与非法金融行为呈负相关,居民生活 1 公里范围内的银行数量每增加 1%,非法金融行为数量下降 4.1%,即正规金融资源越充足,非法金融行为越少。此外,农村人口占比对非法金融行为数量有正向影响,农村人口占比每上升 1%,非法金融行为数量上升 0.13%。在提供商业银行服务时,应进一步考虑服务对居民而言的实际可得性。此外,需重点关注金融资源较少的山区、农村等区域,加强正规金融服务,遏制非法金融案件的发生。

三、普惠金融助力农村居民共同富裕的"湖州方案"

(一)以"金融惠农"共富班车为抓手,促进金融服务进乡村

提升居民收入水平是实现共同富裕的重要内涵。当前居民财产性收入占比较低,尤其是农村和山区居民的财产性收入水平相对滞后。金融服务应重点关注居民增收,并着力满足农村、山区居民的金融服务需求。湖州市以"金融惠农"共富班车为抓手,通过推选金融专员驻村、推广共富专项产品、推行共富站点标准等三大举措,让更多金融服务走进乡村,有效解决了农村和山区金融资源不足、居民难以平等享有金融服务的问题,初步形成了普惠金融助力共同富裕的"湖州模式",使信贷投放更精准、金融服务更畅通、帮扶资金更充足。

一是推选金融专员驻村,主动触达金融资源薄弱的农村地区。农村的金融资源相对薄弱,金融服务设施少且居民金融知识水平低。金融服务难以触达农村地区、农村金融供需信息不对称、农民金融权益难保护等问题是农村金融服务的主要痛点。对此,湖州市提出金融服务专员进村方案,从全市金融机构选派 916 名农村金融服务专员,匹配全市 916 个行政村,要求专员每周驻村服务不少于一次,主动触达金融资源薄弱地区。

通过建立考核评价办法激励金融人员下沉农村,并以人员驻村为抓手,带动涉农贷款和家庭理财等金融产品下沉,将防范非法集资、反电信诈骗等金融知识送到"田间地头"。项目实施以来,湖州市农村金融服务专员累计到农村服务和举办金融知识宣讲活动万余次,让金融资源薄弱地区居民在家门口就能享受到金融服务。湖州市计划到 2025 年,选派 1000 名农村金融服务专员。

二是推广共富专项产品,多渠道提供乡村发展资金。湖州市围绕乡村产业

特色和资产特色,通过开发专项金融产品将普惠金融做大做实,推动缩小城乡差距。一方面,以乡村发展为中心,开发专项信贷产品。如湖州银行每年安排 10 亿元"绿色共富"专项贷款,为乡村特色产业、绿色能源、现代农业等产业发展升级和水电交通等基础设施建设提供低成本资金。另一方面,以农民家庭资产为抓手,拓宽居民融资渠道。如推出"强村共富贷"等系列共富产品,积极推广农户家庭资产负债表融资模式,以农业标准地使用权、农业生产设施产权、宅基地使用权(农房财产权)等资产为贷款抵押物,为乡村发展提供多渠道的资金支持。截至 2023 年 6 月,湖州市共有 32 家银行机构推出共计 59 个"共富"系列贷款产品,累计新增农户家庭贷款授信 482.7 亿元,累计新增农户家庭贷款 364.09 亿元,为 60.92 万户农户家庭建立"农户家庭资产负债表",覆盖率达 75.58%。计划到 2025 年,新增 1000 亿元农户家庭贷款授信。

三是推行共富站点标准,均衡城乡金融服务差异。落后的金融服务设施是农民难以享受优质金融服务的重要原因。湖州市率先推出共富金融服务站点建设标准,实现了农村金融服务设施标准化建设。首先,按照"服务群众广、辐射能力强、功能尽量多"的原则,充分整合农村地区支行网点、金融便民服务点和银行卡助农服务点等金融基础设施。其次,以金融共富站点为依托,推进各类金融基础设施的迭代升级,为农户提供现金、贷款、理财等服务,打造"基础金融不出村、综合金融不出镇"模式。最终基本实现城乡金融服务无差别,推进农村金融服务设施的"村村通"和"标准化",让城乡居民享受更多元、更便捷、更标准的金融服务。截至 2023 年 6 月,湖州市积极推进全市上千个"银行卡助农服务点"的升级改造,已授牌建立 395 个共富金融服务站点,计划到 2025 年建立 1000 个村级共富金融服务站。

(二)扩大正规金融服务覆盖面,抑制农村非法金融活动

基于湖州市金融运行情况的数据分析显示,非法金融行为主要发生在正规金融资源较少的农村和山区等区域,正规金融机构可以对非法金融行为形成明显抑制作用,对此提出如下政策建议:

加大正规金融服务覆盖面,提升金融服务机会平等性。一是拓展银行网点覆盖,提高便利性。扩大银行网点覆盖面,增加 ATM 数量和功能,提高居民使用商业银行服务的便利性。这可以降低使用门槛,吸引更多人使用银行服务。二是创新银行产品,满足不同需求。开发定制化的银行产品,满足不同人群的金融需求。如对低收入人群推出小额信用贷款和消费贷款产品,对中产阶层推出资产管理和财富管理产品等。产品创新可以提高人们使用银行服务的意愿。三

是重点关注金融资源欠缺地区,通过金融专员进村等方式,使有金融需求但地处偏远的经济主体得到享受金融服务的机会。

加强非法金融行为监测预警机制和处罚力度。一是建立非法金融行为监测预警机制。要加强对非法集资、非法吸存等金融欺诈行为的监测,通过大数据分析、网络监控等手段,建立非法金融行为早期预警机制,一旦发现可疑行为,应及时予以警示并采取行动。二是加大对非法金融行为的处罚力度。目前,对非法金融欺诈的处罚力度还不足以达到警示效果。要加大罚款数额,提高刑罚力度,对重大案件要坚决追究刑事责任。同时,要严厉处罚为非法集资提供帮助的第三方,如为其开设银行账户或提供转账结算服务的机构。三是加强对高风险领域的监管。针对易发生非法金融欺诈的高风险领域,如 P2P 网贷、区块链、私募股权等,监管部门应实施差异化的严格监管,要求其完善内部合规制度,并定期进行合规检查,以防范和遏制非法行为的产生。四是提高公众金融风险意识。要加强金融消费者教育,特别是中老年人和未受过高等教育的群体,提高其对各类金融产品和服务的风险认知能力,避免轻信高收益的宣传而上当受骗。

加强农村居民金融安全教育,防范金融诈骗。一是加强金融知识普及教育。针对农村居民开展基本的金融知识教育,如理财、投资、支付、防范金融风险等知识。增强农村居民的金融理财素养和风险防范意识。二是防范金融诈骗,提高警惕。金融专员要提醒村民提高警惕,不轻信高收益的投资产品和突然联系的不明号码。教育农村居民识别电信诈骗、网络诈骗等常见骗术,不轻易提供个人信息和资金。三是宣传正规金融产品和服务。向农村居民宣传商业银行、政策性银行等正规金融机构的存款、理财、贷款、支付等产品和服务。引导农村居民理性消费和理财,选择正规可靠的金融渠道。四是推广移动支付和网上银行。指导农村居民安装正规支付工具和银行软件,助其熟悉移动支付和网上银行的使用方法。五是金融专员在进村服务中了解农民金融需求。金融专员要深入了解农村居民的金融服务需求,帮助推动商业银行和其他金融机构到村中开展业务,降低农村地区金融供求信息的不对称程度,让更多村民享受到正规金融服务。

建立居民举报非法金融行为的激励机制。一是设立居民举报非法金融行为的奖励基金。对举报并提供有价值线索的居民给予一定金钱奖励。以此激发居民举报非法金融行为的积极性,为监管部门发现和查处非法金融行为提供重要帮助。二是建立举报人保护机制。对举报人的身份信息进行严格保密,避免举报人因举报行为遭到报复或打击,让更多知情人士敢于提供非法金融行为线索。三是简化非法金融行为举报程序,开通多种举报渠道。包括但不限于电话、邮件、微博等举报方式,让举报行为更加便捷高效、门槛更低。

(三)以"保险＋期货"模式提升农民收入

1. 农业保险发展历史与"保险＋期货"

农业保险是现代农村金融体系不可或缺的一环。作为现代风险管理的重要手段之一,农业保险能够有效分散和化解农业风险,维持农村生产经营的高效稳定运行,保障农民的基本生活水平。同时,作为 WTO 农业协议规定的"绿箱政策",农业保险是国际上最重要的农业保护工具之一。因此,推广农业保险,使其成为农业金融的重要组成部分,是我国合理运用 WTO 农业政策、建立和完善农业保障体系、增强农业国际竞争力、构建农业强国的重要方法。

浙江的农业保险发展状况如图 1 所示。浙江农业保险发展迅速,保费收入从 2005 年的 278 万元上升至 2020 年的 11.85 亿元,年复合增长率超过 49.7%,而除 2016 年以外,历年复合增长率均超过 10%。

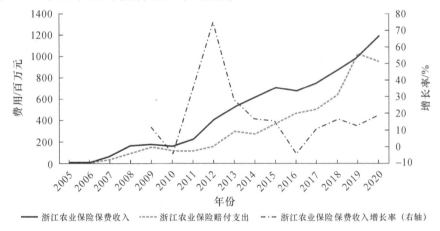

图 1　浙江农业保险发展状况

数据来源:Wind 经济数据库。

图 2 展示了浙江省农业保险与全国发展状况对比。可以看出,近年来浙江省的农业保险赔付率显著高于全国平均水平,甚至在 2019 年超过了 1%。同时,浙江农业保险保费占全国比例在 2015 年达到最高,为 1.89%,此后逐年降低,2020 年为 1.45%。

根据《湖州日报》数据,2023 年以来,湖州市围绕农业保险"扩面、提标、增品"工作,持续发挥政策性农险"保护伞"作用。2023 年 1—8 月,全市完成政策性农险保费 1.73 亿元,同比增长 19.77%,其中政府补贴 7275 万元,同比增加超1400 万元;兑付理赔金额 8100 万元,受益农户 6655 户次。以淡水鱼保险为例,

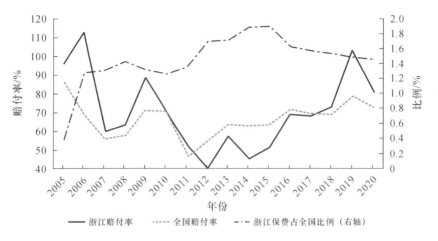

图 2　浙江省农业保险与全国发展状况对比

数据来源：Wind 经济数据库。

保险保费的 60％由各级政府承担，农民只需承担 40％。

此外，湖州市还创新出台水稻价格指数保险，推进农业保险由保生产环节向保全产业链过渡升级，2023 年，湖州市小麦、水稻承保面积达 112.32 万亩，同比增加 24.46 万亩。同时，在全省率先提标湖羊养殖保险，保额由 600 元/头提高至 960 元/头，对体重小于 5 公斤的羊羔，赔偿标准提高至 80 元/头。

相较于传统的财产保险和人身保险，农业保险有着赔付率高、价格波动大、风险不易分散等特点，因此如果仅依靠产品创新而非机制创新，保险公司无力应对市场风险，会造成农业保险市场萎缩。如 21 世纪初期，由于农业保险内部存在的劣势，除中国人民保险和中华联合财产保险公司外，很少有商业保险公司经营农业保险业务，农业保险仅占全国总保费收入的 0.11％。

对我国农业保险市场而言，日臻成熟的期货、期权市场①为"保险＋期货"模式创造了生长空间，而"保险＋期货"模式为农业保险的快速发展扫除了障碍。根据中国期货业协会数据，截至 2022 年 4 月 30 日，我国"保险＋期货"项目已覆盖 31 个省份的 244 个地级市、703 个县，覆盖农户 163.77 万户次、农民专业合作社 975 个、家庭农场 682 个、其他涉农企业 970 个，共为 15 个涉农品种提供风险保障，涉及现货数量 896.18 万吨、承保货值 421.98 亿元。

2."银行＋保险＋期货"对湖州农村的启示

如图 3 所示，湖州市农林牧渔业总产值增速较为稳定，增长率维持在 5％左

---

①　根据美国期货业协会数据，2020 年全球农产品期货、期权成交量排名前 10 的合约全部为我国的合约；排名前 20 的合约中，我国占 14 个。

右。其中 2021 年湖州市农林牧渔总产值为 158.56 亿元,较 2020 年增长 4.83%。

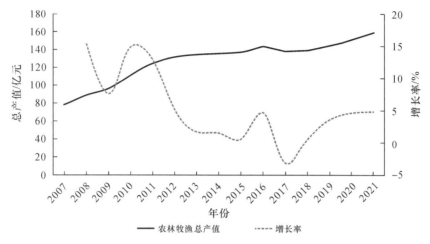

图 3 湖州市农林牧渔总产值及增长率

数据来源:浙江省统计局。

图 4 展示了湖州的农业结构。农业占比较为稳定,一直维持在 50% 以上;同时,湖州渔业占比大幅提升,从 2008 年的约 13% 提升至 2021 年的 23%。

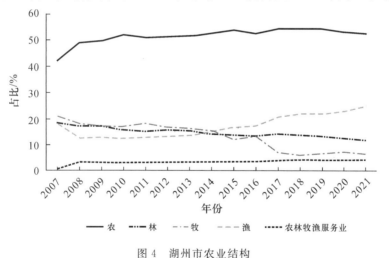

图 4 湖州市农业结构

数据来源:浙江省统计局。

从结构来看,"银行+保险+期货"模式对湖州具有较大的现实意义。

首先,湖州市农业占比较高,且主要农作物为水稻、小麦、玉米以及茶叶等特色农产品。玉米等主粮有成熟的期货市场,为"银行+保险+期货"模式的推广提供了良好的条件,根据中期协数据,仅 2022 年上半年,玉米的"保险+期货"模式承保金额就超过 20 亿元。

其次,湖州市渔业发展较为迅速,2023 年中央一号文件专门提出要发展渔业保险。但是,相较于农业,渔业风险更大,渔业的"银行＋保险＋期货"的模式更为重要。渔业产业,特别是渔产品加工业、流通业,可以通过实行"保险＋期货"模式,吸引多层次资本助力建设产业安全体系。

3."银行＋保险＋期货"模式的方法与优势

第一,信贷联动。对于农村居民和企业而言,增信手段不足是商业银行普惠金融快速发展的重要限制条件之一。2022 年中央一号文件指出要"深入开展农村信用体系建设,发展农户信用贷款"。相较于传统的抵押物,保单和期货仓单具有标准性强、信用风险低、变现速度快、套期保值能力强等优点,商业银行利用此抵押物可以提高企业授信额度、降低企业融资成本、解决抵押物流动性不足的问题。此外,文件指出要"强化涉农信贷风险市场化分担和补偿,发挥好农业信贷担保作用"。可以将原有的抵押担保等传统信贷模式与"4321"风险分担机制进行有机结合,由省农业信贷融资担保公司提供 40％担保,政府提供 30％担保,银行承担农户 20％的违约风险,而保险公司在农产品价格下跌、农业经营主体收入下降无法归还贷款时承担 10％的损失(可通过期货期权等方式进行对冲),增强各部门之间的联动和黏性,提升农民、农户和农业企业的贷款获得率,解决农业主体资金短缺问题,优化农业发展模式。

第二,信息优势与监督便利。相较于"保险＋期货"的金融参与主体,商业银行在基层金融服务中具有更强的信息优势,通过长期从事普惠金融业务收集的信用与财务数据,能够更好地分析农产品未来的价格走势,联动保险公司、期货公司,为其精准定价提供信息基础,提高金融产品的定价效率。此外,农业信息具有规模经济效应,商业银行参与农产品定价可以降低金融信息成本,更高效地实现金融活水润乡村振兴的目标。同时,商业银行在监督农业企业高效经营方面具有天然优势,如使用遥感卫星等先进技术、降雨量和温度等大数据分析对当年苹果生长状况进行远距离监测和大数据分析,为农民和农业企业提供有效的技术指导和辅助,监督农业主体的努力程度和经营效率,有效避免农业保险天然的道德风险,减少"保险＋期货"模式本身的劣势与不足。

第三,声誉优势与渠道优势。2022 年中央一号文件指出,"加强农村金融知识普及教育和金融消费权益保护",侧面说明了农民和农业企业负责人对期货、农业保险等金融学专业术语的掌握水平有待加强,特别是对商业银行的认可程度和接受程度有待提高。因此以商业银行为"保险＋期货"模式提供推广平台,可以有效增强该模式在农村地区的推广。根据陕西省延长县苹果产业的实践结果,在引入中国工商银行作为合作方后,"保险＋期货"模式在保产品数量增长了500倍,并为交割仓库等企业提供了更好的金融服务与金融信息支持。同时,由于农业主体平均受教育程度较低,购买"保险＋期货"需要技术人员辅导和开展线下金融教育,分布于各地农村的银行网点将会为"保险＋期货"产品提供天然的经营场所和辅导人员,能有效提升农民对金融产品的认知,保护农业主体的权益。对于农业企业而言,在办理贷款时可以对相关保险产品进行推介,降低其融资成本并增加融资数量,事半功倍地提升产品的推广效率。

(四)结论与政策建议

"银行＋保险＋期货"模式代表了农业保险未来的发展方向,并为提升金融精准扶贫、金融支持乡村振兴效果,金融助力构建农业强国带来了新的可能性与新的抓手。针对"银行＋保险＋期货"的发展现状,同时结合湖州市的发展实际,提出以下建议。

一方面,创新运营模式。针对"银行＋保险＋期货"模式存在的不足,引入大数据、AI等技术和订单农业、互联网企业等新的市场主体,降低农业主体参与该模式的门槛,力争实现投保、理赔与贷款快速实现,提升农业主体参与率。

另一方面,提供策略支持。将"银行＋保险＋期货"作为普惠金融的工作重点之一,针对湖州当地的特色标准农林牧渔产品,通过协助调整保险、期货合约设计,减少主体进入市场的障碍,解决种类单一和深度不足的问题;继续开发专项融资产品,同时重视保单、期货作为抵押产品的价值,保证与"保险＋期货"模式的联动。

金融助力共同富裕的路径研究

胡继妹[1,2]　杨振华[1,2]　刘孝斌[1,2]　冯玲莉[3]

（1.浙江生态文明干部学院；2.中共湖州市委党校；
3.国家金融监督管理总局浙江监管局湖州监管分局）

　　浙江共同富裕示范区建设紧紧围绕"四大战略定位"，尤其以解决"三大差距"（即地区差距、城乡差距和收入差距）问题为主攻方向。因此，推动实现共同富裕实际上包括做大蛋糕和分好蛋糕两个维度的协同。既要推动地区生产力发展，促进地区财富积累，不断做大社会财富的蛋糕；又要在追求经济发展效率的同时兼顾公平，分好社会财富的蛋糕，逐步消除"三大差距"，促使所有居民平等地共享经济发展成果。金融作为现代经济的核心，既可以在促进实体经济高质量发展、把蛋糕做大方面发挥更好作用，也可以在保障社会公平正义、助力缩小收入和财富差距、把蛋糕分好方面发挥更好作用。金融工作特有的扶贫功能、包容性功能以及民本服务功能，足以充分说明其在共同富裕建设中可扮演重要角色。近年来，通过金融监管部门和金融机构的共同努力，湖州市在金融助力共同富裕方面不断探索，形成独具特色的"四大模式"，对全国同类型城市可起到示范引领作用。

一、金融助力共同富裕的理论认知

　　为推动建立与浙江共同富裕示范区建设相适应的金融体制机制，2022年，中国人民银行、中国银行保险监督管理委员会、中国证券监督管理委员会、国家外汇管理局和浙江省人民政府联合发布《关于金融支持浙江高质量发展建设共同富裕示范区的意见》，其中特别强调了金融服务实体经济高质量发展、坚持金融为民宗旨、倡导金融向善理念等总体要求，这为金融助力共同富裕提供了理论支撑和根本遵循。

(一)金融助力共同富裕的必要性

1.共同富裕为抑制金融逐利本能提供价值规制

金融是助力财富创造和积累的重要杠杆,但金融活动具有逐利的本能。这种趋利避害、锦上添花、追求高回报的逐利本能,必然导致资本的无序扩张和金融资源供给的马太效应,进而加剧社会财富和收入的不平等。此外,间接融资在我国占主导地位,企业融资成本过高,中小企业融资难、融资贵问题突出,以及普惠金融城乡差距明显、金融风险防范化解压力依然存在,这一系列问题都是造成社会财富和收入不平等的重要原因。因此,抑制金融的逐利本能,实现金融的正向效应,不断增强金融助力"未富"、加速"致富"功能,尤其是消除金融资源配置不均衡、不合理所带来的财富和收入不平等,努力创造微观市场主体致富机会,降低其致富成本,显得尤为必要。

2.实现共同富裕需要稳定的金融环境

经济增长是实现共同富裕的重要基础,稳定的金融环境为经济增长提供重要保障。当前我国经济运行中的"需求收缩、供给冲击、预期转弱"三重压力虽有所缓解,但经济运行仍然存在许多不确定性。因此,需要通过稳健的货币政策,有效应对经济转型升级面临的新的阻力,以及需要克服的不少的困难挑战。实践证明,通过合理的货币政策打造稳定的金融环境,可以给经济增长以及进一步的实现共同富裕奠定坚实基础。

3.共同富裕的核心任务需要金融深度参与

共同富裕的核心任务是解决发展不充分、不平衡问题,推动整体经济高质量发展,也即处理好效率和公平的关系,形成多劳多得、勤劳致富、机会公平的氛围。因此,坚持把发展经济的着力点放在实体经济上,在高质量发展中促进共同富裕,是完成共同富裕核心任务的必然要求。这意味着,金融需要回归为实体经济服务的本源,深化供给侧结构性改革,建设现代化产业体系,着力缩小区域差距、城乡差距、产业差距,进一步提升绿色发展水平,持续增强居民金融服务的可获得性、普惠性,以实现共同富裕。

(二)金融助力共同富裕的可行性

1.数字化转型为金融服务实体经济创造新空间

国家"十四五"规划明确提出,以数字化转型整体驱动生产方式、生活方式和治理方式变革。数字化转型也是金融发展的新趋势。中国人民银行发布的《金融科技发展规划(2022—2025 年)》提出,力争到 2025 年实现金融科技整体水平与核心竞争力跨越式提升。中国银保监会发布的《关于银行业保险业数字化转型的指导意见》要求,到 2025 年银行业保险业数字化转型取得明显成效。随着大数据、人工智能、区块链等数字化技术的快速发展,金融科技手段越来越丰富,为有效降低信息不对称问题和金融服务交易高成本问题提供了可能。政策导向和技术突破为金融数字化转型提供了引领和支持,也必将为金融服务实体经济创造新空间。

2.金融模式创新为金融服务农业农村农民创造新路径

在乡村振兴战略背景下,各地涌现农村金融产品创新、组织创新和服务创新,逐渐形成充满地域特色的农村金融服务模式,有力推动了农村金融供给不足问题的解决,进而促进了农业农村现代化和农民增收。2021 年,农业农村部在积极总结各地和金融机构金融支农惠农好经验、好做法的基础上,梳理形成了金融支农八大创新模式与十大典型案例,为推动金融机构探索创新支农服务新模式提供了重要借鉴。

3.金融基础设施日趋完备为金融助力共同富裕创造新动力

金融基础设施对金融市场稳健高效运行而言至关重要。党的十八大以来,我国金融基础设施日趋完备(支付清算系统达到国际领先水平,现代化支付服务体系在支付领域不断推广深化,征信系统持续完善),为金融助力共同富裕创造了新动力。

总之,金融通过服务实体经济筑牢共同富裕的物质根基;通过支撑乡村振兴,缩小城乡收入差距;通过支持绿色发展,谱写共同富裕新篇章;通过包容性功能的发挥,为弱势群体提供共富渠道。因此,金融是共同富裕建设的"参与者",亦是共同富裕建设的"责任人"。近年来,"互联网＋金融"模式的广泛运用为金融机构优化农村金融产品和服务提供了更多选择;农村金融基础设施的不断完善,也为农村金融服务可得性和便利性提升提供了物质条件。这些变化都为金融助力共同富裕提供了越来越高的可行性。

二、金融助力共同富裕的湖州实践

湖州是一个中等规模的城市,无论经济总量还是人口规模,相对长三角核心区域其他城市都比较小。但湖州的"三大差距"并不特别明显,尤其是保护与发展之间的协同性比较突出。这为湖州推进实现共同富裕奠定了重要基础,也为金融助力共同富裕创造了条件。近两年来,湖州根据浙江省共同富裕"扩中""提低"行动和湖州市"缩小城乡差距"试点工作部署和要求,积极主动探索金融助力共同富裕的实现路径,初步形成了金融助力共同富裕的湖州模式。

(一)实践探索

1.构建政银企命运共同体模式,助力民营经济发展壮大

金融机构和实体企业本质上是利益共同体。第一,金融机构通过聚焦高质量发展的重点领域,探索支持科技创新、绿色发展等领域的路径机制,完善对战略性新兴产业、先进制造业和专精特新企业的金融服务等,切实缓解民营企业融资难、融资贵等问题,推动民营经济加快转型升级。第二,民营经济获得充足资金支持,就能较快摆脱经济形势不景气背景下的多种困境,不断增强信心,稳定预期,为可持续发展能力的提升奠定重要基础,也有助于减少银行债权,实现银企双赢。第三,地方政府部门(包括金融监管部门)如果采取积极措施,更好凝聚政银企合力,就能为民营经济做大做强提供强有力金融支持,营造良好环境。所以,政银企三方是事实上的利益共同体,"一荣俱荣、一损俱损"。

自2022年6月以来,湖州面对严峻的经济形势,及时出台制定"政银企命运共同体"专项行动实施方案,以多项举措全力帮助各类市场主体稳定经营、共渡难关。具体做法和成效如下:

一是"行业＋金融"精准纾困。主要针对由行业主管部门动态排摸认定发展前景较好、受疫情等影响暂时遇到困难的"白名单"企业,推动辖区内金融机构对名单内企业进行"点对点"帮扶。如:银行机构对受困企业采取减息让利、无还本续贷、贷款延期、信用修复等举措;对困难行业安排专项信贷额度,实行优先审批、优先放贷。保险机构针对因疫情停驶的营运车辆,采取延长保险期限、减免保费、延后保费缴纳时间等措施。担保机构对受困企业新增贷款担保费率下调20％,对符合条件的企业担保费应免尽免,担保额度从最高500万元扩额至最高1000万元。再由区县政府落实助企纾困的属地责任,形成市、区、县金融助企纾困政策的协同联动效应。既发挥"有为政府"导向作用,精准助力企业纾困解难,也发挥有效市场效率优势,有效防止本应被市场淘汰的"僵尸企业"搭"政策便车"。

二是"揭榜挂帅"破难攻坚。创新构建"政府搭台、企业出题、金融机构解题"工作机制,分类梳理各行业企业融资中存在的共性难点问题,再向全市金融机构发出"英雄榜"。如:发布"破解制造业中小企业订单融资难问题和购买设备融资难""金融助力外贸企业转型发展"等榜单,鼓励金融机构竞相揭榜,合力攻坚破

解一批制约企业发展的融资难题。揭榜银行形成最终解决方案并经专家审核评定后,在全市层面复制推广。

三是"百行进万企"提振信心。建立各级行长带头走访、信贷经理跟进服务的机制,对银行存量客户进行"全覆盖"走访。重点以"三问三送"(问发展,送服务;问需求,送政策;问困难,送温暖)为切入点,推动金融机构落实"一对一"金融服务方案,帮助企业解决生产经营过程中遇到的困难和问题,增强市场主体发展信心。

截至 2022 年底,全市银行机构累计 36 户,为 1074 家外贸企业提供本外币融资支持 18 亿元;累计举办银企对接会、问题协调会、企业座谈会等活动 1.04 万余场,银行机构走访企业 18.06 万余家次,累计为企业提供流动资金贷款 2763.51 亿元。

2. 构建金融惠农班车模式,助力实现城乡共同富裕

如何从"三农"领域金融服务的薄弱点出发,探索优化农村金融服务、提升农村居民金融素养,如何积极探索金融支持农民财产性收入增加,有效解决农民资产抵押难、流转难、处置难等问题,更好满足"三农"领域对金融服务的需求,是金融助力共同富裕的关键环节。湖州金融监管部门从 2021 年开始,以"金融惠农"共富班车为抓手,通过实施金融贷款服务进乡村、金融便民服务进乡村、金融专员服务进乡村三大举措,有效破解信贷投放不精准、金融服务不畅通和帮扶资金缺乏等急难愁盼问题,有效提升农村居民对金融助力共同富裕的获得感、幸福感、安全感和认同感(典型案例见文后附录)。具体做法和成效如下:

一是以金融专员服务为新起点,强化"农村居民金融权益保护"。从全市金融机构选派 916 名农村金融服务专员,匹配全市 916 个行政村,以人员下沉、产品下沉、资金下沉为抓手,将涉农贷款、家庭理财、保险服务以及防范非法集资、反电信诈骗等金融知识送到"田间地头"。遴选 100 个发展特色鲜明、经济基础较弱的村,由市级专员为组长组建 100 支宣传小分队,与当地居民共谋思路、共建项目、共筹资金、共拓市场,助力农村居民守好"钱袋子",让老百姓享受"家门口的专家服务"。

二是以普惠金融为连接点,打通"农户融资'最后一公里'"。聚焦银行授信与农户资产状况不匹配等痛点,通过构建以重点机构为中心、其他机构同步推进的协同推广模式,绘制农户家庭资产负债"一张表",全面盘活农户资产。明确农户资产入池标准,将农户家庭资产分为房产、固定资产、权利类资产等五大类,同时指导金融机构实施"正面激励+负面信息"管理制度,为家风家教良好和获得各类荣誉的农户增加授信额度,将涉刑、涉诉等信息纳入负面清单管理。

三是以共富站点建设为突破口,实现"基础金融服务不出村"。在充分整合农村地区支行网点、金融便民服务点和银行卡助农服务点的基础上,按照"服务群众广、辐射能力强、功能尽量多"的原则,在全省率先推出共富金融服务站点建设标准,实现农村金融服务设施建设的标准化。以共富金融服务站点为依托,叠加快递、通信、老年人活动场所等功能,对乡村发展进行"融资+融智+融信"赋能,重点为农户提供现金、贷款、理财等服务,打造"基础金融不出村、综合金融不出镇"模式,预计三年内将建成1000个村级共富金融服务站点。

截至2022年末,全市新增农户家庭贷款授信310.15亿元,新增农户家庭贷款258.61亿元,授牌设立297个共富金融服务站点,与20个欠发达村开展结对帮扶,选派916名农村金融服务专员为全市所有行政村提供"一对一"结对服务,均已超额完成年度目标任务。力争到2025年末,全市新增1000亿元农户家庭贷款授信,建立1000个村级共富金融服务站点,选派1000名农村金融服务专员,建立欠发达村结对帮扶长效机制,实现全市超60万户农户家庭金融服务全覆盖。

3.构建金融赋能"两山"转化模式,助力生态优先绿色发展

实现共同富裕离不开绿色金融的支持。湖州是"两山"理念诞生地,如何在"两山"理念引领下,借助绿色金融手段,自觉谋划以生态优先、绿色发展为导向的高质量发展新路,使绿水青山持续发挥生态效益和经济社会效益,是湖州体现政治担当、勇担历史使命的重要方面。同时,湖州又是国家绿色金融改革创新试验区,在公共部门集成式推进绿色金融、构建地方绿色银行体系、打造"绿贷通"在线融资服务平台等多方面积累了经验,这些都为金融助力"两山"转化模式的打造奠定了基础。具体做法和成效如下:

一是创建"两山绿币"体系,推动绿色低碳普惠。安吉农村商业银行创新推出"两山绿币"体系,依托居民日常生活中气候环境的碳减排数据,建模分析转换成绿色行为积分。通过接入浙江农信综合积分系统,在餐饮、菜场、影院、景点等布放安吉农商银行收款码的支付场景,设置"两山绿币"抵现消费的优惠来引流获客,为消费者提供实打实优惠,提升"两山绿币"使用率,推动绿色金融与普惠金融协同发展。通过这种闭环流通机制,畅通"无形的生活方式"到"有形的生态文明指数"的转化路径,引导全社会主动践行绿色低碳生活方式,满足居民日益增长的美好生活需求,共同推进绿色低碳共富发展。

二是探索碳汇金融交易,助力"两山"转化实现富民增收。2021年10月,中共中央、国务院发布《关于完整准确全面贯彻新发展理念做好碳达峰碳中和工作的意见》,明确将碳汇交易纳入全国碳排放权交易市场,建立健全能够体现碳汇

价值的生态保护补偿机制。2021 年 11 月,国家林草局等 10 部门又联合出台《关于加快推进竹产业创新发展的意见》,鼓励地方搭建竹林碳汇交易平台,开展碳汇交易试点。目前,湖州安吉县和德清县已分别就竹林碳汇和湿地碳汇进行了实践探索并取得了一定成效。2021 年 12 月,安吉县"两山合作社"运营公司成立竹林碳汇收储交易中心,并与 5 个村级股份经济合作社签订《林业碳汇收储合同》,收储毛竹林面积达到 2 万多亩,期限 30 年。同时,当地银行机构主动开发"碳汇惠企贷",对符合要求的企业给予利率优惠,以此鼓励当地企业购买竹林碳汇。德清县下渚湖街道自 2020 年开始就与浙江省林科院专家团队深度合作,开展湿地碳汇研究工作。银行机构积极创新推出碳汇收储贷等碳汇产品,助力"两山"转化。如:湖州银行德清支行创新开发并投放全国首笔以碳汇指标为核心的"湿地碳汇共富贷"产品,依据农户湿地碳汇量等提供专属授信额度和优惠利率(典型案例见文后附录)。

三是发布区域性融资主体 ESG 评价系统,倡导绿色责任理念。2021 年 9 月,湖州发布了全国首个区域性融资主体 ESG 评价数字化系统,该系统设立环境、社会和治理 3 个方面,共 55 个四级指标和 95 个底层因子,对企业进行综合评价,总得分在 0～100 之间。同时,依托湖州在全国首创的"碳效码",该系统首次引入企业碳强度指标,实现企业评价由绿色评价向绿色和低碳画像双评价转变。这为促进绿色金融产品开发、服务定价、政策激励、信息披露等创新和应用提供了方法和工具,有效破解了融资主体绿色认定难,实现了绿色评价智能化、全量化和价值化。有助于对中小企业进行绿色低碳画像,多维度客观评价其可持续发展能力,进一步发挥绿色金融资源配置作用,成为推动转型的重要手段(典型案例见文后附录)。

自上线试运行以来,已有 1 万多家企业获得 ESG 评分,其中获得绿色认定的有 700 多家企业和 100 多个项目,累计已为 200 多家绿色企业(项目)贴息超3000 万元。

4.构建"善行基金"模式,助力弱势群体实现共富

整合不同金融机构的不同产品和服务,以道德伦理驱动公益慈善,将公益慈善的正面效应覆盖到社会弱势群体、低收入阶层这些特定对象,形成推进共同富裕的强大合力,是金融助力共同富裕的重要内容。促进金融产品与应用从营销获客向风险管理、流程管理、生态运营等核心环节渗透,实现普惠金融服务在直达性、适当性和匹配性上的边际改善,推动探索形成参与度广、社会效应大,且可持续、可复制、可推广,又具有鲜明特色的助富机制是值得探索的重要路径。2022 年,在湖州市银保监局推动下,德清县工商联与邮储银行德清县支行签订

战略合作协议,共同推进德商善行项目。具体做法和成效如下:

一是发布"德商善行卡"。此卡分为借记卡和贷记卡。借记卡持卡人年度内在该借记卡上净增的个人综合资产中,每万元配置20元"善行基金"。贷记卡按照消费金额配置权益,一方面由邮储银行对存量一次性配置"善行基金";另一方面根据消费情况每万元最高配置30元"善行基金"。

二是形成"共富基金"。通过善行卡的消费和资产形成"共富基金",并将"共富基金"定向用于帮扶德清县弱势群体或其他共同富裕公益项目,如:推动扶弱、助农、敬老等慈善事业的发展,或者开展扶持创业就业、职工培训等助富项目。事实上,是将企业的发展壮大和企业家的个人生活消费与公益慈善事业紧密联系起来,鼓励引导德清的民营企业家为共富事业作出更大贡献。

三是提供优质服务。为鼓励和吸引民营企业家更多地认领善行卡,邮储银行为持卡人配置了吃、穿、住、行等全方位的客户权益。持卡人可在邮储银行相关平台享受更实惠、更加丰富多彩的用卡权益。持卡人企业还能享受讲座、信贷利率优惠、邮务类等增值服务。如果使用"德商善行卡"与邮储银行开展项目类合作的,后者还会提供不同类型的高标准体检套餐。

"德商善行卡"对营造慈善氛围、培育慈善文化,引导企业家们富而思源、富而思进、富而思报,先富帮后富,积极投身社会公益慈善等发挥了积极作用。

(二)问题挑战

通过深入调研和系统梳理,我们也发现了以上模式在实践中存在的问题:一是政银企命运共同体模式下,以政府为主导提供的"白名单"机制有待优化。受疫情影响,名单内企业一般为优质企业,部分私营企业及小微企业难以获得相关优惠政策。二是金融惠农班车模式下,共富驿站建设过程中,由于村落拆改并建以及人口变动比较大,对村里实际情况获知渠道有限、摸排成本较大。农户家庭资产负债表融资推进过程中,部分农户隐私意识强,对相关资产调查存在抵触心理,导致这部分农户建表工作无法顺利推进。同时,部分农户资产诸如家畜、农户人品、各类荣誉等要么价值波动较大,要么难以量化,资产统计困难多。三是金融助力"两山"转化模式下,湿地、竹林碳汇相关项目的公益性和准公益性导致短期内经济效益难以实现,金融机构基于风控考虑,支持力度有限,创新水平也呈现出专项产品不足、融资产品和服务不够丰富的问题。四是"善行基金"模式下,目前还存在地域限制,仅限于德清县;覆盖范围小、服务群体少,"善行基金卡"在启动前期完成发放500张,计划全年发放2000张;爱心人士的数量和群体也仅限于少数相对成功的民营企业家;基金规模有限;等等。

三、金融助力共同富裕的迭代思路

(一)总体思路

以习近平新时代中国特色社会主义思想为指导,把促进共同富裕作为金融工作的出发点和着力点,以解决"三大差距"为主攻方向,以更好满足人民群众追求美好生活而日益增长的金融需求为目标,全面落实《关于金融支持浙江高质量发展建设共同富裕示范区的意见》要求,进一步深化金融供给侧结构性改革,统筹推进绿色金融、普惠金融、科技金融等重点任务,不断优化金融资源配置,提升金融服务质效,努力形成一批具有推广价值的"金融助力共同富裕"标志性成果,为全国、全省提供借鉴示范。

(二)迭代思路

1. 更好发挥金融基础性保障作用,打造金融服务科技企业湖州样本

近年来,湖州高科技企业加速集聚,已累计获评专精特新"小巨人"企业 73 家,每千亿元 GDP 所拥有的"小巨人"企业数达 20.2 家,在全国排名第二,在全省排名第一,这些企业的成长对湖州未来实现高质量跨越式发展至关重要。但这些企业多数是处于初创期、成长期的轻资产企业,需要覆盖全生命周期的长期性资金支持,因此,以"银企命运共同体"专项行动为抓手,政府端要成立引导基金、科技型企业担保基金、风险补偿基金等,吸引更多社会资金进入"小巨人"企业;银行端要组建专业服务团队,设计更多信贷专属产品,提高科技金融在关键指标考核中的权重,有效控制风险等,实现金融与产业双向支持、协同并进。

2. 更好发挥金融调节性靶向作用,打造普惠金融服务弱势群体湖州样本

以可负担的成本为有金融服务需求的小微企业、农民、城镇低收入人群等群体提供适当、有效的金融服务,既能体现银行业的民生情怀,也是其反哺经济、反哺民生,夯实银行发展社会基石、顺应经济社会发展的必然要求。要深入实施"融资畅通工程"升级版,落实小微企业贷款补助等体系化扶持政策,引导金融机构用足用好支农支小再贷款、设备更新改造专项再贷款等货币政策工具,引导金融机构为企业减费让利。要持续开好"金融惠农"共富班车,缩小金融服务城乡差距,助推农村低收入居民增收致富和村级集体经济发展。

3. 更好发挥金融功能性导向作用,打造绿色金融改革湖州样本

湖州作为绿色金融改革创新试验区在数字化赋能、碳账户建设、绿色金融激

励约束机制等方面的经验做法,已向全国多地推广。未来要更加聚焦"两山"转化、低碳转型等金融需求,探索建立基于绿色综合收入和 ESG 要素的绿色小微企业评价标准和贴标机制,引导金融机构建立绿色普惠金融专营机制,开发与 ESG 挂钩的绿色普惠金融产品和服务。鼓励金融机构积极参与生态产品价值实现机制建设,创新基于排污权、碳排放权等各类资源环境权益的融资工具,探索"GEP 贷"、碳汇质押贷款等绿色信贷产品,鼓励保险机构创新绿色保险产品参与生态保护补偿,继续在绿色金融标准体系建设、环境信息披露、绿色金融产品和服务创新以及激励约束机制等方面走在前列。

(三)健全保障机制

实现共同富裕是一项长期性、系统性任务,需要理念、行动、政策、举措等多方面协同配合、共同发力。湖州要在金融助力共同富裕领域继续保持优势,还需要不断健全保障机制。

1.优化"政银企命运共同体"三方协同机制

第一,观念上需做到"三要":一是政府要跳出 GDP 看 GDP,为企业排忧解难,解决痛点、堵点和难点问题;二是银行要跳出风险看风险,大力支持小微金融,壮大小微企业发展;三是企业要跳出负债看负债,聚焦主业、做强主业,借力金融、加快发展。第二,行动上需做到"五个突出":一是突出机遇导向,紧抓国家和省市政策机遇、湖州跨越发展机遇,承接县域重大项目、重点产业、民生项目等信贷需求,借势借力发展壮大;二是突出企业需求,做到企业需求在哪里,金融服务就延伸到哪里,助企纾困就跟进到哪里;三是突出金融创新,增强竞争意识、创新意识,为企业、群众提供更优质的金融创新服务;四是突出风险防范,加强风险监测研判,做好常态化金融风险防范化解工作;五是突出协同高效,政银企相向而行、同舟共济、形成合力,实现合作共赢。

2.探索构建更加高效的"共富班车"运行机制

第一,致力于实现以量取胜到以质取胜的转变。"共富班车"以民众感知为落脚点,进一步优化资源配置,对现有线路进一步提升质量,优化民众感受,进行整合创新。以"未来农场"班车与"科技富农"班车为例,整合城乡优势资源,运用数字赋能,提升农业品牌价值,打造面向未来的"新农业"。第二,致力于实现单向帮扶到城乡联动的转变。作为浙江省首批"缩小城乡差距领域"建设试点城市,"共富班车"为建设共同富裕绿色样本注入强劲动力。城市在资金、技术、人才等方面对乡村进行帮扶,为城乡均衡发展注入源源不断的动力,会形成显著的经济效益和社会效益。单向帮扶的协作机制,带来了乡村面貌的显著变化,改善了乡村居民的生活水平。推进"共富班车"长期稳步前进,要注重由单向援助向双向互动转变,建立城乡联动的长效机制。第三,致力于实现由政府推动到多方协作的转变。"共富班车"现有的助推剂,仍以政府导向性为主,通过政府引导,联动专家教授、基层居(村)委会、社会有识之士,为浙江高质量发展建设共同富裕示范区、湖州试点建设"缩小城乡差距领域"城市贡献了智慧和力量。下一步要促进各方协作,动员更广泛的力量参与"共富班车"的建设。

3.健全金融赋能生态产品价值实现的长效机制

第一,完善"两山合作社"架构体系,发挥统筹优势。当下,"两山合作社"概念和实体建设在各地日益普及,省级层面需要加强顶层设计,精准划分省内各"两山合作社"职能,明确各地领办任务,因地制宜打造"一地一品"生态产品价值实现路径,以资源共享、信息互通、管理互鉴、优势互补放大"两山银行"最大生态效应。第二,加大"两山合作社"要素支持,促进深度转化。在未来推进"两山"转化过程中,要充分发挥政府对公共资源的掌控效应,用资源调度引导核心资产布局,通过核心资产布局把资本配置到最有利于整个区域经济社会发展的方向上,通过市场性资产的空间腾挪,带动资本在全域高效流动。第三,完善生态产品价值核算应用机制,提升信用等级。全面总结各地各领域 GEP 核算实践,从省级层面统一对生态产品的概念、范围和价值的认识。进一步探索竹林碳汇、水权、排污权等生态资源重点指标交易,建立跨区域生态产品价值占补平衡机制。第四,深化生态资源相关产权制度改革,确保流通顺畅。一方面,持续深化农村土地制度改革。在完成农村不动产确权登记颁证的前提下,更好探索农村闲置宅基地和闲置农房"三权分置"改革,加快推进符合农村实际的项目落地和产业发展。另一方面,在加快建立自然资源资产全面调查、动态监测的基础上,明确森林、湿地、耕地、水流以及重点生态功能区、自然保护区等自然资源要素产权。探索建立生态保护修复产权激励机制,完善有利于生态产品价值实现的财政税收制度和绿色金融政策。第五,制定可交易生态产品目录,活跃交易市场。生态产品是自然资源资产的重要组成部分,要在明确自然资源产权归属的基础上,确立以托管、租赁、抵押担保为主要形式的经营权实现方式,盘活自然资源资产产权,提供更多的体制类、政策类交易平台和交易方式。

附录:典型案例

案例一　"村游富农"金融合作项目——中国农业银行湖州分行

(一)基本情况

围绕促进农民群众"富起来"、推动农业价值"长起来"、实现景区村庄"强起来"三大目标,为推动金融赋能乡村振兴,创新金融服务乡村文化和旅游产业发展模式,建立"政银村"直通车,中国农业银行湖州分行与湖州市文化广电旅游局共同推出湖州市"村游富农"金融合作项目,致力于推进农村文化和旅游产业结构升级、农民增收渠道多元化及景区村庄整体跃升。

(二)主要做法

1.推出"乡村旅游带头人贷款"

这是中国农业银行湖州分行为贯彻落实乡村振兴战略,推动农业农村优先发展,支持乡村旅游带头人集约化、规模化经营,带领农村致富而推出的一项新型产品。贷款对象为:能积极实施党建引领示范景区村庄建设行动,在建设"景区+村庄"绿色共富示范区,发展乡村文化产业和旅游产业中起到带头作用的村干部、家庭农场、专业大户、个体工商户、创新创业带头人、致富带头人。根据经营规模、日均金融资产、融资银行数量等因素测算,贷款额度为 50 万～200 万元,贷款期限一般不超过 5 年,最长不超过 8 年。采用可循环方式,额度有效期不超过 3 年,额度内单笔贷款期限不超过 3 年。

2.推出"乡村旅游富农贷款"

这是中国农业银行湖州分行为助力农村"三位一体"改革,聚焦农村普惠金融服务,实现线上化、批量化、模式化发放的农户贷款产品。贷款对象为 727 个景区村庄的村民,其中 AAA 级以上景区先行覆盖。贷款额度为 1000 万元以内,其中信用贷款不超过 30 万元。精准对接贷款需求,系统自动核定贷款额度,自动审批、自助放贷。

3.推出"乡村旅游富村贷"

这是中国农业银行湖州分行对乡村建设提供的信贷支持。贷款对象为:全国乡村旅游重点村、历史文化名村、浙江省乡村旅游重点村、AAA 级景区村庄、党建引领示范景区村庄等各类市级（含）以上文化和旅游示范村。贷款额度为：固定资产贷款最高按照项目总投资的 80％核定；流动资金贷款最高额度不超过贷款期内各项经营收入之和的 70％。

（三）实际成效

截至 2022 年末，支持乡村旅游带头人 140 户，贷款余额 9615 万元，有效促进旅游民宿等行业纾困发展。支持乡村旅游富农贷款 5615 户，余额 22.8 亿元，有效解决农民生产经营过程中的融资需求。支持乡村旅游富村贷款 3950 万元，有效推动村集体经济发展，提升村集体收入。此次合作项目的签订，实现了资源共享、优势互补，有助于推进农村文化和旅游产业结构升级、农民增收渠道多元化及景区村庄整体跃升。结合双方合作发展要求，持续做好金融服务文旅产业蓬勃发展工作。

案例二 "林业碳汇贷"探索碳金融创新
——中国农业银行湖州分行

（一）基本情况

双碳背景下，林业碳汇成为全球公认的既经济又环保的固碳减排措施，相对于工业减排量而言，林业碳汇具有成本低、效益好的特点，在生物多样性保护、改善生态环境方面具有显著效益，兼顾减缓和适应气候变化的双重功能。为加快推进林业碳汇产业化发展，解决森林培育、增汇收储产生的资金需求，中国农业银行湖州分行针对碳汇产业链各方融资需求制定综合金融服务方案，创新碳金融产品，助力打造"固碳增汇、碳汇富民"绿色低碳共富样本。

（二）主要做法

1. 探索碳汇价值评估新路径，突破林业碳汇价值评估难题

中国农业银行湖州分行邀请权威机构深入实地调研开展评估工作。参考《碳汇造林项目方法学》(AR-CM-001-V01)《造林项目碳汇计量与监测指南》等相关行业标准和国内温室气体自愿减排（CCER）案例，利用科学的计算模型对碳汇量进行评估。借助碳交易平台数据的时效性与可靠性，对碳交易价格进行分析，完成碳汇林的价值评估。

2.开辟企业融资新途径,实现碳汇收益权质押

以碳汇收益权作为质押,破解企业发展融资难题。实现生态资源的市场化、价值化、金融化赋能增值,充分挖掘生态资源的生态红利,提升生态资源支持绿色可持续发展的能力,助力建立生态融资全新机制。

3.建立区域生态新循环,提升生态屏障保护力

中国农业银行湖州分行的金融支持将推动景区生态建设,全面打造"天然氧吧",充分发挥保护竹林、涵养生态的作用,进一步维护景区生态系统平衡和稳定。

(三)实际成效

截至 2023 年底,中国农业银行湖州分行已为安吉林农经营林地和碳汇提升项目发放林业碳汇贷款 3.24 亿元,可固定二氧化碳排放约 2152 万吨。"林业碳汇贷"实现了碳资产独立融资的新突破,是中国农业银行湖州分行依托绿色金融进行产品创新的典型案例。通过有效盘活生态资源,加大绿色金融供给,着力打通资源向资本、资金转化的"最后一公里",全力推进生态产业化、产业生态化,推动"美丽风光"转化为"美丽经济",实现经济效益与生态效益、社会效益的良性循环。

案例三　打造绿色金融"标杆行"——湖州银行

(一)基本情况

从 2016 年开始,湖州银行就提出打造"绿色特色银行"的战略目标,经过近几年的深耕探索,逐步实现绿色金融的差异化和可持续发展。目前,湖州银行是中国境内第三家赤道银行、中英金融机构环境信息披露首批试点单位、联合国环境规划署金融倡议机构(UNEP FI)成员单位。

(二)主要做法

1.探索碳减排金融产品

2021 年,央行推出碳减排支持工具,用于支持金融机构为清洁能源、节能环保、碳减排技术三大重点领域的企业提供优惠利率贷款。2023 年,央行进一步扩大碳减排支持工具的支持对象,湖州银行被纳入政策扩大实施范围。在获得

工具适用资格后,湖州银行紧随政策导向,第一时间开展碳减排项目对接,在中国人民银行湖州市中心支行的指导下成功投放首笔碳减排贷款,积极服务工业领域节能减排、能效升级等转型工作。

2. 打通金融助农服务"最后一公里"

湖州银行积极推进助农服务点创建工作,旨在打通助农服务"最后一公里",推进农户家庭资产负债表建档工作,拓宽金融助农"广度"。截至 2023 年 2 月末,农户家庭资产负债表累计建档 22759 户,余额 28648 万元。在提升服务速度方面,湖州银行通过创新"惠农贷"产品的担保方式、贷款额度、贷款期限、还款方式等,以及在各分支行开启"春耕绿色通道",对符合要求、急需资金的农户简化流程,做到"当日申请,当日放款"。

3. 开展助农供应链金融业务

为更好满足农业生产主体多样化多层次的金融需求,湖州银行进一步强化供应链金融与产业供应链的有效协同,开展以核心农业企业为中心、以实际交易背景为基础的助农供应链金融业务。按照"一企一策""一户一策"的原则制定专属服务方案,切实有效解决链上农业生产主体融资问题。已为 128 户累计发放贷款金额 1.17 亿元,其中 2023 年新增农业生产主体 18 户,发放贷款金额 664 万元。

4. 积极融入跨境金融市场

根据中国人民银行湖州市中心支行发布的《关于 2022 年度湖州市银行业金融机构跨境人民币业务评估情况的通报》,湖州银行脱颖而出,获评年度优秀机构。2022 年,湖州银行积极投身"在湖州看见美丽中国"实干争先主题实践,以高质量多举措扎实推进跨境人民币业务,全年累计实现收付额达 5.02 亿元(不含外债)。

(三)实际成效

得益于完善的体制机制体系、管理体系和成熟的产品矩阵,湖州银行的资产质量和拨备覆盖率在银行同业中持续保持领先。2019 年至 2021 年末,湖州银行三年的不良贷款率分别为 1.00%、0.84% 和 0.78%,拨备覆盖率为 352.60%、405.94% 和 424.94%。截至 2022 年 6 月末,湖州银行不良贷款率为 0.68%,拨备覆盖率为 498.13%。目前,湖州银行正全力冲刺"国内首家绿色上市银行"。

案例四 精准绘就普惠金融"共富"蓝图——泰隆银行湖州分行

（一）基本情况

湖州市自发出金融富农班车以来，泰隆银行湖州分行与南浔区善琏镇善琏村成为结对"村行"。自此，该行（包括善琏支行）积极主动对接善琏村，充分发挥"服务'三农'、服务小微"的优势，以特色产业兴旺为着力点，以农村生态宜居为切入点，以农民生活富裕为落脚点，创新金融产品、优化金融服务，不断扩大农村金融服务覆盖面，为共同富裕提供有力的金融支撑。

（二）主要做法

1. 搭建平台，提升农村金融支持服务能力

建立湖州市首个反诈基地，结合该支行"月月泰隆日"活动的举行，向村民传授反诈知识，提高农村居民金融风险防范意识。搭建电商平台，与知名直播企业开展合作，举行现场直播书画慈善义卖会，拍卖所得善款通过红包、米面粮油等形式赠送善琏镇低保户。

2. 推动农村信用体系建设，提升农村业务服务覆盖

客户经理通过劣户排汰、线下走访等收集资料，结合线上数据建档形成农户信用档案，拓宽授信面、提升授信效率，最终实现整村授信。

3. 创新农村绿色金融共富产品，带动产业振兴

该行以"绿色共富"为目标，以产品组合为支撑，大力支持绿色企业发展，带动周边农户，联农助农，助力共同富裕。

（三）实际成效

该行已在善琏村共计服务客户 1149 户，业务覆盖率近 90%，为其提供存贷、财富等金融服务，存贷、财富规模总余额达 1.6 亿元。2022 年以来，该行支行帮助善琏村开展各项活动约 160 次，如：联合公安共举办 60 余场金融反诈知识宣教活动，覆盖 2000 余人次。累计为该村 105 名农户提供装修贷款支持，共计授信金额达 1500 万元；为该村 72 名经营性农户提供类信用产品贷款支持，贷款金额达 2675 万元，占全部贷款余额的 68%，通过发放减息券的形式，共为该村村民节省利息支出 80 万元，大大提高了农户对农村金融的获得感、幸福感、安全感和认同感。

湖州市历史经典文化赋能
共同富裕的实践与探索

沈江龙[1]　陈剑峰[2]　严诗韵[3]　张凯[3]

（1.湖州师范学院教师教育学院；2.湖州师范学院经济管理学院；

3.湖州师范学院艺术学院）

在 2021 年 8 月中央财经委员会第十次会议中，习近平总书记指出："共同富裕是社会主义的本质要求，是中国式现代化的重要特征。"[①]近年来，湖州市积极探索、充分发挥历史经典文化赋能共同富裕的特殊作用，在赋能百姓增收致富、丰富百姓精神生活、促进全面发展等方面取得了可喜的成绩。

一、湖州市始终把历史经典文化赋能共同富裕放在重要位置

在奋力先行先试、率先突破高质量发展建设共同富裕示范区的先行市征程中，湖州市高质量实现共同富裕，发挥文化铸魂塑形赋能的强大力量和功能作用。

（一）始终把实干争先、共建共享作为历史经典文化产业赋能的目标牵引

共同富裕是物质生活和精神生活都富裕；共同富裕是全体人民的富裕，不是少数人的富裕。湖州市投入实干争先主题实践，展现文化弘扬与经济支持的实力与底气，建设新时代人文新湖州，全面推进经典文化赋能共同富裕，使湖州成为全国文化和旅游公共服务融合、广播电视基本公共服务标准化示范城市，建成

---

① 习近平主持召开中央财经委员会第十次会议强调 在高质量发展中促进共同富裕 统筹做好重大金融风险防范化解工作［N］.人民日报,2021-08-18(1).

"东亚文化之都"。将共建共享作为实践准则，坚持凝聚广泛力量，推动经典文化发展，发展成果百姓共享。

（二）始终把历史经典文化作为物质共富的重要抓手

实现物质富裕，要使人民生活实现新改善，持续深化全市域"缩小城乡差距"和建设共同富裕现代化基本单元试点，全面推进"扩中""提低"改革。湖州市通过文旅产业融合发展、业态创新、产业化转化等形式，促进当地基础设施建设不断提质改造，提供就业机会，增强市场吸引力、竞争力。统筹繁荣发展文化事业和文化产业，联动实施文化名城复兴、文化基因解码、文旅高峰塑造和品质文化提升工程，构建富有创意的文化旅游产业链，加强经典文化创意设计与市场推广，加强产业类经典文化资源的产品创意开发，重点推进与各类旅游资源的融合开发和聚集经典文化旅游资源的主题创意开发，促进产业结构转型升级，促进地方经济增长，进而提高居民收入和福利水平，为实现物质富裕提供强大的经济支撑。

（三）始终把历史经典文化传承与弘扬作为丰富百姓精神生活的重要载体

强化社会主义核心价值观引领，不断满足人民群众多样化、多层次、多方面的精神文化需求。湖州聚力于组织文化下乡活动、乡村剧场、文化长廊、文化礼堂和节庆民俗活动，保护和传承地方优秀文化资源以及提供优质的文化旅游体验，争创"东亚文化之都"。加强自然山水、田野风光和生态环境等资源要素开发和乡村民俗民间文化、农耕文化、美食文化、传统手工文化、民居村落文化等乡村文化旅游资源开发，推进人文新湖州、幸福新湖州、品质新湖州等"六个新湖州"的建设，全方位、多维度、立体化展示"在湖州看见美丽中国"，营造经典文化环境，丰富百姓精神生活，促进其精神内在生长，逐步走向精神富裕的状态。

（四）始终把历史经典文化作为人的素质提升和全面发展的重要动力

深入阐发传统文化中讲仁爱、重民本、守诚信、崇正义、尚和合、求大同的价值诉求，将其作为实现人民共同富裕的丰富营养。发展历史经典文化事业，增强相关文化内涵的挖掘、提炼和开发，实施宋韵文化传世工程，传承振兴湖学文化，创新发展书画文化、非遗，提高人民群众的思想道德素质，增强相关文化内涵的挖掘、提炼和开发，使人民群众在社会主义核心价值观的引导下形成共同理想和道德准则,为精神生活共同富裕提供道德支撑和强有力的信仰支撑,为全体人民共同富裕提供基本保障。

二、主要做法和成效分析

一直以来,湖州市高度重视历史经典文化的传承弘扬,坚持"突出特色树典型,既讲亮点更抓全面"的推进思路,在创新、品牌、市场、宣传等方面展开扎实有效的工作,为历史经典文化的振兴发展创造良好的环境,形成政府引导、企业为主、融合带动、创新驱动历史经典文化促进共富的良好发展格局。

(一)注重组织领导、政策创新

一是形成新的工作格局。为推动历史经典文化在传承中实现创造性转化和创新性发展,注重强化组织领导与顶层谋划、加大政策支持,成立湖州市文化产业发展领导小组,健全中共湖州市委统一领导、党政齐抓共管、各方协同推进的工作格局。二是推出新的激励政策。出台《关于加快推动文化产业发展成为千亿级产业的实施意见》《金融支持湖州文化产业发展的指导意见》《湖州市文化企业贷款贴息实施办法》《湖州市成长型文化企业认定办法》《湖州市文化产业园区(基地)认定管理办法》等引领文化产业发展的政策和赋能历史经典文化发展的政策激励举措。三是提供较多资金支持。对涉及传统工艺美术技艺的发掘、保护、创新项目,每家企业奖励 10 万元;对设备投资在 200 万元以上的历史经典文化技改项目,按设备投资额 6% 给予奖励;对新获得国家、省工艺美术大师和工作室称号的,分别奖励 50 万元、10 万元;参加市级以上机关单位、行业协会等组织的国内外展示展销活动者,按展位费给予全额奖励。2021 年全市共发放资金支持历史经典文化产业总计 183.55 万元,覆盖 50 余家企业,为历史经典文化创新发展注入强劲动力。

(二)发挥主体联动、共建共享

一是发挥市场主体作用,重点培育经典文化、龙头企业带动企业和村民经济增收,发展不同规模的企业,支持经典文化企业转型升级,如新南海织造厂等 18 家企业申报国家茧丝绸项目,推进丝绸行业加快数字化转型和新产品研发与创新。二是发挥村民主体作用,拉动当地百姓参加经典文化企业工作、传承经典文化与技艺、参与经典文化活动,共同推动经典文化的传播与发展,实现精神富足和文化繁荣。三是共建共享,强化经典文化企业和公共服务的优质共享,市场与村民共同建设经典文化,凝聚集体智慧,最大限度释放人民群众的创造潜能,最大范围获得经典文化发展的福利,企业与村民共建共享,使经典文化与技术、资本的活力竞相迸发,全市共有文化产业法人单位 1.89 万家,规模以上文化产业法人单位 254 家,省级重点文化企业及省级成长型文化企业 45 家,省级文化产业园区 4 家,上市企业 2 家。

(三)强化品牌建设、提质增效

一是提升品牌知名度。湖笔、丝绸等产品多次被作为国礼赠送给国际友人,促进中外友谊和文化交流,打响了湖州品牌。举办"钟文刚朱长根书画展""湖州博物馆联盟集萃展""第十一届艺术节全国美术作品展"等展览活动,推动官方与民间交流共同拓展,推动高雅性群众文化活动的发展。二是提升品牌质量。截至 2021 年底,湖笔产业创新推出胎发笔、生肖笔、鸡毛笔等 600 余项新产品。湖州毛笔生产企业注册商标 62 件,6 个品牌的湖笔荣获"全国十大名笔"称号,拥有中国驰名商标 1 件,"中华老字号"企业 1 家,省、市著名商标、名牌产品、老字号等 50 余件。湖州本土丝绸企业产品多次被评为浙江省新产品、四新产品、设计金奖、中国国际丝绸博览会金奖、中国杭州西湖国际博览会四项金奖、浙江省高新技术产品、浙江省优秀科技产品,其中"翔顺"牌真丝产品被中国丝绸协会批准为首批悬挂"高档丝绸"标志的产品。

(四)聚力业态创新、融合发展

一是创新发展网络营销模式。积极探索直播等网络新销售模式,善琏湖笔在京东、天猫、苏宁、拼多多等平台开设自营店、旗舰店,店内同时销售 30 多家企业的产品,实现区域共赢;2021 年网上销售额近 1.8 亿元,约占湖笔行业销售总额的 60%。丝绸、紫砂等传统工艺产业中 80% 以上的经营户也已开通电商业务。二是积极举办主题文化节。以国际乡村旅游大会、中国·湖州国际生态(乡村)旅游节为依托,培育全市十大乡村旅游品牌节庆营销活动和一系列特色农事(民俗)节庆活动,以及基于经典文化的"丝绸文创产品设计大赛""湖笔文化节"等活动。打造钱山漾遗址文化传承区、荻港"桑基鱼塘"生态养殖研学基地等文化场所,促进文商旅、农文旅融合发展。三是努力推进经典文化时尚化。以新时代丝绸国风时尚设计、丝绸技艺与传承匠造、丝绸时尚产教融合、丝绸创艺衍生品开发等,共建丝绸产业产创研高地、智库大脑,搭建"丝绸时尚+"产业生态平台。

（五）聚焦平台建设、项目引领

一是建立集群产业园区。扩大创富生态圈，重点加强湖州影视城、多媒体产业园、文创中心产业园、德清钢琴文化产业园等 4 个省级文化产业重点园区及丝绸小镇、湖笔小镇、茶文化小镇等文化产业特色小镇建设，成功创建 7 家省级以上旅游度假区，其中国家级旅游度假区 3 家，是全国唯一拥有 3 家国家级旅游度假区的地级市。二是打造文化街区。深入推进吴兴区小西街、德清县莫干山国际休闲文创街、安吉县鄣吴镇归仁里老街、德清县新市古镇仙潭文化街区、长兴县东鱼坊、安吉县遇花园文化创意街区等 6 个省级文化创意街区建设，打造引领共富高能级载体。三是搭建合作平台。全力推进投资额大、带动力强的大项目建设，每年组织 100 余家市内文化企业参加深圳文博会、长三角文博会等各类展会，推介文化产品、项目、企业，为文化产业项目招商引资搭建合作平台。加快建设南浔善琏湖笔小镇、长兴太湖龙之梦乐园、德清下渚湖田博园等重大项目，聚力打造数字文化、创意设计两大引领产业，培大育强文化旅游、影视传媒、会展业三大新兴产业，转型提升文化制造全力构筑"2＋3＋1"的现代文化产业新体系。

（六）着力人才引培、智力支撑

一是重视人才技能培养。湖州高度重视人才培养，搭建技艺培训平台、开展新员工培训、组织技能比赛等活动，不断吸收、培育年轻从业者，解决经典文化发展过程中在挖掘、创新、宣传等方面缺乏专业人才的问题。二是重视人才名誉认证。近年来，通过工艺美术大师、传统工艺领军人才选树等一系列活动，累计评选出"轻工大国工匠"1 名，"省级工艺美术大师"15 名，"市级工艺美术大师"58 名，"南太湖特支计划"传统工艺领军人才 18 名，技能大师工作室 15 家，提升了高端人才在历史经典行业内的影响力。

三、湖州市历史文化赋能共同富裕的典型模式

湖州市作为共同富裕示范区先行市，目前已形成政府主导、企业主体、融合带动、创新驱动历史经典文化促进共富良好发展格局，在实践探索中形成了以下典型模式。

（一）赋能物质富裕

在经典文化赋能物质富裕方面，主要形成了四种模式：产城融合发展模式注

重深化经典文化产业与区域发展有机结合,促进产城产镇产村融合发展,有机协同乡村振兴,依托乡村经典文化旅游资源,积极发展以"织里童装""善琏湖笔"为代表的经典文化、高能级、高附加值的产业,创新打造产村一体化发展模式,在带动农民增收致富中发挥突出作用(典型案例详见文后附录1案例一);龙头企业引领模式聚焦龙头企业在经典文化产业与市场中的重要作用,长兴太湖龙之梦乐园、大唐贡茶院、南浔荻港渔庄、德清下渚湖湿地、莫干山洋家乐民宿,安吉中南百草园、云上草原、宋茗茶博园等一大批区域性龙头企业,在赋能共同富裕征程中留下了浓墨重彩的一笔(典型案例详见文后附录1案例二);乡村旅游富农模式突出未来乡村建设、美丽乡村升级版打造和农文旅融合发展,立足文化赋能、项目牵引、新业态培育,大力发展研学旅行、亲子旅游、文化旅游、乡村旅游、民宿度假和露营度假等产业,形成了南浔"文化+旅游""文化+研学""文化+亲子"、安吉"露营天堂"、莫干山镇仙潭"共富村"的样板典范(典型案例详见文后附录1案例三);集群发展增效模式强化文化产业空间集聚集群发展,全面整合经典文化旅游资源,深化特色文化产业小镇、旅游风情小镇、文化产业园、国家省级旅游度假区、旅游集聚区和文旅综合体建设,打造区域发展增长极,增强赋能共同富裕能级效益(典型案例详见文后附录1案例四)。

(二)赋能精神富裕

在经典文化赋能精神富裕方面,主要形成了三种模式:文化艺术下乡模式聚焦于城乡群众文化活动的联动,由"送文化下乡"到"种文化在乡"再到"送文化进城",不断催生出文化自觉与新的文化需求,造就了内容更丰富、形式更多样、方式更灵活的群众文化活动的良好境界(典型案例详见文后附录2案例一);文化礼堂聚集模式搭建了文化礼堂、村史馆、农民影院等农村文化集聚地和传承历史文脉、文化基因的重要平台,为举办"文化礼堂管理员培训班"、开展百名专家结对文化礼堂活动、执行"文化礼堂·幸福八有"工程等文化建设项目提供支持(典型案例详见文后附录2案例二);节庆民俗模式构建了"活动营销、媒体营销、广告营销和专业营销"四大旅游市场品牌营销体系,结合含山轧蚕花、白雀抬阁、新市蚕花庙会、防风祭典、毗山庙会、乾元龙灯会、畲族九月九等特色文化,依托国际乡村旅游大会、中国·湖州国际生态(乡村)旅游节,大力培育全市十大乡村旅游品牌节庆营销活动和一系列特色农事(民俗)节庆活动(典型案例详见文后附录2案例三)。

（三）赋能人的素质提升和全面发展

经典文化赋能人的素质提升和全面发展方面，主要形成了三种模式："工坊＋村社＋农民"模式由湖州市人民政府牵头，联合行业协会、文化旅游支部以及村党支部开展党建联建，培育优质经典文化产品和销售的特色产业，助力产业振兴、农民增收（典型案例详见文后附录 3 案例一）；企业人才联合发展模式注重培养专业人才，成立涵盖农业、工业和服务业等领域的组织，定期举办政企恳谈会，商讨政策、发展、经济等问题与措施，解决经典文化发展过程中挖掘、创新、宣传等方面缺乏专业人才的问题；文化推动乡风家风建设模式聚焦乡村本位和农民主体地位，围绕农民需要提供文化服务，组织农民开展文化活动，提高对中华优秀传统文化的认同，促进文化产业对传统文化的保护与传承，提升农民素质和乡风文明程度（典型案例详见文后附录 3 案例二）。

四、主要问题

（一）文化挖掘有待深化

一是开发广度不够。许多历史文化旅游资源没有得到开发。部分历史遗址较为脆弱，尚处于完全保护状态，开发规划未能落实；部分历史文化资源受容量小、资源分布地理分散等因素影响，缺乏总体规划和整合开发思路，难以形成主题优势。二是开发深度不足。部分已开发的历史文化旅游资源，普遍停留在浅层水平，吸引力较强的民间传说、文化故事等内涵性文化资源挖掘和景观化转化严重不足，缺乏深度文化体验旅游项目。

（二）文化转化有待加强

一是乡村优秀传统文化资源挖掘活化缺少创新，文化艺术创作形式传统守旧，转化水平较低。二是乡村文化产品和文娱活动不够丰富，缺少主题明确的具有文化特色的演艺项目与演艺品牌，与地方特色环境融合性较差。三是服务体系建设不足，缺少城乡文化融合发展服务平台，数字文化建设不足，销售的模式和产品单一。四是文化品牌建设不足，缺少具有自主知识产权的产品，缺少主题定位，难以"串珠成链"，文化标识、文化基因、文旅品牌等无法转化产生效益。

(三)融合发展有待提升

历史文化旅游景点大多与自然景观融合度不高。如长兴碧岩寺景区,开发中宗教文化过分突出,《长兴县志》记载的"惟碧岩最幽胜"的自然灵性并没有体现,周围群山、俯视太湖的自然美景等几乎没有开发。顾渚山风景区内大唐贡茶院、寿圣寺、忘归亭和金沙泉等历史文化资源的开发相对较好,但茶文化与自然景观融合不够,山体自然生态旅游资源开发缺位,未能实现相得益彰,给游客多元化的旅游体验。

(四)要素保障有待增强

一是文化和旅游人才队伍建设欠佳。一方面,乡村地区缺少熟悉经典文化的青年才俊、乡贤等乡村人才和复合型高端人才,难以组织引领文化活动的开展;另一方面,未能构建人才生态圈,缺少完善的人才政策、培养交流体系和保障措施。二是文化和旅游设施效能不高。县级图书馆、文化馆、博物馆、纪念馆、美术馆、非遗馆和乡镇文化站、村级综合性文化服务中心等公共文化设施的人员、组织体系等较为传统,无法满足社会发展趋势和消费需求。三是政策支持的力度不够。农村地区优秀戏曲曲艺、少数民族文化、民间文化等的传承发展缺少强有力的支持,导致文化和旅游资源分散,缺少凝聚力,历史记忆、地域特色与乡村建设和维护之间缺少关联,无法有效传承和传播。

五、对策建议

结合湖州在经典文化赋能共同富裕发展中的成功经验和共性问题以及文化赋能共同富裕的新趋势,立足湖州及其他地区面临的文化挖掘有待深化、文化转化有待加强、融合发展有待提升、要素保障有待增强等问题,为我国经典文化赋能共同富裕提出以下建议。

(一)深入挖掘提炼文化资源,进一步增强群众文化获得感、精神富有感

一是要做好传承文章。充分利用区域经典文化资源,打响品牌,擦亮名片,提升人民群众的自豪感、荣誉感,凝聚一大片,温暖一座城,为建设精神文明新高地增添成色,创造动力。二是打造经典文化品牌。深入挖掘经典文化的历史起源、发展脉络及其蕴含的思想观念、人文精神、道德规范,讲好经典文化历史,编

好文化品牌故事,结合时代要求弘扬创新,更加有效、生动地推进城乡建设和发展,提升民族自信和民族自豪感。三是创新经典文化传播方式。通过文艺下乡、乡村剧场、文化长廊等形式,激发经典文化活力,使群众近距离感受经典文化魅力,提升对经典文化的探索兴趣,保障经典文化代代传承、永续发展。四是打造非遗名片。以非遗为支撑,通过"非遗＋研学"融合新模式,打造传承人活态展示、传习培训、互动体验、产品展销、私人定制等业态,为非遗更好地活态传承与发展奠定坚实基础。

(二)加强规划引领,进一步擢升历史经典文化产业地位

一是要加强规划引领、行动推进。以规划先行为切入点,坚持高站位谋划历史经典文化产业的振兴规划,强化科学引领。深入做好经典文化产业系统研究,统筹谋划、梳理分析,科学制定历史经典产业高质量发展的实施方案、推进路线,明确年度工作重点和目标任务,切实抓紧抓实抓细,增强工作实效。二是要加强历史经典文化产业快速健康发展的战略认识。历史经典产业承载着千年历史,凝聚着广大人民智慧,蕴含着深厚文化底蕴,既是历史赋予的宝贵财富,也是未来发展的财富,要把历史经典产业创新发展摆在突出位置。

(三)深入实施文化解码工程,促进创造性转化、创新性发展

一是深入解码文化基因。加强名人文化、农耕文化、民俗文化、宗教文化、书画文化等的系统研究,建好经典文化研究展示平台,解码地域特色文化基因,打响文化品牌,办好高端文化赛事,建设经典文化研学旅游试验区,打造地域文化体验中心,促进文化品牌产业化转化。二是推动历史经典文化的创造性转化、创新性发展。聚焦主题打造文化IP,统筹文化、农业、水利、民俗等各类遗产的保护和利用,高水平打造经典文化遗产群落。做好古桥、古街、古建筑、古道等"古字号"遗址遗迹修缮保护,推进历史文化古村落的保护利用,增强文化辨识度、软实力。

(四)持续加码政策创新,增强历史经典文化赋能共富政策牵引力

一是从共同富裕的角度研究、制定、出台相关政策。出台促进经典文化产业高质量发展、共同富裕的相关政策,对经典文化产业发展目标、重点项目等做出科学设计,在人才、金融、财税、土地等方面给予支持,为其高质量发展创造良好的政策环境。二是强化协作配套,搭建开放合作平台。积极打造经济示范区、特

色小镇等产城融合示范区,共同构建现代化文化产业新体系。三是提供财政支持,创新融资模式。优化产业发展资金使用结构,重点支持文化产业规划、产业转型升级、基础设施和公共服务平台建设,对共同富裕带动力强、增收效益显著的产业、企业给予表彰激励。

(五)大力实施产业高峰塑造工程,开创引领共富新格局

一是提升文化产业发展水平。积极发展数字出版、数字旅游、网络直播等新型时尚文化产业,打造网红数字经济直播基地和产业园区,讲好经典文化故事。加快产业融合发展,深入推进文化产业园区、现代服务业创新发展区建设,推进众创空间量质并举优质发展。二是加大企业培大育强。按照扶优扶强、整合优势资源的原则,加大对产品附加值高、市场前景好、竞争力强的企业的扶持力度;引导小微型企业向专、精、特、新方向发展,进一步提升行业整体竞争力。三是持续深化产城融合。充分发挥地域文化特色小镇、特色村落、特色产业园优势,通过串起来、并起来,创新设计精品旅游路线、多样化主题活动,打造创意研学体验旅游目的地、新型旅游拓展要素示范地。

(六)扎实推进创新驱动,强化文化产业业态创新发展

一是鼓励企业推进技术革新。引进先进装备和工艺,加快技法创新、工艺创新和材料创新,有序推进生产器械化和智能化;引导企业探索线上线下、众筹营销、网上个性化定制等新兴营销模式;支持企业参加海外各类展销会,通过跨境电商平台加大产品出口。二是增强产业人才支撑。强化人才引育,组织开展传统工艺领军人才、工艺美术大师等评选活动;分批分类举办各行业研修班,分享技艺提升、带徒传承等经验;在文化产业园、文旅风情小镇等建立国家级工艺美术大师的工作室和特色经典文化产业化培育示范中心,吸引人才聚集,激发创新活力。三是进一步加强数字赋能。实施"互联网+"行动,制定"互联网+历史经典产业"行动计划,借助大数据、AI、云计算等技术,实现云直播、云游戏、云演艺等多种新业态融合发展,促进经典文化转化,扩大经典文化及创意产品销售,促进电子商务发展,提升经典文化资源转化率;加强数字赋能,推动移动互联网、物联网、5G、XR、全息投影等创新技术与历史经典产业结合,打造沉浸式体验的乡村剧场、夜间经济、网红打卡点、剧本杀等,满足多样化的需求;加快推进文化产业数字化转型和数字化建设,促进经典文化公共服务体系"活起来"、品牌名声"大起来"、新业态"多起来"、产业发展"跑起来"、市场营销"动起来",更好地实现历史经典文化创造性转化和创新性发展,让共富效应"高起来"。

附录 1：物质富裕案例

文化是推动共同富裕的基础力量，也是关键变量。在扎实推进共同富裕的历史阶段，文化的重要性体现得更加鲜明。文化产业对于推进乡村振兴、城乡一体化等具有重要影响，也决定着共同富裕的实现水平。乡村地区应立足自身发展实际，结合传统文化底蕴和政府支持引导，在创新传承的基础上推进文化产业的特色化、品牌化发展，在多元创新的基础上助力经济发展，从而推进共同富裕。

案例一　产城融合发展模式下的善琏镇
——创新湖笔产业发展，助力迎接共富时代

（一）基本情况

"善琏湖笔"历史悠久，技艺精湛，享有"湖颖之技甲天下"之美誉，被列入国家级非物质文化遗产名录，善琏镇也连续两次被评为"中国民间文化艺术之乡"。善琏镇湖笔及其相关产业网上销售额已达约 5 亿元，占全行业销售额的 60% 左右。湖笔电商从业人员约 500 人。

（二）主要做法

一是党建引领，构建乡村产业保障新体系。聚焦电商直播助力湖笔等产业升级，通过党建联建探索乡村产业新模式，培育"一村一品"特色，推进线上线下销售，助力百姓增收。二是机制引导，创新组团管理服务新模式。建立由湖笔传承人为组长的党小组，选派机关支部党员担任工坊"红色管家"和直播间政委，建立"三个一"制度。打造银行"红色互动"平台，同步提升工坊"硬实力"和"软实力"。三是筑巢引凤，助推小镇电商发展新能级。打造综合性直播平台，为重点就业人群、返乡创业青年等群体提供直播培训。工坊累计举办各类培训 20 余次，受训 800 余人次；开展服务指导 120 余次，举办直播义卖活动 3 场，打通小镇、企业和村社脉络，营造电商和谐氛围。四是文旅提升，扩展小镇产业升级新广度。善琏镇围绕湖笔产业与文化旅游的深度融合，建成小镇客厅、写生基地、湖笔文化创意街区等工程，引入中国汉字艺术研究院、少求书屋、陈国麟美术馆等文旅产业项目。开发文创产品，结合"线上＋线下"的销售模式，延伸湖笔产业链。

（三）实施成效

湖笔小镇"共富工坊"采取"工坊＋村社＋农民"模式，通过发展湖笔加工和农产品种植等增加就业，助力产业振兴和农民增收。工坊已提供 20 多种就业岗位，带动近千人就业，年均增收 2.3 万元，同时带动村集体经济年均增收 15 万元。

案例二：龙头企业引领模式下的龙之梦乐园
——数字文旅，智慧引领

（一）基本情况

长兴县的陈湾村位于太湖南岸。这里曾经基础设施落后、人居环境恶劣，交通情况堪忧。随着全国最大的旅游综合体太湖龙之梦项目落户，原来的"废矿区"变成了今天的网红"度假区"，既拉动了一方产业，更带富了一方百姓。

（二）主要做法

1. 叠加体验，重构文旅产业新业态，精心打造演艺版块

重点推出三大主题秀，累计演出 1600 余场，接待观众 180 万人次，进一步做大文旅 IP。推出多款文旅产品，打造夜间文旅消费区，成为夜经济网红地，荣获国家级夜间消费集聚区称号。打造"文旅智融"新样本，深化数字化改革到文旅产业的各环节，结合多种技术，创新数字化文旅产品和服务。强化文旅品牌形象宣传。创新"文化走亲＋旅游推介"模式，提升旅游品牌知名度。

2. 绘好同心圆，做大乐园溢出效应，推出文化旅游精品线路

抓住机遇，整合周边特色文旅资源，推出太湖精品旅游线路，推动全民参与，实现全域美丽，探寻共同富裕之道。成立党群创业互助会。搭建龙之梦子项目与农户合作的互助"对口"平台，打造产业和就业帮扶基地。通过"4＋1"模式与低收入农户结对，实现实时沟通。2018 年开始，联合属地 6 个村合资成立图兴物业管理有限公司，与龙之梦展开深度合作，已为度假区 6 个村集体经济增收 200 万元。

3. 主动作为，构筑协同共治新格局，凝聚全域共建合力

加强对十大类问题的排摸治理的同时建立援龙支部，实行"挂牌认领、责任

包干"，确保项目推进速度与质量实现双重效益。开展"跟踪式"服务和督查。成立由"纪工委＋项目服务专员"组成的项目专项督查组，切实提高项目服务质量。

（三）实施成效

太湖龙之梦有力带动周边地区的就业和产业发展，民宿产业累计营收超2700万元，解决村民就业100余人，为村民增收500余万元。太湖图影辖区居民到龙之梦就业近1000人，整个项目累计带动就业6200人，共创造85000个就业岗位；年接待游客3000万人次，年旅游收入300亿元，税收30亿元。

案例三：乡村旅游富农模式下的安吉县露营天堂
——奋力打造长三角地区的"露营天堂"

（一）基本情况

曾经的安吉是浙北贫困山区县，资源匮乏，交通落后。但在1997年，安吉突破传统资源观，依托生态环境和乡村氛围，坚持"生态立县"，开启了从"山中村"到"大旅游"的转型之路。

（二）主要做法

1. 顶层设计，引导露营规范化发展

出台政策办法，率先制定《露营营地项目暂行管理办法》，推出全国首个《露营产业发展规划》规范性文件。实现行业自律，成立长三角地区首个露营产业联盟，发起《无痕露营环保公约》。

2. 数字赋能，引导露营品质化提升

加速数字化建设，推出"浙里安营"监管应用，并将其纳入大综合执法项目。编制《露营产业发展规划》，引导科学布局。

3. 利益联结，引导露营向共富化前进

结合"千家乡宿共富区"建设，采取"国企＋村级"和"社会资本＋村级"等合作模式，打造可持续发展环保露营地。全县35家露营地均与村集体实现利益联结，助力村集体利益增收。

（三）实施成效

全县露营地实现村集体经济利益联结。2022年1—8月，35个露营地共接待游客 48.88 万人次,营收 2.055 亿元,村集体增收 1967 万元,带动就业 1353 人,吸引 61 名大学生创业。2022 年以来,安吉县共接待露营项目考察团队 42 批次、700 余人,为周边县市和长三角区域提供露营发展范例。

案例四:乡村旅游富农模式下的德清仙潭村 ——"小"民宿创出"大"产业

(一)基本情况

仙潭村位于莫干山北麓,是莫干山民宿核心集聚区之一。过去,村民依靠毛笋粗加工和牲畜养殖等传统农业为生,但因交通不便、产业单一,一直较为贫困。然而,近两年来,仙潭村通过全民参与、全民受益、全民共享的方式,成功实现了从"民宿村"到"共富村"的转变。

(二)主要做法

1. 美丽乡村生态化蝶变,推动"一间房子"向"一个公司"转变

依托美丽乡村建设成果,已建成 158 家民宿,吸引 300 多名年轻人返乡创业。同时,联合行政村,以新模式投入 2000 万元,组建旅游发展有限公司。通过集中收储、统一打包闲置村集体资源资产,推动大仙潭宿集旅游综合体、大地艺术装置等新业态,吸引更多返乡人、新乡人。

2. 未来乡村数字化赋能,推动"一图呈现"向"一图联动"转变

利用现代信息技术助力乡村治理,提升乡村善治水平。通过"数字乡村一张图"植入幸福指数应用,利用数字技术从村风民俗、平安稳定、美丽庭院等方面考评村民。结合"微改造精提升"政策包等实现量化考核、公正透明,激发村民参与治理的积极性。

3. 现代社区人本化理念,推动"一个中心"向"一套服务"转变

一方面,重视公共服务设施的建设提升,形成系列配套。另一方面,采用"政府补贴、民宿业主赞助、村集体配套"模式,引入专业社会组织,根据需求制定服务清单,实现优质服务常态化供给。

(三)实施成效

仙潭村不仅为村民提供了上百个就业岗位,还带动了周边旅游业态的发展。

2018 年,仙潭吸引了 12 万人次游客,总收入超过 6000 万元。已完成入市土地 186 宗,面积 1401 亩,成交金额达 3.45 亿元。农民和村集体获得 2.81 亿元收益,占入市总价款的 81.57%,惠及 18 余万名农民,占该县农村人口的 65%。

附录 2:精神富裕案例

共同富裕是全体人民共同富裕,是物质生活和精神生活都富裕。只有在发展特色的基础上培育本土文化品牌,从民众精神文明素养角度提升文化自觉,才能从整体层面强化文化产业发展水平,真正发挥特色文化品牌的作用,在乡村全面振兴的过程中推进共同富裕。

案例一:集群发展增效模式下的溇港样板区
——城乡风貌,水乡共富

(一)基本情况

太湖溇港是太湖流域特有的古代水利工程,始建于春秋时代,经过多个历史时期的发展,至南宋时成熟完善,并一直延续至今。湖州境内原有 74 条溇港,现有 66 条保存完好。太湖溇港被誉为我国传统水利的光辉典范,2016 年成功入选世界灌溉工程遗产名录,2017 年被评为国家级水利风景区,2019 年被公布为全国重点文物保护单位,2020 年入围浙江省大花园耀眼明珠培育项目。

(二)主要做法

一是强化领导,打造坚实保障体系。成立城乡风貌整治提升工作专班,由负责住建和农业的副区长进行双组长领导,下设办公室,并设 8 个工作组,推进工作开展。建立城乡风貌与未来乡村联动机制,成立兴溇建设开发有限公司,在共同富裕和城乡融合大场景中整体推进,集成打造县域风貌共同富裕标志性成果。二是全域推进,打造生态宜居样板。重视太湖治理,修复河湖生态缓冲带,构建湿地植物群落。保护义皋溇等主要水系,修复更新,创造生态优良的绿色环境,成为游客驻足、居民休闲的重要空间。三是发展产业,打造共同富裕示范区。风貌区太湖蟹产量约 2700 吨,产值突破 2.7 亿元,每年带动村集体增收 30 万元以上,带动每户养殖户每年增收 2.5 万元,助推共同富裕。多个滨湖村庄的蟹塘打破"村界"抱团发展,实施标准化生产。规模化生产经营面积 84746 亩,养殖规模化比例增至 99.14％,涉渔农业龙头企业 12 家,水产专业合作社 39 家,家庭渔场 40 家。

(三)实施成效

吴兴溇港人家河蟹产业园采取"公司＋合作社＋基地＋农户"模式,带动 200 多户太湖蟹养殖户,覆盖 11000 亩养殖面积。形成扣蟹培育、成蟹养殖、饲料供应、产品销售的完整产业链,助力 1.6 万名农民增收。

案例二:价值文化下的德清"德文化"
——"德文化"推动全民精神富有

(一)基本情况

德清县近年来以"德文化"建设为突破口,聚焦提升精神力量,创新推出多种可复制、可推广的模式,营造出道德文化浓厚氛围。这些模式包括以文弘德、以景展德、以评促德、以得励德等,旨在让道德文化雅俗共赏、道德场景随处可见、道德典型全面开花、道德素养全民共建。

(二)主要做法

1. 以文弘德,构建道德文化内生供给体系

开展"德文化"解码溯源工程。将本土文化记忆转化为公共文化产品,实现文化自信。推出"德系列"文艺精品,建设编剧村、作家村,吸引知名艺术家驻地创作,挖掘本地道德文化典故和道德模范事迹,推出小品《老马不傻》等文艺精品。塑造"德系列"文化 IP。挖掘孟郊等历史原型,推出"有德小子""德清嫂"等热门 IP,认定"有德鲜生"等区域公共品牌,并广泛应用于新时代文明实践、文创产业、农产品销售中。其中,"德清嫂"IP 已用于妇女文化活动 1200 余场,凝聚了 1.5 万名德清妇女志愿者。

2. 以景展德,构建道德场景全域共享网络

将"德文化"有机植入城市建设、城市活动,塑造全域共享的道德场景。构建三级道德地标场景。一级建成全国首家公民道德教育馆,累计接待海内外访客 200 余万人;二级建成德文化公园、道德模范沙画街等 20 余个大型道德实践阵

地;三级设置有德小子、百德桥等千余处景观小品,形成"1 中心 20 阵地 1000 节点"道德地标网络。构建三类道德宣传场景。一是举办长三角"德文化"节等民俗节庆活动;二是遴选"百名有德青年宣讲员",每年进行 500 多场宣讲;三是推出"讲道德"跨界治理,涉及交通、食品、医疗等 6 大领域。

3. 以评促德,构建道德典型梯次培育模式

探索政府引导与群众自发评选机制,形成全国模范为顶、草根模范为底的道德典型群像金字塔。政府主动培育,建立选树体系,每年开展"德清好人""德清骄傲"等评选表彰活动,年均涌现 40 多位县级以上道德典型。构建道德典型数据库,按照梯次进行分类培育,开设"善行德清"等栏目常态化宣传模范事迹,形成以道德模范为榜样的文明新风尚。群众自发设奖,首创"百姓设奖奖百姓"模式,形成 1 万余人组成的草根道德典型队伍。政府成立民间设奖协会,出台《民间设奖指导管理办法》进行规范引导,累计设奖 81 项,发放奖金奖品 200 余万元。

4. 以得励德,构建道德素养全民共建机制

全省首创道德信贷模式,联动德清农村商业银行推出《"道德银行"创业贷款管理办法》,根据农户家庭成员四个维度的道德表现建立道德账户,并根据村民代表公议、村内公示情况确定贷款方案,一年内"一次核定、随用随贷",已累计发放道德信贷 26.8 亿元。全面铺开积分兑换模式,建设数字化平台,创新积分兑换机制,出台道德行为奖励规则,吸纳各类资金充实奖金奖品库,推动道德行为可监测、可量化、可兑换,实现有德者得实惠。

(三)实施成效

1. 涌现了一批展现"浙江有礼"的最美风景

道德建设成果丰硕,涌现出多个道德典型和志愿服务组织。全县注册志愿者达 14 万名,多个志愿服务项目和组织获得国家级荣誉。道德文化活动丰富多彩,文艺精品数量领先全省。道德地标网络覆盖全域,年均举办超 2000 场公民道德建设活动,全县文明好习惯养成实现率高达 92%。

2. 创造了一批推动"精神富有"的标准模式

制度成果方面,发布了全国首个以"德文化"为主线的"县域精神富有评价指南",制定出台 10 余项"德系列"制度成果。在理论成果方面,承办全省首届"推进精神富有理论研讨会",形成 10 余项理论成果并汇编成册。在实践成果方面,成功构建可供全省多地复制推广的精神富有治理范式。

3.形成了一批彰显文化自信的品牌

催生了"德清现象"文艺精品,大型越剧《德清嫂》成功登上国家大剧院及周边地市舞台,累计为 15 万人次献上 250 余场精彩演出。城市品牌"人有德行如水至清"成为全国县域唯一入选新华社民族品牌工程的品牌,全县"德文化"品牌知名度高达 90%。德清还被选为浙江省社会科学界联合会共建的唯一"精神富有调研窗口",近年来受到新闻联播、《人民日报》等央媒的多次报道,累计超过100 次。

案例三:民俗文化下的荻港"鱼文化"
——精神富有,最美的共富图景

(一)基本情况

湖州是全国著名的淡水鱼产区,被誉为"中国淡水渔都"。这里的传统养鱼生态循环农业模式如"桑基鱼塘"孕育了丰富多彩的地方文化,包括鱼文化、蚕桑文化、桥文化和船文化等。

(二)主要做法

1.找准文化传承创新的跑道

荻港村依托其深厚的文化底蕴,打造特有的"鱼文化"品牌,结合饮食、蚕桑、湖笔文化,保护和传承鱼文化。该村创建了美食小镇并连续举办鱼文化节,给游客留下美食记忆。目前,以鱼桑文化为媒介的鱼文化节已举办十三届,被认定为国家示范性渔业文化节庆。

2.找准文化惠民化人的跑道

荻港充分挖掘文化并开设研学课程,成立研学院,吸引超万人参与。村民积极将鱼桑文化融入生活,组建舞龙、秧歌、书画、打击乐等团队,展示水乡丰收景象。

3.找准文旅赋能富民的跑道

充分挖掘桑基鱼塘系统科研要素,建立了八大特色生态农产品生产加工基地,衍生特色生态农产品 30 余种,年销售额超 1 亿元,带动大部分农户年均增收2 万元。

（三）实施成效

桑基鱼塘、鱼文化已逐渐成为湖州市乡村旅游的核心吸引力。民宿、农家乐层出不穷，每年可接待游客 100 余万人次，实现生态休闲观光旅游创收 4000 余万元。

附录 3：素质提升和人的全面发展案例

文化是国家和民族的灵魂。要加强社会主义文化建设，满足群众精神文化需求，促进经济社会发展。文化丰富精神生活，提高综合素质，促进全面发展，形成良好社会风尚，作用不可替代。

案例一：乡村旅游富农模式下的安吉溪龙乡
——"一片叶子"的共富新故事

（一）基本情况

溪龙乡自 20 世纪 80 年代起发展白茶产业，过去主要由农户单独经营，规模受限。近年来，溪龙乡依托"党建＋"理念，推动白茶文化与旅游融合，提升白茶及衍生产品品位，纵向延伸白茶产业链。随着农业供给侧结构性改革，茶农们转向一二三产融合发展，摆脱"靠天吃饭"的命运。

（二）主要做法

1. 聚焦项目双进迈出新步伐——茶产业

近年来，溪龙乡利用"腾笼换鸟"政策，收储了 95.68 亩地块。其中，60 余亩被用于建设小微产业园。安吉茶圣农业开发有限公司已承接 43 项经营项目，合同金额超 996 万元，实现利润近 60 万元，带动 240 余人就业。2021 年，五村入股联营的强村公司实现了 220 万元以上的经营收益，村均经营性收入增长到 136 万元。

2. 深耕文旅融合增添新活力——茶文化

2018 年，溪龙乡与上海爱家集团联手，以全域旅游为主导，结合多种产业，打造茶旅融合综合体,成功入选国家"千企千镇"项目库。同时,溪龙乡积极构建助企协同发展机制,提供精准助企服务,推动乡企联动,实现资源共享,为乡域内民企和茶企发展赋能。

3.增强数字支撑助推新升级——茶科技

借助"智慧大脑",安吉白茶实现了"三控":产量可控、源头可溯、质量可靠。通过与浙茶集团、顺丰速递等合作,加快销售速度,使茶农、茶企、茶商之间的数字化联通得以实现。茶园配备多套监测系统,实现土壤信息的在线获取与自动监测。无人机病虫飞防应用率达30%,安吉白茶炒制实现100%机械化生产,约30%升级自动流水线生产。

4.厚植民生福祉,百姓更乐居——扶贫致富

"白叶一号"乡村振兴党建联建项目于2022年派出89人次干部进行技术指导与培训,助力采摘鲜叶6.5万余斤,生产干茶1.4万余斤,产值超过770万元。溪龙乡动员乡贤参与乡村振兴,成立女子茶叶专业合作社,带领妇女种植白茶致富,已有108名社员;种植白茶面积超过7000亩,促进周边妇女共同富裕。

(三)实施成效

安吉白茶品牌效应扩大,核心产区地位增强,助力农民增收致富,白茶产业年产值增至7.7亿元,农民人均收入提升至4.6万元,成功获评全国农业产业示范强镇。溪龙乡近三年来推进"健康溪龙"工程,完成县级健康示范乡镇创建。2022年,溪龙乡开展两轮全民免费体检,慈善救助事业蓬勃发展,村级慈善工作站全覆盖,募集善款75万余元。全乡基本医保参保率近100%,低保户、残疾人等特殊群体医保参保率100%,老年人意外保障、政府救助保险实现全覆盖。

案例二:艺术文化下的湖州"书法文化"
——共富先行,文艺担当

(一)基本情况

中国湖笔,传奇之笔,与徽墨、宣纸、端砚同为"文房四宝",象征着中华文明的辉煌历史。湖州,历史悠久,文化底蕴深厚,历来吸引文人墨客。这里孕育了众多书画名家,形成了庞大的书画家群体,书写了灿烂的书画文化。湖州,可谓书画的半壁江山。

(二)主要做法

1.以书法研学助力乡土文化传承

推出鱼桑书法文化课程,带领孩子们走进荻港古村,探寻古村、古宅、书塾、古巷文化,让孩子们在活动中体验乡情、乡艺、乡仪之美。

浙江湖州桑基鱼塘系统历史文化馆位于南浔区和孚镇荻港渔庄内。馆内有四个主题:鱼、桑、丝和陈家菜,这里是学习湖州特色文化的理想之地。已接待数千名研学人员,并吸引上海、江苏等地的研学队伍前来体验。

2.以书法文化培育乡村崇德之风

荻港村村民每年自发书写春联,创作研习书法作品,效果显著,该村荣获"浙江书法村"称号。书法文化成为乡村凝聚力的重要源泉。在中国书法的熏陶下,荻港村人展现出平和、谦逊、包容、团结等中国传统思想特质。

3.以书法活动打造鱼桑文化品牌

2010年,荻港村为推广书法文化,邀请王似锋先生并引入湖州笔道馆。通过书法活动,建立鱼桑文化品牌,已举办十三届鱼文化节书法活动。如今,荻港村已成为湖州乡村休闲旅游的知名名片。

(三)实施成效

立法保护湖笔文化,推动《湖州市湖笔保护和发展条例》的实施,为湖笔文化的传承与创新提供了法治保障;构建"非遗＋旅游"模式,将书法文化与乡村旅游结合,湖笔文化创意街区、写生基地等文旅项目建成,2017—2023年累计接待游客468万人次,为乡村振兴注入了文化动力。善琏镇作为湖笔发源地,通过湖笔文化产业园、文创产品开发等举措,年制笔量达1400万支,年销售额近8亿元,带动了当地近3000人就业,显著提升了居民收入。

关于湖州探索多类型共富体推进共同富裕建设的路径研究

沈凌晨[1]　章云云[2]　朱　玥[2]

（1.浙江大学湖州研究院；2.湖州市发展和改革委员会）

党的十八大以来，习近平总书记以扎实推动共同富裕为主题发表了一系列重要论述，书写了习近平新时代中国特色社会主义思想的重要篇章，开辟了中国特色社会主义共同富裕理论新境界，为扎实推动共同富裕提供了根本遵循和行动指南。2021年，习近平总书记和党中央将"高质量发展建设共同富裕示范区"的重任交给浙江，赋予浙江新的使命，也给湖州带来新的发展机遇。近年来，湖州全面落实省委、省政府决策部署，在践行"八八战略"和建设共同富裕示范区的时代浪潮中积极探索、勇于变革，在生态文明、富民增收、服务优享、社会治理等方面形成了显著优势，形成了一批独具湖州特色的"共富体"模式，为在共同富裕新征程中示范先行奠定了坚实基础，可对全省乃至全国同类型城市推进共同富裕建设起到示范引领作用。

一、共同富裕联合体相关概念解读

共富体即"共同富裕联合体"，其既是对马克思"自然共同体""自由人联合体"的创造性转化，又是对共同富裕理论谱系的继承创新，是包含全民富裕、共建富裕、全面富裕和渐进富裕的有机统一。本研究从"共同富裕"和"联合体"两个维度解读关于"共富体"的概念。

（一）共同富裕的内涵

共同富裕是建立在经济高质量发展基础上的富裕，是与经济社会现代化发展相适应的富裕,是实现发展型经济社会跃升为共富型经济社会的富裕。[①] 它既是一种状态,也是一个动态调整的过程。从状态层次来说,共同富裕是全体社会共同的美好期盼;从动态层次来说,不同的经济发展阶段社会的生产力水平不同,人们对共同富裕的期望也有所不同。因此,理解共同富裕在不同阶段的本质内涵对共富体推动共同富裕建设有着极为重要的意义。

1. 西方的"共同富裕"思想

在 16 世纪初至 19 世纪上半叶空想社会主义的发展下,共同富裕作为一种社会主义理论理想而诞生。[②] 在托马斯·莫尔所著的《乌托邦》中,社会中的每个公民都会主动参与生产,社会产品又以按需分配的方式进行分配,在这样的"公有制"下,"每个人都一无所有,而又每人富裕"。

在马克思、恩格斯的共同富裕观念下,发达的生产力被认为是实现共同富裕的物质保障。只有生产力实现高度发展,社会的物质财富才能实现不断累积,而当物质积累到一定程度,不仅人们的物质生活可以得到改善,精神需求也能得到满足。同时,马克思、恩格斯认为,建立公有制是实现共同富裕的制度基础。社会主义公有制下,劳动者生产出的产品需要归全体劳动人民所有,人民群众的经济地位与政治地位都能谋求平等。在这样的条件下才能实现每个人的自由全面发展,从而推动共同富裕的实现。

2. 中国早期的"共同富裕"含义

春秋时期,齐国政治家晏婴主张"权有无,均贫富",意味着共同富裕的思想在中国已经萌芽。孔子曾提到"不患寡而患不均,不患贫而患不安",这一论述被称为谈论财富分配问题的典据。然而,儒家思想维护的是严格的封建等级秩序,其主张的分配不是全社会的平均分配,而是一种在各阶级之间不甚悬殊的分配制度。所以,在中国早期的政治思想中,"共同富裕"是站在封建统治阶级的立场上实现的相对平均分配,其目的是巩固统治阶级的政权稳定。

3. 新中国成立以来"共同富裕"内涵的发展

共同富裕是社会主义的本质要求,是中国特色社会主义的根本原则,是中国式现代化的重要特征。毛泽东同志在新中国成立之初就提出了发展富强的目标,指出"这个富,是共同的富,这个强,是共同的强,大家都有份"。1992 年,邓小平同志在"南方谈话"中进一步明确地将社会主义与共同富裕联系在一起,"走

①　黄祖辉,傅琳琳.浙江高质量发展建设共同富裕示范区的实践探索与模式解析[J].改革,2022(5):21-33.
②　潘婧.共同富裕的理论渊源、阶段发展及其精神富裕的关系[J].经济研究导刊,2022(22):10-12.

社会主义道路,就是要逐步实现共同富裕。共同富裕的构想是这样提出的:一部分地区有条件先发展起来,一部分地区发展慢点,先发展起来的地区带动后发展的地区,最终达到共同富裕"①。

党的十八大以来,习近平总书记立足于我国现实国情和具体实践,从共同富裕的全体性、全面性、阶段性和根本途径等方面,与时俱进地深化了共同富裕的理论内涵。习近平总书记指出,"我们追求的发展是造福人民的发展,我们追求的富裕是全体人民共同富裕"②,"让发展成果更多更公平惠及全体人民"③;2021年1月11日,习近平总书记在省部级主要领导干部学习贯彻党的十九届五中全会精神专题研讨班开班式上的重要讲话中指出,"实现共同富裕不仅是经济问题,而且是关系党的执政基础的重大政治问题"④;2月25日,习近平总书记在全国脱贫攻坚总结表彰大会上指出,"在全面建设社会主义现代化国家新征程中,我们必须把促进全体人民共同富裕摆在更加重要的位置,脚踏实地、久久为功,向着这个目标更加积极有为地进行努力,促进人的全面发展和社会全面进步,让广大人民群众获得感、幸福感、安全感更加充实、更有保障、更可持续"⑤。

(二)联合体的内涵

联合体起源于马克思提出的"自然共同体""市民社会共同体""自由人联合体"等概念,反映了集体成员互助合作、共同奋斗的社会形态。在自由联合体中,个人能够将私人利益和公共利益结合起来,以自身为基础,进一步地实现个人完善与发展,从而推动"自我"与"社会"的全面发展,实现私人利益与公共利益的有机统一。⑥ OECD对联合体的定义为承接特定商业项目而由公司或个人组成的联合,它类似于伙伴关系,但仅限于特定项目(如生产特定产品或在特定领域进行研究等)。⑦

(三)共同富裕联合体的本质内涵

如前所述,在新发展阶段,共同富裕从一种理念逐渐转变为一种国家发展阶

---

　　① 邓小平.邓小平文选(第三卷)[M].北京:人民出版社,1993

　　② 中共中央召开党外人士座谈会[N].人民日报,2015-10-31(1).

　　③ 坚定信心 勇毅前行 共创后疫情时代美好世界[N].人民日报,2022-01-18(2).

　　④ 深入学习坚决贯彻党的十九届五中全会精神 确保全面建设社会主义现代化国家开好局[N].人民日报,2021-01-12(1).

　　⑤ 全国脱贫攻坚总结表彰大会在京隆重举行[N].人民日报,2021-02-26(1).

　　⑥ 张泽宇.唯物史观视域中的共同富裕[J].黑龙江工程学院学报,2023,37(1):50-54.

　　⑦ 张赤东,彭晓艺.创新联合体的概念界定与政策内涵[J].科技中国,2021(6):5-9.

段的目标。对照自由联合体逻辑，我国正处于社会主义初级阶段，而实现共同富裕是一个长期的动态过程，因而，我们实现"自身全面的本质"就是在具体的历史进程中不断进行的。共同富裕联合体必须实现"共同"和"富裕"的有机统一。一方面，"共同"说明富裕实现的范围，即全体人民共同享有平等的发展机会和成果，实现基本公共服务均等。另一方面，"富裕"用来表征全国人民的平均生活水平达到发达国家生活丰裕的程度，需要实现物质生活富裕、精神生活富足和生活环境宜居。

基于时代背景与现实需求分析，在对联合体解读的基础上，刻画共同富裕的政策边界与内涵，需要明确共同富裕是一种合理的、有差别的富裕[①]，在高质量做大国民收入蛋糕的同时也要切好蛋糕，重点需要权衡好公平与效率的关系。因此，对于共同富裕联合体的概念界定，可以理解为为了让优质的资源（资金、人才、教育、医疗等）从相对发达的地区流向薄弱的地区，由某一单位或多单位联合形成，通过扩大产业体量、优质资源共享、生产要素流通等形式，最终实现共同富裕的组织形式。

二、共富体的实践意义

共富体涉及就业、教育、医疗、托育、养老、住房等方方面面，在缩小"三大差距"、创新分配机制、探索先富带后富等方面意义重大，是实现共同富裕的一个重要抓手。区别于一般的联合体，共富体在推动共同富裕实现中，在规模效益、效率、公平三个方面表现突出。

——聚焦规模集成做大蛋糕，打造共同富裕增效增收湖州样本。共同富裕联合体将零散的人才、资金、土地等资源集聚起来，以"小力量"集合成"大能量"，通过"集体＋集体"的发展模式，形成"两山合作社""强村集团""飞地抱团"等典型案例，从更大的范围、更高的维度推动共同富裕的实现。

——聚焦优势互补做美蛋糕，打造共同富裕改革探索湖州样本。推动区域融合发展，促进区域间资源优化配置是推进共同富裕路径的重要举措。湖州致力于将资源通过再分配，将生产要素从低效率生产主体重新配置到高效率生产主体，形成资源共享、优势互补，一定程度上推动共同富裕更高效实现，形成了"医共体""教共体"等典型模式。

——聚焦区域统筹做实蛋糕，打造共同富裕共治共享湖州样本。正确处理

---

① 李实.共同富裕的目标和实现路径选择[J].经济研究,2021,56(11):4-13.

效率与公平的关系,以推动区域统筹、城乡统筹为核心,实现普遍富裕基础上的差别富裕。构建初次分配、再分配、三次分配协调配套的基础性制度安排,通过资源倾斜缩小差距,扩大中等收入群体比重、增加低收入群体收入、合理调节高收入、取缔非法收入,形成中间大、两头小的橄榄型分配结构,推动全体人民朝着共同富裕目标扎实迈进。

三、湖州共富体的实践探索

湖州在共富体探索中先行先试,围绕缩小"三大差距",持续供给均衡普惠的富民项目、惠民政策和便民服务,在践行"八八战略"和建设共同富裕示范区的时代浪潮中积极探路、创新变革,探索形成了一批具有湖州辨识度的共同富裕联合体,持续推进共同富裕建设迈上新台阶。

(一)生态资源转化共同体

湖州探索生态资源转化共同体以"两山合作社"为典型代表,又称"生态资源资产经营公司",它借鉴了商业银行"分散化输入、集中式输出"的模式,打造绿色产业与分散零碎的生态资源资产之间的中介平台和服务体系,实现"存入绿水青山、取出金山银山"。2021年,湖州市高规格召开全市"两山合作社"建设现场推进会,制定印发《湖州市全域推进"两山合作社"建设工作方案》。2022年4月,湖州市挂牌成立了市级两山生态资源运营公司,制定出台《打造生态资源转化共同体工作方案》,聚焦政策制度、标准体系、品牌名片、运营系统、交易平台"五统一",全面迭代"两山合作社"建设,构建市县乡村联动"两山合作社"利益联结共同体。此外,湖州发布全国首个《"两山合作社"建设与运行管理指南》,为"两山合作社"建设提供标准化指引。截至2022年11月,全市"两山合作社"已收储闲置土地3万余亩、林地88万亩、农房555幢,累计策划形成212个项目,带动村集体增收超3000万元。

(二)乡村振兴共同体

湖州聚焦群众"急难愁盼",统筹推进乡村"五大振兴",打造乡村振兴共同体。"以百姓之心为心",成就了湖州在浙江省共同富裕民众"四感"监测中综合评价第一。湖州创新探索"国有股权、集体股权、村民股权+集体资源、村民资产、国有资本"的"三股+三资"融合经营模式。在全省率先完成市县乡三级农合联组织体系建设,全市农合联发展会员4189名,涉及农户2.1万户。建成特色产业农合联45家、基本覆盖全市农业主导产业。做好农合联信用服务,2022年农合联会员授信率达到100%,农合联会员免担保贷款总额达到4.3亿元。打造湖州"两山农品汇"品牌,覆盖全市近12万农户、48.6万亩生产基地,带动相关农产品增收10%以上。全市强村公司等村集体经济项目共带动943户低收入农户增收1016万元,为全省乃至全国乡村集成改革提供"湖州探索"。市级首批30家"未来农场"覆盖92个行政村,流转土地2.5万余亩,带动农户8650余户,吸纳本地农村劳动力就业2800余人,帮扶低收入农户448户。

(三)飞地抱团帮共体

飞地抱团帮共体是在深化山海协作的基础上,实现工作项目化、项目体系化、体系品牌化的对口帮扶共同体,创新与对口地区协同招商机制,探索共建园区、飞地经济等利益共享模式,实现资源共享、产业互补,形成先富带动后富、后富地区反哺的帮扶模式。安吉县"百叶一号"2022年实现"三省五县"受捐地累计采摘干茶2万余斤,价值超千万元,带动当地人均增收2000元以上,带动2063户6661名农民走上共同富裕道路,真正实现"造血式"帮扶。南庆产业飞地创新"四新"管理模式,目前吴兴—云和"消薄"飞地一、二期共4530平方米,年租金收益180万元,重点帮扶云和县22个消薄村壮大村集体经济,近4万人受益。全年累计帮扶丽水推进产业合作项目56个(含续建项目),涉及环保、新能源、新材料、医疗、生态养殖等多个领域,累计实现到位资金40.68亿元,产业合作成效显著。充分发挥湖州优势,在结对县积极推进乡村振兴示范点8个,助力绘好乡村振兴蓝图。

(四)优质医疗服务共享体

医联体是实现分级诊疗的重要路径,也是我国新医改的破局利剑。为解决优质医疗资源分布不均衡这一难题,湖州市全力深化"三医联动""六医统筹"改革,在全省率先组建2个城市医联体和9个县域医共体,通过有效整合县、乡、村三级医疗机构资源,将优质医疗资源"沉"到基层,不断提高基层医疗卫生服务能力,在全国率先实现整合型医疗卫生服务体系市域全覆盖。湖州获得浙江省全市域两慢病"健康画像"应用场景建设试点,德清县作为"公立医院综合改革真抓实干成效较为明显地区"受到国务院表彰,长兴县入选"浙里健康e生活"省级试点并被全省推广。近年来,全市基层就诊率和县域就诊率保持在70%和90%以上。2023年3月27日,央视新闻专门点赞了湖州市中心医院紧密型医疗保健集团的做法。

（五）优质教育服务共享体

所谓教共体，即在"互联网＋义务教育"结对的基础上，将原有各自独立的城镇学校和乡村学校重组融合为"一校二区"或"一校多区"的新型一体化办学模式。为有效解决城乡教育发展不平衡不充分问题，湖州市率先在全省推进建设城乡义务教育共同体学校，将教共体作为优化布局的"发动机"、教育品牌的"孵化器"、教师成长的"润滑剂"，打造"学在湖州"金名片，促进湖州市乡村教育振兴和教育现代化。已建成192所学校，实现农村学校和镇区公办学校"两个全覆盖"。在教共体学校（校区）内，实施教师编制"周转池"、教师"走校制"、名优教师结对成员校等机制，惠及学生22万余人，占全市义务教育阶段学生总人数的83.2%。义务教育学校融合型、共建型教共体实现镇区公办学校全覆盖。

（六）"一老一小"服务共享体

湖州市扎实开展养老托育扶幼行动，不断健全养老托育服务体系、政策体系、保障体系，积极推进养老托育数字化转型，连续三年位列全省基本公共服务满意度评价第一位，吴兴朝阳社区、南浔东迁村等28个城镇社区和乡村入选浙江省首批共同富裕现代化基本单位"一老一小"场景。湖州在全省率先开展护理员（养老护理员）专业定向培养，每万老年人拥有持证养老护理员超过10人；将婴幼儿照护人员培训列入全市职业技能提升行动，年培训卫生健康行业人员3000余人。截至2020年底，全市累计建成养老机构180家、床位30358张，护理型床位占比55.5%，每千名老年人拥有社会化养老床位数58.96张；建成康养联合体试点7家，国家级居家和社区养老服务改革试点顺利通过验收。以家庭为基础、社区为依托、机构为补充的婴幼儿照护服务体系不断健全，全市共有托育机构150家，托位6114个，每千人口拥有3岁以下婴幼儿照护设施托位数1.65个。

（七）基层社会治理综合体

自2016年建成全国首家县级矛盾纠纷多元化解中心以来，全国首家行政争议调解中心、全国首部《乡村治理工作规范》等十余项"全国首创"先行先试，一个个湖州经验相继在全国推广。在此基础上，2023年湖州市迭代升级标准化矛盾纠纷调处化解综合体，为全国首创、全域标准化、一站式、多模式解纷，把群众诉求第一时间化解在当时当地。"解纷无忧"共富班车不断开进村社、园区等地，将矛调触角延伸到群众家门口。全市三级矛调中心（站）标准化建设覆盖率

100％，县级矛调中心100％迭代升级为县级社会治理中心，政法单位在社会治理中心入驻率实现100％。"共享法庭"镇街层面覆盖率100％，镇街、村社人民调解组织覆盖率100％，"乡村微检察"在村社开展检察听证114场次，"最小单元格"行业性专业性调解资源库日益丰富，农村地区优质政法资源供给更加充沛，服务保障数量较以往提升了23.5％，案件调处效率同比上升87.3％。

（八）精准志愿服务帮共体

2022年2月，湖州创新推出"家园志愿服务"平台，构建志愿服务精准触达机制。壮大一支"服务队"，发挥市、县、乡、村四级志愿者联合会枢纽功能，构建"6＋N"家园志愿队伍体系，全市家园志愿者规模达到69.3万人。编制一组"项目库"，落地实施重点项目2批201个。设立一口"基金池"，市级专项新募集善款700余万元，已设立基金的乡镇（街道）占比达到70％。开设一堂"必修课"，累计培训志愿服务组织负责人、骨干志愿者3000余人次。打造一朵"数治云"，依托"志愿浙江"湖州分平台，打造"家园志愿"共富班车专区，积极承接"帮有礼"社区志愿服务应用子场景建设试点。完善一个"政策包"，先后制定出台《湖州市志愿者激励嘉许办法》《湖州市重点志愿服务项目扶持管理办法》。全市家园志愿者规模已达到68万人，累计实施重点项目201个，惠及群众307.1万余人次。

四、共富体实践仍需突破的瓶颈

（一）"经济蛋糕"还需加快做大

湖州在探索共同富裕联合体助力共同富裕发展的实践中实现了经济总量新的跨越。但从绝对水平看，经济总量在全省排名还相对靠后。2022年全市实现地区生产总值3850亿元，一般公共预算收入387.3亿元，均居全省第八。受大城市"虹吸效应"等影响，湖州共富体在体量规模上亟待进一步扩大。

（二）"共富资源"还需加快挖掘

推进共富体建设是推进全方位、多维度和高水平的共同富裕，包括物质文明、精神文明、政治文明、社会文明、生态文明的全面提升。湖州在共同富裕联合体实践中形成了教共体、医共体、产业飞地、未来农场等模式，但是仍有许多共富资源值得挖掘，需要在巩固原有成果的基础上，进一步在文化共富体、法治共富体等实践探索中进行系统组织、系统提炼、系统认证。

（三）"科技赋能"还需加快优化

科技创新对推动共富体实践的动能还不够强劲，技术研发聚焦共富产业发展瓶颈和需求不够，科技创新政策与经济、产业政策的统筹衔接不够，科技成果赋能共同富裕的转化能力不强。湖州在共富体的探索中还需依靠科技创新为探索共富体实践提供强劲内生动力，发挥其关键支撑引领作用。

（四）"要素支撑"还需加快保障

从人才来看，共富体实践中的技术技能人才引育渠道、载体还不够宽阔和丰富，对技术技能人员的培养意识还不够强；从资金来看，来源较为单一，主要是地方财政投入或银行贷款，给地方财政造成较大压力；从土地来看，受制于土地指标空间越来越小等要素制约，共富体所需的用地难以得到满足，土地产出率不够高。

五、推动共富体迭代、促进共同富裕建设的思路

（一）总体思路

以习近平新时代中国特色社会主义思想为指导，以经济富裕、收入富足、精神富有、服务优质、全域优美、制度优越"三富三优"为主要特征，以解决地区差距、城乡差距和收入差距为主攻方向，以农村、基层、相对薄弱区域和困难群众为帮扶重点，在扎实推动共同富裕发展路径中探索共富体实践，着力激发人民群众积极性、主动性、创造性，促进社会公平，增进民生福祉，不断增强人民群众的获得感、幸福感、安全感和认同感，为以共富体推进共同富裕实现提供湖州示范。

（二）迭代模式

总体来看，湖州已在不同领域、不同区域、不同层次多点开花探索共富体，形成一批真实可感的富民、惠民、便民的实践成果。为更进一步丰富共同富裕联合体的实践内涵，推动共富体助力共同富裕建设，在已有实践基础上，通过模式创新、挖掘资源、科技赋能、要素支撑等举措，持续做好共富体的深化、提炼、推广文章，形成全省乃至全国可复制、可推广的共富体"湖州模式"。

1. 创新工作模式，构建全域共富新样板

坚持立足当前、着眼长远，围绕凸显城市个性与共富精神内涵，构建具有地

方特色的共富体工作体系。一是规划引领,构建工作体系。统筹科学规划,加强顶层设计,明确重点,有序推进,以高质量规划引领共富体建设。紧扣共同富裕重点目标任务,深入开展共富体有关重大问题研究,深化相关理论研究,探索共富实践路径,以构建理论体系。探索建立共富体观测点,从不同侧面、维度、时期反映正在进行的共同富裕建设情况,将理论成果转化为助力共富的路径支撑。建立健全共富体清单化推进机制,形成系统集成、精准施策、一抓到底的工作体系。二是数字赋能,强化统计监测。围绕共同富裕建设系列指标体系,分析共同富裕建设富民之基、富民之源。协同构建横向到边、纵向到底的分析研判机制,关注重点指标位次变化、横纵向比对,重点分析指标背后的内生动力和薄弱短板,及时提供预警分析服务。三是示范推广,营造浓厚氛围。建立共富体最佳实践总结推广机制,及时总结、归纳、提炼共富体典型经验,做到成熟一批、推广一批。鼓励和支持有条件的地方对重大改革、重大政策进行集成式创新和专项试点,以点带面推进整体突破,争取入选国家和省级层面典型案例推广,实现"一地创新、全国共享"。

2. 挖掘共富资源,激活共同富裕新生命

立足自然、文化等资源禀赋,坚持产业导向,打造特色鲜明、竞争力强的共富体。一是以要素盘活为核心,激活"沉睡"资源。建立各地资产台账,有效盘活农民的房、地、人、钱等要素,以最大的综合效应、集聚效应引领全域共同富裕,实现共赢增收。充分发挥"两山合作社"等国有企业平台支撑作用,加快闲置资源开发利用进度,有效激活全域资源要素,开发、升级特色资源,打造成经济发展的新引擎。二是以优势产业为基础,打造共富产业园。突出生态、绿色、智能,科学规划、合理布局一批共富产业园,强化土地资源空间共享、集约利用,培育和引进新项目、新业态、新模式,引导乡村产业集聚发展,形成"平台集中、产业协同、集聚提升、各具特色"的共富产业园发展格局,充分体现地方特点和产业特色,积极探索"国企+强村公司"开发建设运营新模式,充分发挥"两入股三收益"机制富民增收效应,做精生态农业、做强绿色工业、做优现代服务业。三是以"飞地抱团"为突破,拓展共富新路径。建立村富带民富利益联结机制,积极探索跨村、跨镇街道"飞地抱团"发展模式,壮大集体经济。在市域飞地抱团的基础上,探索山海协作、东西部扶贫的跨省市飞地抱团模式,通过合作共建飞地产业园等模式,实现先富带动后富,区域联动发展。

3. 强化科技创新,打造数字变革新高地

加速数字产业化和产业数字化进程,解放生产力、发展生产力和保护生产力。一是做大分好共同富裕蛋糕。以产业数字化赋能传统产业转型升级，以数字产业化培育战略性新兴产业。通过发展 5G、人工智能、大数据、物联网等为代表的新一代信息技术，继续发挥数字经济催生新业态、新模式的优势，发展共享经济、零工经济、平台经济。二是构建数字治理体系。依托"互联网＋"，全面构建数字治理体系。推进数字便民、惠民、富民，提供多元化数字生产、工作、生活、产品消费等应用场景，扩展人民共享数字红利空间。持续提升教育、医疗、卫生、环境保护等重点民生领域数字化水平，协同优化城乡公共服务。通过"最多跑一次""一门通办"的创新举措，让百姓少跑腿、让数据多跑路，不断提升群众满意度。三是深化要素市场改革。构建有效市场和有为政府更好结合的"全国统一大市场"，打通数据要素价值创造、交换和实现的全链条，有序推进数据计量、数据确权、数据定价、收益分配及监管治理等基础性制度落地。建立与数字经济相适应的收入分配制度。探索与数据要素价值和贡献相适应的初次分配机制。研究出台数字调节税。发挥科技向善的力量，实现数据要素和数据资源的第三次分配，促进社会公平正义和共同富裕。

4. 完善政策体系，营造共富发展新环境

构建系统性、常态化的共富体政策支持体系，加速畅通市场、人才、资本、资源、产业等要素循环。一是完善迭代人才政策。激励乡贤回流兴村，以"两进两回"行动为契机，聚焦乡村经济发展，完善政策引导和建立健全保障机制。以乡贤为轴，扩大"双招双引"半径，激励大批乡贤引领优质产业、先进理念向家乡回流，实现"乡贤带富"的良性循环。探索青年人才的精准引育、精准培养和精准服务，为高校毕业生"量身定制"创业带动就业、创业求职补贴、创业减免税政策、优惠贷款、住房补贴、落户政策等支持政策。二是完善要素服务保障。围绕"地增效、房增值、地增产、林增收"目标，实施都市共建共富、低效整治提富、资源资产增富、林下经济创富。盘活土地资源，增强农村集体经济活力。因地制宜多模式探索发展多种高效农林复合经营模式，大力发展林下种植、林禽共养、林下生态旅游等产业模式，促进林业增效、产业增长、林农增收。三是完善资金支持政策。财税政策从做大蛋糕和分好蛋糕两方面统筹兼顾、积极发力，着力促进构建初次分配、再分配、三次分配协调配套的基础性制度安排。强化资金支持，优化金融服务，依托金融业为共同富裕铺路搭桥，探索推出"共富贷"，战略推进乡村振兴，将金融服务下沉到农村乡村。因地制宜支持西部三县（市）共同富裕发展建设，积极开展对口帮扶、资源对接、互利共赢等工作。

六、典型案例

（一）生态资源转化共同体：安吉县两山生态资源资产经营有限公司

安吉县两山生态资源资产经营有限公司（县级"两山合作社"）为浙江省首个"两山合作社"示范基地，具体负责安吉"两山合作社"平台搭建和后期运营，并率先成立"乡镇两山生态资源资产经营有限公司"（乡镇"两山银行"），统一主体和名称对外运营。

通过设立县乡两级两山公司，创新"县级两山公司统筹项目规划、乡镇两山公司着力项目落地"运营联动机制，并广泛吸纳 N 个多元主体参与建设"两山合作社"项目，实现对全县生态资源进行统一规划、统一收储、统一开发。

2021 年底，安吉在全国首创县级竹林碳汇收储交易平台，农户将手中的竹林经营权统一流转至对应村的专业合作社，再集中流转至县"两山合作社"，统一参与碳汇市场的交易管理，每年可产生碳增汇量近 34 万吨，产生 2380 万元收益，4.9 万名农户与 17.15 万名林农长久受益。

（二）乡村振兴共同体：长兴县吕山乡湖羊智慧循环产业园

长兴县吕山乡湖羊智慧循环产业园位于斗门村石佛桥自然村，占地面积约 700 亩（320 亩湖羊养殖区块＋380 亩配套种植区块）。园区以湖羊种羊养殖为主导，配套湖羊青饲料种植、加工，并将美食、旅游相结合，实现了湖羊产业贸工农一体化发展。因此，园区入选第二批省级"未来农场"和首批市级"未来农场"。

产业园采取"政府主导、九村联建、公司运营"的模式，由 9 个行政村投资占股，由长兴城投集团代建，引进美欣达集团有限公司运营管理，运营主体年产值可达 1.5 亿元，可助力村级集体经济年增收 900 万元，带动村民增收致富。在保证 9 个村集体经济增收的基础上，专门设立"共富羊舍"，帮助近 20 户无劳动能力的贫困家庭代养各 10 只湖羊，采取"托管代养、销售分红"等形式，为每个家庭年增收 1.6 万元，实实在在为共富加码。在数字化助力下，产业园形成"智能环控、视频监控、精细饲喂、个体管理、繁育管理、养殖模型、移动 App"的数字化养殖模式，年存栏可达 5 万头以上，年出栏 8 万头以上，成为浙江省规模最大、标准最高的湖羊基地之一。湖羊智慧循环产业园已成为吕山乡惠农新引擎，带动村民奔向共同富裕。

（三）飞地抱团帮共体：南太湖新区—庆元县产业飞地

2021年8月，南太湖新区与庆元县签订共建"产业飞地"框架协议，南太湖新区—庆元共建的产业飞地占地1608亩，紧邻高铁站，是湖州科技城离高铁站的第一个规划单元，南太湖新区、庆元县以高起点、高水平规划产业飞地项目，高标准实施建设，按照"两年建成、三年有产出、五年初步成形"的目标以新区速度建设产业飞地，携手打造"绿水青山就是金山银山"理念实践转化的城市工业示范园区。双方聚焦新能源汽车及关键零部件等主导产业，突出重大项目招引和"双链长"制培育，构建跨区域产业联动机制和产业链体系，形成产业飞地良性互促模式。

（四）优质医疗服务共享体：德清县武康健康保健集团

德清县武康健康保健集团于2017年11月成立，由县人民医院、县中医院和8家卫生院等医疗机构组成。集团实行机构、管理、人员、保障、信息、服务一体化，做精做强县级医院，做大做好基层卫生院，努力打造健康共同体"德清模式"。县人民医院与邵逸夫医院、上海市第一人民医院，县中医院与省新华医院、省肿瘤医院紧密合作，推进医联体建设。

德清率先实行"总额预算、结余留用、合理超支分担"下的按病组为主的复合型医保支付方式改革，城乡居民的医保基金按照乡镇所在地，职工医保按照企业所在地，分别打包给两大医疗集团（一家以德清县第三人民医院为牵头单位，一家为武康健康保健集团），还包含县外就医以及民营医疗机构的基金。实现病组权重向高难度和基层倾斜，促使医共体主动控费，推动精细化管理和精准化治疗，减少过度诊疗行为。通过整合型医疗卫生服务体系建设，为分级诊疗和连续医疗提供基础保障。

（五）优质教育服务共享体：长兴县实验中学—长兴县煤山中学教共体

长兴县实验中学和长兴县煤山中学通过"县域统筹、乡镇激励、社会参与"推进教共体教师建设，通过建立学科捆绑考核制度、两校教师同步备课、实施问诊式帮扶等措施，加速优质师资力量辐射乡村学校，不断推进教育资源均等共享。依托"空中教研"，两校每两周会选一个班开展同步课堂，共上一天课，涵盖全部学科。长兴县实验中学的老师通过互联网同时给两个班的学生上课，煤山中学的老师旁听。课后，两校老师围绕课堂细节展开交流研讨，取长补短，共同提高。

煤山中学教师发展已基本完成"输血""造血"到"活血"的升级,69名教师中有县级及以上名师、骨干教师20余人,实现学生回流,学校在县目标管理考核中连续获一等奖。

(六)"一老一小"服务共享体:吴兴区智慧养老服务中心

吴兴区智慧养老服务中心总建筑面积3186平方米,是带有指导作用的区域性综合养老服务中心,发挥着资源枢纽和资源汇聚的作用。成功获批湖州市唯一全国智慧健康养老示范基地,逐步形成"智慧引领、家庭关注、多元参与、社会联动"的居家养老服务新格局。

中心采用云计算、物联网、大数据、移动互联网等新一代信息技术和手段,引入先进智能化软件设施,构建"1+N"居家养老服务网络,为老人提供生活服务、康复护理、家庭支持、托养服务、心理疏导、康复器具租赁、身体评估、文娱活动、智慧养老等30多项服务。依托"2812348"热线,建立养老服务呼叫中心,引入老年电大、康复护理、助餐、助浴、养老服务、家政服务等服务机构和志愿者组织,实现多元化养老服务功能。建立养老服务数据中心,将智慧养老相关的老年人数据、养老服务相关资源数据、养老服务过程性及评价数据,通过"基础平台+业务应用"同步建设模式夯实"基础平台",实施养老服务数字化工程,推进与医疗、社保、社会救助等资源对接。

(七)基层社会治理综合体:吴兴区织里镇

吴兴区织里镇创新"枫桥经验"企业样板,打造基层社会治理综合体,通过全面压实企业主体责任、化解内部矛盾,主导企业自我管理,有效降警情、降案件、降纠纷、降事故、降信访,努力实现"管理不缺位、矛盾不上交、问题不出企"。

抓住"公安大脑"建设契机,建立企业平安指数,纳入企业2650多家、员工6.1万人。建立8个"e企安"自治服务点,完善"五有"建设标准,建立"四互"管理机制,搭建多层级"11087"为企服务平台。充分发挥"老兵驿站"、织南派出所"5+N"平安志愿者实体平台、省级金牌人民调解工作室"平安大姐"网上平台的作用,形成组织共建、资源共享、企安共促的工作格局。

织里镇在浙江省首创"枫桥经验"企业版,在全省公安机关践行"枫桥经验"助推营商环境现场会上作经验交流,相关做法得到副省长、副市长批示肯定,认为此项做法可在全国进行复制推广,形成"企业版"社会治理的吴兴样板。

（八）精准志愿服务帮共体："家园志愿服务"平台

2022年2月，湖州创新推出"家园志愿服务"平台，聚焦幼有善育、学有优教、劳有厚得、病有良医、老有颐养、住有宜居，用心用情开好"家园志愿"班车，认真解决群众"急、难、愁、盼"问题，为建设绿色低碳共富社会主义现代化新湖州奉献志愿力量。

"家园志愿服务"平台通过壮大一支"服务队"、编制一组"项目库"、设立一口"基金池"、开发一堂"必修课"、打造一朵"数治云"、完善一个"政策包"等"六个一"举措，构建志愿服务精准触达机制。落地实施项目154个，开展志愿服务活动22796场，惠及群众302万余人次，其中在册困难群众35469人次；志愿者达10万余人次，服务时长达41.8万余小时；投入项目资金1211万余元，其中政府购买405万余元，基金扶持161万余元，社会资助645万余元。

案例与模式篇

湖州市：文化礼堂"合伙人"运营

文化礼堂是农民群众的精神家园。湖州市到 2021 年底累计建成文化礼堂 898 家,提前一年实现 500 人以上行政村全覆盖。礼堂建起来后,如何高效能利用、可持续发展,已经成为各地普遍思考的共性问题。为此,湖州市在试点基础上,于 2022 年 11 月全域推行礼堂"合伙人"模式,走出一条社会化运营新路子,取得了明显成效。2023 年,全市已有 286 家礼堂采用"合伙人"模式实现可持续发展。2023 年底,礼堂效能指数跃升至浙江省第一位。

一、强化顶层设计,构建礼堂"合伙人"制度框架

一是设置准入门槛。建立礼堂"合伙人"准入机制,对参与的法人、社会组织、自然人,在法律资质、专业能力、信誉状况等方面做出规定,突出要求具有文化服务能力,以保证礼堂的功能属性和公益性质。2023 年底,已引入梦潮文化、传媒数智、蚂蚁公益等法人和社会组织类"合伙人"80 余家。二是明确服务清单。制定礼堂"合伙人"基本履职清单,明确礼堂日常管理、活动策划组织、文艺人才培养等基础任务要求。在此基础上,要求"合伙人"根据实际编制"一堂一策"运营方案,细化形成具体服务清单。如,引进的杭州新青年歌舞团承接了 22 家礼堂运营服务,共推出 6 类 40 项服务项目。三是规范招募流程。制定礼堂"合伙人"招募管理办法,明确网上报名、资格审查、专家评审、公示、入库等基本流程和操作办法,推动"合伙人"招募工作的规范化、制度化。

二、坚持因地制宜,打通礼堂"合伙人"实践路径

一是以市场合作方式推行"礼堂运营师"。在文旅融合发展基础好的乡村,

将文化礼堂打包纳入村庄资产,采取"强村公司＋运营公司"市场化合作方式统一运营,实行公共文化服务保底供给,变"沉睡资产"为"诗和远方"。安吉县山川乡大里村等40个村已率先推行"礼堂运营师"实现"以堂养堂",助推村集体经济增收5100余万元。二是以购买服务方式推行"礼堂大管家"。充分整合部门资源,多方联合通过购买服务方式,引进专业机构(团队)入驻礼堂,常态化开展服务,已经覆盖160家礼堂。如,联合民政部门依托文化礼堂建成幸福邻里中心110个,引入社会组织57家,投入运营资金2000余万元,开展服务活动7600余场次。三是以专业选聘方式推行"礼堂主理人"。充分挖掘本地文艺团队、乡贤能人、返乡创客等人才资源,采取选聘方式吸纳他们成为"礼堂主理人",承担活动策划组织工作,在完成规定任务的基础上,鼓励有条件的地方发展新业态,如"礼堂＋咖啡""礼堂＋书店"等。2022年以来,已有86个村选聘"礼堂主理人",帮助策划规模型礼堂活动400余场。

三、注重闭环管理,确保礼堂"合伙人"运营质效

一是建立目标管理机制。制定礼堂"合伙人"合同期尽职绩效指标体系,从运行机制、队伍建设、文化服务、品牌项目、群众满意度、社会影响力等多个维度予以量化明确,纳入协议内容,作为年终绩效考核的依据。如,文化服务方面,要求礼堂全年开放不少于240天,组织开展面向群众的活动不少于110场。二是建立跟踪监测机制。依托"礼堂家"数字化平台,在推行"点餐制"服务的同时,动态监测礼堂效能情况,对效能下滑明显的礼堂及时督导。同时,建立平时考评机制,每月由区县对礼堂运营情况考评打分。三是建立考核激励机制。采取实地抽查、第三方机构评估、群众"满意度"调查等方式,对区县礼堂社会化运营情况进行综合考评,考评情况纳入区县宣传思想文化工作年度考核。修订《湖州市农村文化礼堂建设管理奖补办法》,对实行社会化运营且效能排名靠前的礼堂给予每家10万元奖励。

在推行文化礼堂"合伙人"运营模式过程中,形成了文化礼堂建设"四个体系"。一是目标体系:形成"行政村建设全覆盖、智慧化管理全覆盖、点餐制服务全覆盖、专职化队伍全覆盖"的"四全"目标。二是政策体系:制定《关于高水平推进农村文化礼堂建设的实施方案》《湖州市农村文化礼堂建设管理奖补办法》《湖州市农村文化礼堂建设提质增效十条措施》等政策文件。三是工作体系:建立"空间迭代、功能提升、模式创新、品牌打造、考核优化"五个工作体系。四是评价体系:对考核评议排名靠前的礼堂"合伙人"给予奖励,对排名靠后的礼堂"合伙

人"实行退出机制，提高文化礼堂整体运行水平。下一步，将进一步形成可复制、推广的经验，真正把礼堂建设成与浙江省"高质量发展建设共同富裕示范区"相适应的文化地标、精神家园。

湖州市：全国首创标准化矛盾纠纷调处化解综合体

一、基本情况

2005 年 8 月 15 日,时任浙江省委书记的习近平同志前往德清接访人民群众,作出"来访群众是考官,信访案件是考题,群众满意是答案"①的"两考一答"深切嘱托。湖州以此为遵循,在吴兴区建成全省首家县级矛盾纠纷多元化解中心,经持续迭代升级拓展,湖州市矛调中心(站)在全省率先实现区县、乡镇(街道)、村(社区)三级全覆盖,矛盾纠纷化解基本实现"小事不出村、大事不出镇、矛盾不上交",最终打造形成全国首创的标准化矛盾纠纷调处化解综合体,成为"重要窗口"示范样本和标志性工程,生动践行了"八八战略"人本理念。2019 年,湖州承办"中国治理的世界意义"国际论坛,荣获"社会治理创新典范城市"称号。2020年 3 月,习近平总书记到安吉县社会矛盾纠纷调处化解中心视察指导,指出"安吉县的做法值得推广"②。

二、主要做法

聚焦群众矛盾纠纷一站式化解难、协同处置难、个性服务难等难点痛点,紧盯"一窗受理""一地化解""优质服务"等核心指标,打造包含"一站式"解纷体系、"终点站"示范样本、"数字化"硬核应用三个维度的标准化矛盾纠纷调处化解综合体,为畅通和规范群众诉求表达、利益协调、权益保障,拓宽人人参与、人人尽

---

① 干在实处　勇立潮头——习近平浙江足迹[M].北京:人民出版社,浙江:浙江人民出版社,2022:190.
② 习近平在浙江考察时强调　统筹推进疫情防控和经济社会发展工作　奋力实现今年经济社会发展目标任务[N].人民日报,2020-04-02(1).

责、人人享有的渠道，为聚集全社会资源助力共富先行打下了坚实基础，为全面推进新时代市域社会治理现代化做出了创新示范，为践行习近平总书记关于"我国现代化是全体人民共同富裕的现代化"的重要论述奉献了最佳案例。

一是打造"一站式"解纷体系。县级矛调中心整合 20 余个部门、9 个功能中心、八大专调委于"一中心"，实现多部门力量常驻联动、全要素有机一体，矛盾纠纷调处化解实现"最多跑一地"。打造全国唯一的最全系统矛调方阵，5400 余名专兼职人民调解员、3100 余名专兼职网格员、全省首创 36 大类"平安细胞"、93 个品牌调解组织和专家团队全部纳入。构建了"市级抓统筹、区县管终结、乡镇负主责、村社打基础"四级联动、五跨协同的多元预防调处综合工作体系，形成县、乡、村三级"136"比例分级化解的上下联动工作格局。全市四级走访批次、人次较之前分别同比下降 7.7％、23.4％。二是生成"终点站"示范样本。颁布实施全省首部防范和化解矛盾纠纷领域创制性立法《湖州市预防和化解矛盾纠纷条例》，出台全省首部《县级社会矛盾纠纷调处化解中心运行与管理规范》《乡镇（街道）社会矛盾纠纷调处化解中心管理和服务规范》市级地方标准及系列配套意见、办法等规范性文件，创新"两个排查见底""六必排六必访"等工作机制，以完善的政策体系和评价体系做优"受理、流转、交办、督办、反馈、督查、通报"全链条流程，矛盾纠纷调处化解实现"一揽子解决"。安吉县社会矛盾纠纷化解经验做法被司法部推广至全国进行交流。三是推出"数字化"硬核应用。面向 340 多万湖州人民，全省率先推出"解纷无忧"共同体，汇聚全市政法单位 190 名法官、224 名检察官、407 名警官、395 名律师，实现"三官一律师"进村全覆盖，切实将矛调触角延伸到群众家门口、手边上。在全国首创"解纷码"，全省率先推出"掌上矛调"应用、"法护两山"应用，实现线上提请、线上解纷，矛盾纠纷调处化解实现"线上跑掌上办"。疫情期间，网调化解矛盾纠纷 5836 件，有效助力疫情防控阻击战。数字赋能推出"安薪云""反诈一哥"等应用场景，欠薪信访、电诈发案数分别同比下降 27.17％、29.2％，矛盾纠纷化解响应率 100％、成功率 99％以上、满意度 99.5％。

三、实施成效

矛调综合体作为市域社会治理现代化的"牛鼻子"，以"小切口、大治理"模式，推动共建共治共享的社会治理共同体进一步完善。一是夯实了共富底色。同比 2016 年，全市赴省进京越级访下降 35％，刑事案件总量创历史新低、同比下降 42％；民转刑、刑转命案件直线下降；行政纠纷实质化解率达 58％；全市诉前纠纷化解率、自动履行率均居全省首位。二是赢得了百姓美誉。矛调综合体运行以来,共化解矛盾纠纷 11.3 万余件,成功率提升了 32%,工作效率提升了 122%,群众安全感、满意度始终保持全省前列,"平安指数"27 个月位居全省第一,2021 年平安考核全省第一,成功夺得省平安"一星金鼎",平安湖州成为营商环境的一张金名片。三是形成了示范效应。省内外来湖州市考察县级矛调中心达 760 余批 9800 余人次,湖州矛调综合体首先在全市建成,进而在全省、全国得到推广、复制。

湖州市：实施"1＋300"数字群防构筑"无诈单元"安全网

一、基本情况

近年来，电信网络诈骗案件高发，2022年浙江省案损高达64.7亿元，湖州市2.3亿元，严重侵害了老百姓的财产安全，成为共富路上的"绊脚石"。湖州扎实推进反诈工作，做了大量探索和努力，2015年成立全省首家反诈骗中心，2019年推出全国首条防诈热线"2250000"，2021年在全省首创"反诈一哥"数字化应用场景，2022年在全省首发"反诈指数"地方标准。但反诈工作仍面临三大难题：一是难以精准找到易受骗以及正在接触涉诈信息的人员，"大水漫灌"的宣传效果不佳；二是依托民辅警、村社人员、网格员的传统宣防体系，遇到了"白天找不到人，晚上进不了门"的困境；三是以网络为主渠道的宣传"入得了眼入得了耳，却入不了脑入不了心"。针对以上难题，湖州市创新推出"1＋300"数字群防新模式，通过构建数字模型精准找到"易受骗人"，通过设置安全顾问实现"及时沟通"，通过优化传统渠道获取"最大效果"。

二、主要做法

一是遴选安全顾问，构建第一阵地。针对"企业员工被骗案件高发，损失占比近一半"的现实问题，充分利用企业员工的组织性和纪律性资源，借力"员工同时空"条件，将企业、单位、微网格等社会组织作为反诈宣传的第一阵地。从企业管理人员、单位综合人员、基层工作人员中选出具备群众基础、个人影响力、共情能力以及一定话语权的代表，作为安全顾问"1"，安全顾问绑定其辐射范围内300名(虚指)涉诈高危年龄段(19～50岁)人员，组成"1＋300"宣防体系，形成一张覆盖全域的反诈宣防网。

二是依托数字平台,实现精准宣防。以"数据+算法"策略应对反诈工作的不确定性,构建全国首个异常行为数据库,从全市 336 万人口中精准测算出 28 万名容易受骗的人员。实时监测涉诈要素,精确感知正在与涉诈要素接触的人员。以建立"安全顾问企业微信+辐射人员普通微信"的"强关系",实现流程优化,构建起稳定的宣防通道。将感知到的风险人员推送至安全顾问,由其对绑定的人员开展点对点、面对面的精准宣防,不断提升数字化通道的运营质效。

三是实时闭环管理,营造良好生态。反复多次举办大规模反诈宣讲培训,培训内容从掌握反诈知识升级至反诈技巧,着力培养安全顾问察觉易受骗风险人员的能力。安全顾问喊响"不让身边任何一个人被骗"的口号,激发安全宣防责任感。注重内容输出,变说教式宣传为启发式唤醒。建立常态化跟踪问效机制,以组织活动、奖惩激励、交流比拼、评优评先等形式,肯定安全顾问工作成效,给予安全顾问组织认同感、反诈成就感以及社会荣誉感。

三、实施成效

一是在指标体系上,实现量的突破。2023 年 1—8 月,湖州全市发案同比上年下降 6.5%,案损下降 16.4%,降幅均列全省第一。湖州在半年度省平安考核电诈专项排名居全省第二,省反诈指数综合排名居全省第一,相关做法在全省打击治理电信网络诈骗犯罪推进会上做经验介绍。

二是在护航发展上,企业安全有感。"1+300"数字群防已覆盖全市 4100 家规上企业,实现全市反诈宣传"一呼百应"直达群众 400 余次,易受骗人员面宣3.7 万余人次,紧急拦截潜在受害人 3800 余人次,挽回损失近 4600 万元。企业员工发案同比去年下降 34.2%,案损下降 41.6%。

三是在无诈创建上,营造全民反诈浓厚氛围。"1+300"护企、"1+300"护医、"1+300"护校、"1+300"微网格等模式,构筑起全域"无诈单元"的安全防护网。市评选无诈示范区县、示范乡镇(街道)、示范村(社区)、示范反诈企(事)业单位,以及培育金牌宣讲员、优秀安全顾问等有序推进,形成了"人人都是宣传员、人人都是守护者"的反诈格局,为实现共同富裕筑牢安全屏障。

湖州市：强村公司助力富民增收

一、模式简介

近年来，湖州市认真贯彻落实中央、省委关于发展壮大村级集体经济各项决策部署，积极探索壮大村级集体经济新模式、新路径，在全省率先探索推进强村公司增收新模式，出台《关于规范强村公司运行管理的意见（试行）》，通过市场化方式组建和运行一批强村公司，有效盘活农村资源、提升造血功能、壮大集体经济，推动村集体经济从"保底型"向"发展型"转变，形成以强村公司为品牌的村集体经济抱团发展机制。截至 2022 年 6 月底，全市共有强村公司 349 家，其中 306 家正常运营，分单村独资、村村合办、村企联办等模式，单村独资或村村合办者 311 家，占比 89.11％；村企联办者 38 家，占比 10.89％。

二、主要做法

第一，坚持因地制宜"建公司"。坚持"一把钥匙开一把锁"，根据各村资源禀赋、资产资源差异，在保障集体资金运行安全、集体利益不受损的特殊属性前提下，组建形式多样、产权清晰、收益有保障、资产能增值的强村公司，包括村集体独资、全资或控股等形式，发展壮大村级集体经济。截至 2022 年 6 月底，全市共有县级公司 3 家，乡镇级公司 126 家，村级公司 220 家，其中国有控股强村公司 14 家。

第二，优化要素供给"扶公司"。强化政策顶层设计，制定强村公司培育方案，加大资金、项目等方面的支持力度。一是强化项目优先。加大优质项目供给，支持强村公司承接与其经营管理能力相匹配的环卫保洁、绿化养护等政府业务。二是强化金融支持。金融机构优化强村公司融资贷款服务，在严格执行金融法规的前提下,地方法人银行单列专项信贷规模用于支持强村公司发展,开通贷款审批绿色通道,加强风险管理。截至 2022 年 6 月底,强村公司获得银行信贷支持 16.49 亿元。

第三,强化人才集聚"壮公司"。根据强村公司发展定位和业务经营需求精准引才用才,优化人员配备,加快提升经营管理水平。一是重"选"。通过干部兼职、人才招聘等途径把具有经营管理能力的人员招引到经营管理岗位上来。二是重"引"。加大人才引进力度,吸纳具有经营管理能力的人员,积极引进本地能工巧匠、施工队等相关人才。如南浔区 26 家强村公司的 1233 名专兼职员工中,本地从业人员 1057 人,占 85.73%,具备项目管理、财务会计、工程建设等相关业务专长的有 845 名,占 68.53%。

第四,加强规范运营"管公司"。一是规范内部运行。建立村集体对强村公司组建运行的有效监督机制。组建(入股)强村公司,必须经村集体经济组织成员大会或成员代表大会应到成员三分之二以上通过,并报属地党委、政府批准设立。单村独资的强村公司,董事长一般由村股份经济合作社社长兼任、监事长由社监会主任兼任;多村投资的,村股份经济合作社社长和社监会主任要占董事会和监事会成员的半数以上。二是加强资金监管。严格管理强村公司资金运行,强村公司只能开设一个基本存款账户,所有账户均纳入"三资"监督管理。推行资金收付"非现金"结算。会计业务接受乡镇三资监督管理办公室监管。加强对强村公司资产的核查审计,每年清查核实公司资产,每年审计年度财务会计报告、财产情况和财务报告报入股村集体经济组织公示。

三、实施成效

一是拓宽了经营领域。突破村级集体经济发展以往主要通过村级资产资源发包出租的局限,通过成立强村公司,开始涉足物业管理、工程承包、产业服务、劳务中介、生产经营等领域,扩大了经营范围,为村级集体经济发展找到了新的经济增长点。

二是提升了发展能力。通过村村联合、抱团成立公司,改变以往各自为战、单村发展能力不足的问题,通过发展统一规划、资源联动开发、项目共同建设、政策集中扶持、人才共享使用,实现抱团取暖、共同发展,推动区域经济转型升级。

三是壮大了集体经济。强村公司在带动区域发展的同时,促进了村级集体经济发展壮大。截至 2022 年底,全市 914 个行政村村级集体经济总收入 33 亿元,其中经营性收入 15.5 亿元,年经营性收入 80 万元以上行政村占比达到 85%

以上。

　　四是带动了农民共富。优先招录本地专业技术人员，柔性引进本地能工巧匠，带动农民就近就地就业。探索利益联结机制，创新"强村公司＋农户""强村公司＋低收入农户"发展模式，吸纳农户、低收入农户以技术、土地、劳动力等入股强村公司，实现"村强民富"同频共振。

湖州市：率先推进全市域
"三医联动""六医统筹"集成改革

一、基本情况

湖州市深入贯彻习近平总书记关于深化医改的重要指示精神，坚持以人民健康为中心的发展理念，率先推进全省唯一的全市域"三医联动""六医统筹"集成改革试点，加快推进优质医疗卫生资源有效扩容和均衡布局，明显缩小地区、城乡和群体之间的健康差异，着力解决群众看病就医难题，切实提升群众健康获得感，努力为全省、全国深化医改和共同富裕贡献湖州力量。

二、主要做法

成立市委书记、市长任"双组长"的医改领导小组，构建党政主导、部门协同、全社会参与的工作机制，奋力争当新阶段全国综合医改排头兵。一是坚持整体协同，构建服务新体系，破解看病难。重统筹，整合型医疗卫生服务体系成为全国试点，打造全市域健康共同体，助力共同富裕，获评全国健康城市建设样板市（排名全国第三、全省第一）。筑高峰，主动接轨长三角高水平医院，推进省级区域医疗中心和省际边界医疗服务高地建设，实现大病少出市，其中市中心医院为现代医院管理制度国家试点，市中医院为国家中医特色重点医院。强基层，县域医共体（城市医联体）实现市域全覆盖，不断提升基层服务能力，缩小城乡差距，基层医疗卫生机构绩效考核全省排名第二。二是坚持三医联动，构建运行新机制，破解看病贵。深化医保支付方式改革，实行"总额预付、结余留用、超支合理分担"，规范诊疗行为，控制医疗费用不合理增长。深化医疗服务价格改革，破除医院逐利机制，提高医疗服务收入占比，推动公立医院高质量发展。深化薪酬制度改革,构建"1＋X"薪酬体系,调动医务人员积极性,2021年人均年收入同比增长12.1％。三是坚持数字赋能,构建服务新模式,破解看病烦。建立"健康大脑",推动全市医疗资源互联互通,两慢病健康画像成为全省唯一试点。推行云公卫、云药房、云检查等服务新模式,推动处方全市流转、药品全市共享、检查全市互认。创新实施"医后付",累计减少患者付费排队2925万次;建设"影像云",累计节约患者胶片费用3.5亿元。近年来,全市卫生健康领域3个应用入选省数字社会最佳应用名单。

三、实施成效

一是群众获得感显著提升。居民健康水平持续提高,达到发达国家水平,健康浙江考核连续2年全市域优秀。患者看病负担不断减轻,2021年全市公立医院门急诊和住院均次费用分别低于省均值7.4％和22.4％。群众就医满意度稳中有升,公立医院门诊和住院患者满意度分别为95.1和96.2,显著高于全国平均水平,同比提升4.2％和3.7％。

二是医院发展力显著提升。公立医院综合改革连续4年获得全省考核第一,3次获得国务院办公厅督查激励。2021年公立医院医疗服务收入占比达到36.4％,处于全省领先水平,同比提升2.8个百分点,相当于每年增加2.1亿多元的可支配收入(2018年以来累计释放15.6亿元改革红利),医务人员积极性得到充分调动,医院服务能力和质量效率大幅提升。

三是共富引领力显著提升。深化市县乡村一体化管理,缩小城乡差距,2021年全市标准化村卫生室占比达96.3％以上,乡镇卫生院(社区卫生服务中心)"优质服务基层行"活动基本标准及以上的机构占比达90.3％,基层就诊率达72.7％,县域就诊率达90.6％,基层医疗卫生机构绩效考核居全省第二。湖州市卫生健康委被评为2021年度全市共同富裕成绩突出集体。

四是医改美誉度显著提升。湖州医改成效连续2年入选浙江省综合医改十佳典型案例。2021年,湖州先后受邀向国务院医改领导小组做专题汇报,在全国医改工作电视电话会议上做经验交流;国务院医改领导小组秘书处、国家卫生健康委专门在湖州召开新闻发布会重点介绍并推广湖州医改经验。国家卫生健康委和浙江省人民政府关于共同富裕示范区签订合作协议,支持湖州创建全国深化医改经验推广基地(目前全国仅有福建省三明市一个)。

吴兴区:三维发力助力产业工人蓝领增色

一、基本情况

吴兴区聚焦产业工人所需与产改工作所能契合点,创新先行全省首批产业工人队伍建设改革试点工作,通过三维发力,完善产业工人培育机制,着力缩小收入差距,让产业工人蓝领更具成色,拼好深化新时代吴兴产业工人队伍建设改革工作积极助力共同富裕"扩中""提低"拼图的重要板块,为吴兴经济高质量赶超发展赋能增效。吴兴区产业工人队伍建设改革工作案例被列入"全国产业工人队伍建设改革试点案例",是浙江省唯一入选的区县。

二、主要做法

围绕一线培育、示范引领、要素驱动,让产业工人在"奋战"中提升技能,在"站立"中带动传承,在"点赞"中惠及自身,让蓝领"C位出道",成色更足。

一是致力一线培育,技能大赛让产业工人"战"起来。吴兴区面向一线产业工人广泛开展职业技能竞赛活动,不断创新比赛形式与内容,大力推进一乡一品"分站式"产业工人技能大赛,每年举办各类技能大赛40余场,建设产业工人技能提升"快车道";创新建立"长三角G60科创走廊及环太湖15城市职工美妆技能大赛联盟",举办"'美·约'长三角G60科创走廊及环太湖15城市职工美妆技能邀请赛",放大省级特色小镇技能大赛的品牌效应;承办首届"全省安全生产监督检查比武竞赛暨执法规范化建设推进会"。2022年以来,将新就业形态劳动者技能大赛与技能人才培养相结合,设立"吴兴新星工匠——行业之星"荣誉称号,对获评大赛一二三等奖的选手分别给予奖励资金800元、600元、500元,搭建起具有吴兴辨识度的产业工人技能人才培育阶梯,已拓展"吴兴新星工匠——

快递员之星""吴兴新星工匠——网格员之星""吴兴新星工匠——养老护理员之星"等系列。

二是聚焦两个示范,守正创新让产业工人"站"起来。聚焦劳模工匠示范引领,使之成为青年产业工人偶像,建设市级以上劳模工匠创新工作室15个,结对师徒帮带300对;"陈云明创新工作室"获评"中国长三角地区劳模工匠创新工作室";联合吴兴农村商业银行股份有限公司,创新推出缓解产业工人融资难题的"工惠贷"服务,已发放贷款授信额度2.66亿元。聚焦工匠精神示范传承,以全国先进工作者、吴兴"新时期铁人"王启民被颁授"人民楷模"国家荣誉称号的日子9月29日为"吴兴工匠日"。作为全国首个设立工匠日的区县,吴兴创新推优机制和激励政策,在全国首创制定《"吴兴工匠"关爱激励政策暂行办法》,推出关爱激励区级以上工匠的4条"硬核举措":在吴兴区企业工作期间,一次性奖励补助资金1万元;每月享受荣誉津贴补助200元;符合基本医疗保险支付范围的医药费在按规定报销后,其余由个人自付部分,按40%给予补助;每年安排1次体检。

三是强化三轮驱动,助力共富让产业工人"赞"起来。强化企业培育主体驱动,作为全国新型学徒制5个试点之一,吴兴区推行培养和评价"双结合"、企业实训基地和院校培训基地"双基地"、政治导师和业务导师"双导师"培养模式,在23家企业全面开展新型学徒制,备案学员达1900多人;吴兴区久立集团股份有限公司成为全省15家首批"新八级"试点企业之一,浙江大东吴汽车电机股份有限公司技师闵黎明荣誉入选2020年享受国务院政府特殊津贴人员名单。强化企业职业技能等级自主认定驱动,浙江金洲管道科技股份有限公司作为国内第一家以焊接钢管为主业的A股市场上市公司,制定有《企业技能评定标准》《高技能人才任职资格管理制度》等,确定了6个专业自主评价工种,从能力、业绩等方面强化产业工人队伍建设改革;2023年,全区已有130家企业建立了产业工人职业技能等级自主认定体系,已认定发证1.28万人。强化企业工会工资集体协商要约行动驱动。产业工人与企业双方通过集体协商的形式,对原有的薪酬福利体系整合提升,实现25人以上独立建会企业工资集体协商率达到90%以上;引导企业因地制宜开展"技能提升薪资""技术入股分红""股权投资激励""技能竞赛奖励""创新成果奖励"等各具特色的能级工资专项集体协商,已推进80家企业开展能级工资集体协商,其中7家为新业态示范企业,惠及产业工人1.3万人。

三、实施成效

一是产业工人有感。近年来,吴兴区产业工人获评全国大赛奖项 4 个、省级大赛奖项 25 个,获评"浙江工匠"16 人、"浙江省金蓝领"10 人、"湖州工匠"36 人;创新建成全国第一个深化产业工人队伍建设改革工作数字化改革场景应用"心植工",汇聚数据 125 万条、服务产业工人 11.7 万余名,发放工惠系列"暖心券"折合 1467.5 万元,惠及产业工人 2.8 万余名,有效提升产业工人获得感、幸福感、安全感和归属感。

二是企业受益。鼓励企业广泛开展"五小"劳动竞赛,近年来,收到产业工人合理化建议 9700 多条,采纳 913 条,为企业创造经济效益超亿元,多次获评省级一等奖、浙江省职工安全生产"十佳金点子"。结合企业和产业工人的高频需求,多跨协同 5 个区级部门、10 个医疗机构,创新制定《关于以数字化改革场景应用"产改工福"推动建立吴兴区产业工人因病致贫返贫防范长效机制的通知》,以一体融合改革理念,跨部门多维集成公共服务资源,打破了以户籍地提供公共服务的惯性思维壁垒和体制机制壁垒,有效解决了企业招工难、引才难、留心难、留人难问题。

三是助力共富有力。数字化改革项目"产改工福"场景应用创新建立"基础类体检给予补助不用回乡""体检套餐随时随地随选不用请假""生产繁忙时提供上门服务不用出厂""复查就医开辟绿色通道不用等候""医体结合心理疏导免费体验不用花钱""医疗互助住院费用能刷卡报销""企业组织本地行休养活动能给予补助""新就业形态劳动者能享受关爱"的"五不三能"服务体系,得到浙江大学关注,创新建立浙江省首个"浙江大学共享与发展研究院共同富裕区(县)级观察点"。在全省数字化改革推进会上,"心植工"场景应用 2 次被写入汇报材料,入围"全国最佳互联网＋工会普惠服务平台";"产改工福"场景应用获评"全国互联网＋工会维权服务典型案例"。

南浔区:率先探索公办幼儿园"托幼一体化",构建普惠优质托幼服务体系

一、基本情况

0~3岁婴幼儿养育已成为群众急难愁盼问题,全国生育状况抽样调查显示,经济负担重、机构不规范、育儿困难多等问题持续制约年轻一代的生育意愿。"浙有善育"是浙江共同富裕示范区着力打造的十大标志性成果之一,南浔区率先探索公办幼儿园"托幼一体化"办园机制,建立改造标准、开发专业课程、配强师资力量、创新成本分担机制,实现公办幼儿园托幼服务全覆盖、保育教育有效衔接,实践形成普惠优质的托育服务供给体系。

二、主要做法

一体化规划布局,实现幼托服务高标准保障。一是全域统筹,实现优质园学位扩容。将"托幼一体化"办园纳入区委"5912"工作体系,完成全域公办中心幼儿园建设,统筹推进农村幼儿园补短板建设和城镇小区配套幼儿园建设,累计新增班级156个、学位4680个。二是"一园一案",全区点位整体打造。结合公办幼儿园规模及2~3岁段婴幼儿数量排摸情况,设立公办幼儿园"幼托一体化"发展专项资金,按照托幼设施建设标准,结合各园区实际,制定"一园一案"改造方案,完成全区托班点位的环境改建,精准配备托班教玩具、户外活动器械等设施。汇集规划、住建、教育等部门合力,成立9个教育集团,实现公办幼儿园从改建装修到集团化办学全流程支持。三是加强师资保障,确保保教队伍配齐建强。各托班均按1∶5的标准配备保教人员,确保保教人员均持有教师资格证(保育员证)和育婴师证;落实公办幼儿园劳动合同制教师、托班教师财政补助,保障托班

保教人员与幼儿阶段教师享受同等待遇。

一体化课程研发,实现授课体系高标准建设。一是区级统领研发基础课。成立区级托育教研中心,推动"南浔区幼儿园品牌课程建设研究"院地合作,在华东师大"完整儿童"课程基础上研发形成"0～3岁婴幼儿教养和照护方案"。二是幼儿园自主开发特色课程。各幼儿园基于2～3岁幼儿的教学实践,研发婴幼儿活动材料,形成亲子身心健康教育、隔代教养指导等特色课程。三是建立教师培训体系。实施托班教师线上线下一体化培训,依托社区教育学院等平台,每年为托育教师提供职业技能、安全防范、心理健康等专业化系统化培训,已培训人员1000余人次。

一体化平台搭建,实现幼托场景高效率集成。一是打造"托幼一体化"数字平台。创建南浔区新型城乡教育共同体研训平台,架构"水晶托育 数字赋能"板块,实现智能管理、数据共享,打通全区托育教师经验共享、课程共创渠道,16个园区的托班教师已接入数字平台,常态化开展线上研讨活动。二是构建三级联动网络。在中心城区开设"托幼一体化"试点园,形成"一体化"教育管理模式与样本,以点带面构建"镇公办幼儿园、托育中心—早教机构托育点—社区(街道)科学育儿站"的三级联动网络。三是建立家校共育机制。以园区为单位组建托班家长育儿群,各园引进教育、卫健等专业人员,在线提供2～3岁家庭教育指导,全面提升家长科学育儿理念,已有400多名托班家长参与。

三、实施成效

一是公办幼儿园"托幼一体化"成为南浔群众满意度高的民生工程。已完成全区25个公办幼儿园园区共38个班级、760个托位的托班建设,覆盖率达100%。育儿负担持续减轻,2022学年公办幼儿园托位数达760个,托班平均学费为747.5元/月、同比降低60%,广受群众赞誉。浙江省人民政府教育督导委员会公布的教育工作总满意度显示,南浔区得分8.828分,在全省90个县(市、区)中位列第十、全市第一。

二是形成推进公办幼儿园"托幼一体化"制度成果。制定发布《南浔区学前教育资源布局调整规划(2021—2025年)》《公办幼儿园托幼一体化实施方案》《南浔区幼儿园"托幼一体化"环境改造方案》。开展"启航2.0:基于政策背景下幼儿园托幼'一体化'推进路径的实践研究"等市级研究课题。区级财政将托育管理、环境改造、设施配备所需经费全部纳入预算,区幼儿园生均公用经费提升至1100元,构建形成了公办幼儿园"托幼一体化"办园目标体系、工作体系、评价体系和政策体系。

三是相关经验在全省全国推广。南浔区"学前教育补短提升工程"获省政府督查激励,为湖州市学前教育领域首例。《湖州南浔区率先实践公办幼儿园"托幼一体化"办园》获省教育厅内部发文推广。推进学前教育优质发展的多项经验做法在《浙江日报》等主流媒体刊发。

德清县:公共阅读服务市场化运营

一、基本情况

习近平总书记在首届全民阅读大会的贺信中寄语读者,"希望全社会都参与到阅读中来,形成爱读书、读好书、善读书的浓厚氛围"①。近年来,德清县聚焦农家书屋资源更新不及时、供需匹配不精准、运营管理不专业,难以满足老百姓日益增长的精神文化需求的问题,按照"政府支持、市场运作、社会参与"的原则,在全国首创"新华书店＋农家书屋"公共阅读服务,探索出一条解除供给约束、满足多元需求的城乡一体化书房建设路径。

二、主要做法及成效

第一,文化场馆多功能集成。一是整合重塑文化阵地。将农家书屋与新时代文明实践中心、融媒体中心、邻里中心、展览馆等相结合,推动农家书屋从单一阅读平台向综合服务平台转变,满足群众阅读需求。二是迭代优化规划布局。整体建设与本地资源或重要产业相结合,内部细化书屋功能分区,精准吸附和服务阅读群体。三是拓展丰富文化活动。常态化推出阅读沙龙、新书发布、观影体验等文化活动,满足不同群体的文化需求。在"双减"背景下提供公益托管服务,开设绘画、剪纸等课程。到 2024 年,线上线下活动已吸引 20 余万人次参与。

第二,管理运营多主体参与。一是市场化运营。深入挖掘农村群众阅读需求,结合"群众点单",保证书籍常换常新、精准对路,常年保持 1 万册以上新品及

---

① 习近平致信祝贺首届全民阅读大会举办强调:希望全社会都参与到阅读中来,形成爱读书读好书善读书的浓厚氛围[N].人民日报,2022-04-14(1).

畅销图书。新华书店销售业绩与村集体进行分成,形成市场主体盈利后反哺公共文化事业的有效模式。二是专业化管理。由新华书店、县图书馆、县志愿者服务联合会制定服务标准,构建"专职管理员＋文化志愿者＋文化辅导员"的服务架构,形成专业、高效的管理机制。三是便利化服务。打通县图书馆借阅系统和新华书店零售系统,实现全县图书通借通还,新华书店供应的新书既可直接购买,也可免费借阅。2023年,新华书店新增营收286万元,同比增加36.5%,寒暑假等节假日期间平均每家中心书房月均人流量超6000人次,月均营业额超过3万元。

第三,阅读服务数字化赋能。一是建设数字服务平台。建设"悦读悦享"全民阅读服务平台,打通政府部门和市场数据,实现图书借还、线上购买、图书互通、活动预约一站式服务。二是拓展数字阅读资源。与喜马拉雅合作建设数字图书馆分馆,连接包括知网、电子书、龙源期刊等在内的25种、总量达150TB的数字资源。三是提升数字阅读体验。书屋内部引入智能触控、语音识别、网络直播、有声读物等技术手段,搭建各类数字化阅读设施,形成线上、线下融合互促的沉浸式阅读体验。居民综合阅读率连续三年显著提升,从2020年的89.8%提升至2023年的93.4%。

三、经验启示

一是成功探索出一套公共阅读建设服务体系。以"新华书店＋农家书屋"模式为特色,形成《德清县悦读悦享书房建设提升改革方案》《"悦读悦享书房"建设提升标准》《"悦读悦享书房"考核奖补实施方案》等制度。二是有效实现了需求侧与供给侧的双向互补。图书馆借阅系统、新华书店零售系统、数字应用系统互融互通。引入企鹅咖啡、文创手办等市场主体,丰富发展业态,在增加经营性收入的同时,实现自我造血。三是加速形成了城乡一体的全民阅读生态。构建"总部书房＋中心书房＋标准书房"三级悦读悦享书房体系,打造新型阅读空间,营造沉浸式、网络化的阅读体验,形成了全民阅读的热潮。

德清县：农村宅基地（农房）盘活

一、模式创新

新一轮农村宅基地制度改革试点以来，德清坚持将数字化改革作为宅基地制度改革的关键突破口，打造农村宅基地全生命周期管理应用"宅富通"。2021年11月，"宅富通"被列入浙江省农业农村数字化改革第一批"优秀应用"名单。2022年5月，省农业农村厅将德清县"宅富通——农房激活一件事"应用列入"浙农富裕"应用"农房盘活"建设先行试点。德清通过完善农房流转政策和数字化应用，畅通市场投资渠道，加速激活农村闲置宅基地资源要素，实现闲置宅基地（农房）盘活全流程数字化管理。

二、主要做法

一是建立农房资源管理新机制。出台配套制度政策，对闲置宅基地（农房）盘活方式、租赁期限、经营产业、流转程序等方面进行规范化管理。创新推出"双使用权"（宅基地使用权和房屋使用权）登记颁证，显化宅基地（农房）财产性权益。建设"宅富通——农房激活一件事"应用"盘活管理"子场景，搭建农房流转全链条闭环数字化管理体系。二是建立闲置宅基地（农房）动态资源库。以农村宅基地制度改革试点为契机，按照《农村宅基地数据库规范（试用版）》等相关规范，建立农村宅基地基础信息数据库，全面摸清县域内宅基地规模、布局、权属、利用状况等基础信息。并借助"宅富通——农房激活一件事"应用"闲置调查"子场景建设，动态维护农村闲置宅基地（农房）数据资源信息。三是建立闲置宅基地（农房）激活新通道。围绕闲置宅基地（农房）激活核心业务，融入电子签章等新技术，建设"宅富通——农房激活一件事"应用"流转服务"子场景，为多方主体提供闲置宅基地（农房）采集、发布、审核、服务、监管等全流程线上服务交易平台，实现房源智能核验、地图在线看房、签约在线办理、交易全程上链、履约有效监管。

三、总体成效

一是建立盘活管理新机制。出台《德清县农村宅基地使用权流转管理暂行规定》《德清县鼓励银行业金融机构开展宅基地使用权（农房财产权）抵押贷款的指导意见》等制度，对闲置宅基地（农房）盘活方式、租赁期限、流转对象、经营产业、流转程序等方面进行规范化管理，明确各方权利和义务，建立闲置宅基地（农房）盘活利用管理协同机制。二是建立共富增收新渠道。聚焦农户、市场和政府等多方主体需求，建设了"闲置调查""流转服务""盘活管理"三大子场景，探索建设宅基地（农房）盘活"一条链"数字化管理。应用于2022年4月上线"浙里办"，6月上架"浙政钉"。截至2024年9月底，全县已累计盘活闲置宅基地和农房9316宗，共3502亩，盘活房产价值41.2亿元，实现财产增收4.9亿元。

长兴县:"百社联千户"助农增收破解"提低"难题

一、基本情况

持续提高低收入群体收入,让低收入农户实现稳定增收,是推动全体人民迈向共同富裕的重要方面。长兴县紧紧围绕"社户对接,助农增收"的主题主线,重点在八个关键环节上精准施策、靶向发力,着力破解低收入农户增收难题。2018年以来,长兴县已完成2265户低收入农户户均累计增收10.79万元的目标,探索出一条由产、供、销、技术和金融服务等深度融合的农业产业帮扶新路径,为"造血式"产业帮扶、实现共同富裕提供了"长兴经验",该做法作为浙江省唯一案例入选由国务院扶贫办编印的《中国减贫奇迹怎样炼成》一书,向全国推广宣传。2020年,长兴县低收入农户高水平全面小康工作领导小组获全国脱贫攻坚先进集体称号。

二、主要做法

长兴县坚持"农户主体,精准施策,产业帮扶"原则,以产业利益延伸为牵引,重点抓好"定对象、扩产业、扶农户、教技术、销产品、补政策"等六个关键环节,全链条破解"提低"难题。

一是首创"三有"认定标准,解决"对象怎么定"。"三有",即有劳动能力、有脱贫意愿、有勤劳习惯。通过村民代表大会推选、乡镇(街道、园区)审核认定的方式,将符合"三有"标准的低保动态管理户、低保边缘户、支出型贫困户确定为重点扶持对象,并延伸至困难党员户、困难退役军人、困难大学生户等特殊群体,实现帮扶对象层层筛选、精准识别。

二是兴建产业帮扶基地,解决"产业怎么扩"。兴建现代农业产业帮扶基地68个,总面积达3053.6亩。同时,按照"面积20亩以上、入驻低收入农户10户以上、持续帮扶3年以上"的标准,精选出葡萄、芦笋、蔬菜、花卉苗木、湖羊、蜂业、特种水产等13个技术成熟易掌握、市场效益较稳定、增收成效较明显的优势特色农业产业进行产业帮扶。

三是发展多元帮扶组合,解决"农户怎么扶"。紧紧依托各级农合联,坚持"四个并重"(扶志与扶技并重、产业与就业并重、生产与生活改善并重、一户一策与综合施策并重),突出发展"产业＋就业"的双重帮扶模式,大力实施"芦笋＋湖羊""水产＋蔬菜"等多种产业帮扶组合,最大限度挖掘增收潜力。

四是探索结对培训模式,解决"技术怎么教"。探索由农合联生产型会员(个人)与低收入农户进行"一对一""一对多"结对,提供生产技术、田间管理、种子种苗、生产资料等多项服务。建立县乡两级低收入农户技能培训体系,聘请有技术、懂经营的农业"土专家"开展产业发展辅导培训,平均每年开班50次,培训低收入农户千余人。

五是拓展自销包销渠道,解决"产品怎么销"。整合农合联会员销售资源,实施产业农合联协议包销模式,建立覆盖沪、苏、浙、皖、鲁、豫等地区60多个大中城市的销售网络,确保农产品卖得出去。同时积极承办农事节庆活动,开展企业爱心认购,供给知名超市等,确保农产品卖得好。

六是畅通"绿色金融"服务,解决"政策怎么补"。出台《助农增收二十条政策意见》,每年安排1000万元对自主发展的农户、帮扶主体、设施建设等实施补助。针对低收入农户推出"兴扶贷"贷款产品(10万元以内免担保),累计为791户低收入农户授信3668万元。同时县财政补贴价格指数险、气象指数险、种(养)植险等8个地方特色保险,对农户个人承担的保费实行先缴后补,保障产业发展。

三、实施成效

有力有效促进了增收。通过四年的实践与探索,长兴县累计帮扶低收入农户2265户5492人,其中1224户已基本具备自我"造血"能力。截至2021年底,长兴县已实现低收入农户总增收1.62亿元,连续帮扶户户均累计增收10.79万元,人均累计增收4.57万元,较帮扶前,全县低收入农户人均年增收增长率达187.3%。点燃了低收入农户的信心。帮扶不仅是增收,更是思想的转变,通过干部联户、倾情扶志,一大批低收入农户变"要我致富"为"我要致富",变"靠等要"为"加油干",增强了生活的信心;通过社户结对、产业帮扶,低收入农户学了技术,掌握了本领,变"自卑"为"自信",点燃了过上幸福美好生活的希望,涌现出了一批直面困境、自强不息、辛勤劳作、改变命运的农户典型。激发了基层治理的正能量。通过结对帮扶,开展多形式走访慰问、志愿劳动、帮销助销等活动,进一步拉近了党群、干群距离,使低收入农户切身感受到党和政府的温暖,不少低收入农户从农村社会治理的问题户、边缘户转变为弘扬正能量、建设和谐社会的积极参与户,从乡村振兴的局外人转变为产业发展、环境美化的生力军。

安吉县：创新探索生态产品价值实现机制 全力拓宽绿色共富路径

一、基本情况

安吉在全国率先启动生态产品价值实现机制探索工作，依托地区特色自然资源，创新打造"两山合作社"应用场景，以数字化改革为牵引，探索建立 GEP 核算以及"两入股三收益"利益联结等机制，通过资源盘活、流转开发、收益分配，形成"资源—资产—资本—资金"的工作闭环，推动生态产品价值实现、村集体经济壮大、群众增收和项目企业健康可持续发展保持一致，不断增强群众获得感、幸福感、安全感。

二、主要做法

一是资源盘活，推动资源变资产。在生态资源利用缺乏整体规划背景下，该县以行政村（农村社区）为单位，全面核查摸清水资源、土地资源、竹林资源等生态家底，确权发证后，通过 GEP 核算和市场评估量化后入库县"两山合作社"应用，联动自然资源数字化管理平台、生态保护红线监测预警监管平台、项目全生命周期管理平台等应用，形成全县生态资源一张图。

二是流转开发，推动资产变资本。资源规划局、林业局、水利局等多部门制定出台自然资源资产有偿使用、集体经营性建设用地入市、农村山塘水库用水权交易等制度文件，推动农田、水域、林地等生态资源和宅基地、农房等农村资产合法化入市交易。"两山合作社"统筹各类入库生态资源，根据资产、资源区块区位红线、道路交通、周边环境、地类信息，提前谋划，确定业态定位和开发方向，开展针对性、个性化招商，以项目开发实现生态产品价值高质量转化。

三是收益分配,推动资本变资金。"两入股三收益",即鼓励村集体和农民通过林权、用水权、土地使用权等资产、资源入股,将项目直接利用或间接利用的资产资源设为优先股或劣后股,以"保底收益＋效益分红"托底保障村集体和村民收益,实现分股金、拿租金。通过项目提供的就业岗位,农民在家门口就业,实现挣薪金。融资收益,即通过绿色金融改革,创新绿色金融产品供给,利用央行碳汇等支持工具,积极争取大额、低成本、长期限信贷资金注入,放大生态资源收益。比如,该县城投集团以 84 万亩 30 年竹林经营权统一向银行争取"碳汇收储贷",用于林道、竹材分解点等配套设施建设,进一步推动竹产业转型升级。

三、实施成效

一是构建了生态产品价值实现支撑服务体系。探索形成"资源归集—确权评估—精准招商—商定入股—收益反哺"工作闭环,出台《"两山银行"建设与运行管理指南》《关于开展乡村资产资源"两入股三收益"工作的指导意见(试行)》《安吉县域生态产品价值实现实施方案》《生态系统生产总值(GEP)核算技术规范》《安吉县农村集体山塘水库用水权确权管理办法(试行)》等多项制度规范。

二是形成了生态产品价值实现富民增收模式。"两山合作社"已入库资源366 处,点位 869 个,挖潜存量建设用地 2000 亩、集体经营性建设用地 5000 亩、毛竹林 84 万亩、水域 1500 亩、闲置农房 350 余幢,带动投资 140 余亿元。2022年,村级集体经营性收入达 80 万元以上村实现全覆盖,村集体收益达 2300 余万元,吸纳周边劳动力 2600 余人,带动就业增收 8500 余万元。

三是打造了生态产品价值实现典型示范效应。该项工作获《人民日报》《光明日报》、央视新闻联播等多家主流媒体报道百余次。相关经验做法被国家发展改革委《共同富裕动态》《浙里共富》等刊物刊发,入选全省首批共富实践观察点、全省第一批生态文明建设实践体验地优秀案例。"两山合作社"应用入选全省数字政府系统"一地创新、全省共享"应用以及全省数字政府系统最佳应用。生态产品价值实现机制在全省全国推广,吸引来自全国 23 个省份 210 余个县区 8000多人次来访考察学习,被淳安、常山、开化等多个区县学习借鉴,"两入股三收益"模式在安吉县 187 个村全面实施,并逐步在湖州市推广。

安吉县:竹林碳汇改革富民

一、基本情况

习近平总书记强调,"实现碳达峰、碳中和是一场广泛而深刻的经济社会系统性变革,要把碳达峰、碳中和纳入生态文明建设整体布局"①。2021 年以来,安吉县创新探索竹林碳汇改革,成立全国首家竹林碳汇收储交易平台,推动碳汇交易入市,逐步构建起"林地流转—碳汇收储—平台交易—收益反哺"的工作体系,实现竹林碳汇"可度量、可抵押、可交易、可变现"。

二、主要做法

第一,创新林权流转,推动资源集聚。持续深化承包地"三权分置"制度,推动沉睡资源活起来、产业发展强起来。一是精准归档林权信息。全面开展林权信息校核,厘清插花山、统管山等权属问题;提速权证补办、变更等手续,通过林权定位、人脸识别等数字化手段,实现 5.1 万户林农流转信息的标准化归档。二是全域推进林权归集。对毛竹林面积 1000 亩以上的 119 个行政村,组建毛竹股份合作社,遵循所有权、承包权不变,按照入社自愿、退社自由原则,推动林农经营权折股入社,实现竹林资源经营权分置归集。三是创新构建经营体系。推进林权组织方式变革,县"两山合作社"对村合作社竹林资源实行统一流转收储,实现毛竹林从分散式经营到规模化、集约化经营的转变。截至 2024 年 12 月,已完成林权流转面积 84.35 万亩,累计分红近 5 亿元。

---

① 【央视快评】把碳达峰碳中和纳入生态文明建设整体布局[EB/OL].央视网.(2021-03-17)[2024-11-12],https://news.cctv.com/2021/03/17/ARTIrw9R04nmLGYI4RkoOt3L210317.shtml#:～:text=.

第二，主动探路破题，打响碳汇品牌。全力打好竹林碳汇、绿色金融、数字化改革系列组合拳，不断探索生态产品价值转化新路径。一是建立交易平台。依托县"两山合作社"，上线运行"一中心、三平台"（"两山"竹林碳汇收储交易中心和碳汇生产平台、碳汇收储平台、碳汇交易平台）。截至 2023 年底，累计向 21 家企业出售碳汇 2.5 万吨，交易额达 167.5 万元。二是创新数字平台。上线运行竹林碳汇数智应用，构建资源管理、资源收储、经营服务、产品追踪、效益增值、收益分配等六大应用场景，实现竹林资源归集收储、经营交易、收益分配的全生命周期闭环管理。三是强化金融助力。深化绿色金融改革，助力实施百万碳汇、百亿融资、百村振兴、百姓共富"四百工程"，促成资源货币量化价值超百亿元。通过金融让利、保险托底，创新推出 6 款绿色金融产品，引导企业积极参与碳汇交易。

第三，深化利益联结，实现强村富民。坚持"资源从农民手中来、效益回到农民手中去"，创新建立"两入股三收益"利益联结机制，实现村集体持续增收，林农收租金、分股金、挣薪金。一是强化顶层设计。建立绩效考评制度，全面提升竹材分解点、林道、高山索道等基础配套，降低生产成本，拉动原竹价格，统一编制竹林碳汇经营方案，分包委托专业合作社开展经营管理，提高亩均碳汇量。二是突出专业培育。合作社组织吸纳当地农户或社会劳动力，组建竹林经营专业队伍，就近参与竹林标准化经营，推动承包经营向职业经营转变，提供就业岗位3600 余个，实现每年人均可挣薪金 6 万余元。三是推动增收共富。县内国企定向入股合作社组建混合所有制公司，推动流转金变成共富股本金，投向共富产业园、共富公寓等可增值、有收益的经营性项目，大幅度放大生态增收效益，仅股金、租金，每户平均增收 8000 余元。

三、经验启示

一是组织体系变革。恢复单设县林业局，加挂全国首个县级森林碳汇管理局，通过机制体制重构，大幅提升工作效率、提高工作质量、提升风险防控、降低时间成本。二是林权制度变革。组建 119 家股份制毛竹专业合作社推动林农经营权折股入社，实行承包地"三权分置"制度，实现所有权、承包权不变，放活经营权。三是经营体系变革。创新标准化经营服务流程，形成"两山公司＋合作社＋农户"的市场化生产服务体系，实现规模化、集约化经营。四是绿色金融变革。推出碳汇共富贷、碳汇收储贷等金融产品，同时利用央行碳汇支持工具，争取大额、低成本、长期限信贷资金注入。五是收益方式变革。创新建立"两入股三收益"利益联结机制，林农可获得竹林保底收益、60％效益增值分红和参与项目薪金收益。